东方编译所译丛

霸权之后

世界政治经济中的合作与纷争（增订版）

AFTER HEGEMONY: COOPERATION AND DISCORD IN THE WORLD POLITICAL ECONOMY

ROBERT KEOHANE

[美] 罗伯特·基欧汉 著

苏长和 信强 何曜 译

苏长和 校

上海人民出版社
Shanghai People's Publishing House

解读《霸权之后》

——基欧汉与国际关系理论中的新自由制度主义

基欧汉其人及其学术经历

在当今美国国际关系学界,有两位堪称执国际关系理论研究之牛耳的学者,一位是西部加州大学伯克利分校的肯尼思·华尔兹(Kenneth Waltz)教授,他以《人、国家与战争》和《国际政治理论》两本书奠定了在整个国际关系学中的大师地位;而另一位,就是美国东部杜克大学的教授,美国政治学会前任主席[1]罗伯特·基欧汉(Robert O. Keohane)。后者以《霸权之后》一书而蜚声学坛。20世纪80年代以来,在美国国际关系理论研究中,论著作被征引的频率,最高的除了华尔兹的《国际政治理论》以外,当数基欧汉的《霸权之后》一书了。二十多年来国际关系学界影响最大的新自由制度主义理论(neo-liberal institutionalism),也是与基欧汉的名字紧紧联系在一起的。

罗伯特·基欧汉生于1941年,年仅25岁即获哈佛大学政治学博士学位。在哈佛攻读博士学位期间,基欧汉的导师是著名的欧洲问题研究专家雷蒙·阿隆(Raymond Aron)的学生斯坦利·霍夫曼(Stanley Hoffmann)。从哈佛毕业时,他放弃了在哈佛工作的机会,来到斯沃斯莫尔学院(Swarthmore College),在那里,他曾与华尔兹共事过一段时间。1973年,基欧汉开始任职于斯坦福大学政治系。在斯坦福大学,他与当今美国政府外交政策的重要智囊人物约瑟夫·奈(Joseph S. Nye)建立起成功的合作关系，同时成为著名的《国际组织》(*International Organization*)杂志的编辑之一。1981年到1996年，基欧汉先后任教于伯兰德斯大学(Brandeis University)和哈佛大学。1996年，基欧汉受聘于杜克大学(Duke University)，并任教至今。基欧汉是美国人文与科学院院士，曾经两度当选为美国国际关系学会主席，1999年，他还被一致推选为美国政治学会主席。

基欧汉的学术专著不多，除了与奈合著的《权力与相互依赖》以外，《霸权之后》一书是其最重要的学术代表作。另外，他还发表了三十多篇极有分量的学术论文，其中一部分被收集在他的国际关系理论论文集《国际制度与国家权力》一书中。[2]1979年，他与奈合著的《权力与相互依赖》一书，被公认为20世纪70年代西方相互依赖理论研究中最重要的著作之一。[3]在这本书中，两人对国际相互依赖关系中所存在的敏感性和脆弱性特征，以及国际相互依赖关系中的政治过程作了精彩的阐述；也正是在这本书中，基欧汉和奈开始提出在复合相互依赖的政治现实中，各个议题领域中的机制对管理国际相互依赖所具有的独特的意义。1984年，基欧汉出版了《霸权之后》一书，这本书为基欧汉赢来卓著的声誉，该书不仅对当时流行的霸权稳定论给予了有力的批判和修正，更重要的是，它对推动此后的国际制度研究具有不可估量的意义，并使国际制度研究占据了基欧汉后来学术研究的中心位置。值得注意的是，基欧汉还独立或合作编辑了许多在国际关系理论研究中占有重要地位的论文集，这些文集，如《跨国关系与世界政治》(1971)，《新现实主义及其批判》(1986)，《新的欧洲共同体：决策与制度变迁》(1991)，《观念与外交政策》(1993)，《冷战之后：欧洲的国家战略与国际制度(1989—1991)》(1993)，《国际化与国内政治》(1996)，以及最近将出的《合法化与世界政治》等，都领导着不同时期国际关系理论的研究趋势，其所撰写的序言、结论以及设计的编书方案，对推动国际关系理论研究具有不可估量的学术价值。[4]例如他与奈在1971年编辑的《跨国关系与世界政治》一书，试图解释跨国互动与跨国组织对国家间关系和国家内部政治到底产生了什么样的影响。[5]这本书所发展出来的跨国关系的研究范式(transnational relations paradigm)，对今天的国际关系研究仍然具有重要的指导意义。[6]

综观基欧汉的论文、专著及其编辑的书籍，不难发现基欧汉30年来的学术理论进程。基欧汉学术生涯是从跨国关系研究起步的，这与他博士论文研究联合国大会中的政治斗争问题是分不开的。在博士论文中，就如基欧汉后来承认的，他试图搞清楚的问题是，联合国大会中的制度背景是否影响着联合国中各国之间关系的结果？权力与利益是世界政治的全部内容，抑或制度也在起作用呢？[7]自20世纪60年代开始，国际关系学者对过去以国家和权力为中心的世界政治研究范式表现出越来越多的不满。一方面，因为国际相互依赖加强而引起的国家间关系的调控与管理问题开始引起人们的关注和重视；另一方面，伴随着跨国交往的进步，各种各样的非国家行为体活跃在世界政治的舞台上。这些新的世界政治现象导致传统的以国家和权力为中心透视世界政治的研究方法在现实中受到了怀疑和挑战。基欧汉敏锐地捕捉住这些问题，并力图对这些新的世界政治问题在理论上给予回应。某种程度上可以说，基欧汉30年来所有的学术抱负，就在于回答：国际相互依赖的加强对国家间和国家内部政治的含义是什么？在一个日趋密切的相互依赖世界中，究竟应该通过什么途径来维持世界政治中的合作与秩序？从方法论上来说，基欧汉的研究基本遵循的是“颠倒的第二种设想”(the second image reversed)[8]的研究途径。众所周知，华尔兹关于战争根源三种设想中的第二种设想，强调的是国内政治体制差异对国际冲突或合作的“外溢”效果，即国际问题的国内根源，而将这种“设想”颠倒过来，强调的就是国际力量是如何对国内政治经济的变迁产生影响的。在基欧汉绝大部分著述中，无论是探讨跨国关系和国际制度，还是国际化和意识形态等问题，集中关注的实际上不仅仅是跨国力量对国家间政治的影响，而且同时还阐述跨国力量是如何以及怎样对国内政治经济产生作用的。这种研究途径并不是说基欧汉不重视国内因素对国际关系的作用能力。实际上，基欧汉一直承认这种作用因素的存在及其重要性，然而，在基欧汉的世界政治研究范式中，国内关系即使不从属于国际关系，至少也在很大程度上受到世界政治经济力量愈来愈多的影响。对这种影响的程度和方式作出恰当的评估，无疑是我们时代国际关系学者面临的重大职责之一。[9]

在基欧汉身上，有许多可贵的地方值得我们学习，其中最重要的，就是他对学术研究议题敏锐的捕捉能力。在基欧汉至今的学术发展历程中，给人印象最深的就是他对世界政治研究特别强烈的问题意识。他在不同时期提出的不同世界政治研究议程，无论是跨政府组织问题，还是国际相互依赖的管理问题，以及霸权后合作与国际制度问题，或者国际化与国内政治问题，总是能够贴近并抓住世界政治发展的脉搏，而基欧汉又能通过高超的综合和平衡能力，通过国际制度这个关键概念将这些看似孤立无关的问题整合在一个框架中。所以，在我看来，基欧汉作为第一流的学者，很大程度上不在于他解决“问题”的能力，而在于他发现和提出“问题”的能力。这种对时代议题敏锐的“嗅觉”能力，不是每一位学者都能具备的。

其次，基欧汉的学术成就还告诉我们，作为一名社会科学研究者，必须时时关注其他学科的最新发展，以开放社会科学的态度对待国际关系研究，而不应该使自己的观念囿于人为的学科边界之中，也不应该将自己研究的问题只限定在国家边界的框架之内。本质上，各门社会科学尽管名称不同，但是探讨的问题——诸如秩序、冲突、分配、公正等等——常常是相同的，对这些问题的解释从来不是也不可能是某门社会科学所能单独垄断的，更何况这些问题也不是某个人为设定的国家边界之内的问题，它们实际上是所有政治社会面临的共同问题。应该说，各门社会科学都为这些问题提供了不同的观察视角，某门学科中百思不解的问题，可能在其他学科中早已经是有答案的问题了。这就需要我们在研究中以谦虚和相互尊重的态度博采各门学科之长。我们平常一直强调的所谓跨学科研究，意义也正在于此。这方面，基欧汉的《霸权之后》一书提供了开放的跨学科研究的一个很好的例子。可以说，如果没有及时捕捉新制度经济学的研究成果，就不会有基欧汉在《霸权之后》一书中所发展出来的国际机制的功能解释模式。基欧汉至今仍然认为将新制度经济学的成果与国际关系研究结合起来，是他对世界政治研究的最大贡献。[10]

最后，一名成功的社会科学研究者，要注意并能够发现研究议题中不为人注意的隐秘的地方（research corner），这些地方最有可能产生新的理论研究范式，并能促使许多学者产生浓厚的兴趣，利用大量的经验研究去检验和证伪这种研究范式。一个学者要是做到这一点，他的研究就能够占据学科发展的中心位置。[11]学科研究中这些隐秘的地方，就我个人的理解，类似于社会科学（包括国际关系）大厦中的“裂缝”问题，这些可能撼动既有理论大厦或者框架的“裂缝”，是真问题而不是假问题，是迫切的问题而不是无关痛痒的问题，是实在的问题而不是臆想的根本不构成问题的问题。[12]这些“裂缝”问题的寻找及其解决，对我们国际关系学科的发展与完善非常必要，我们要研究的问题不是太多了，而是正在研究的真问题太少了。

解读《霸权之后》

在基欧汉的所有著述中，《霸权之后》是最重要的一本书。《霸权之后》一书共分为 4 个部分计 11 章，其理论论证的核心集中在“问题与概念”的第一部分和“合作与国际机制理论”的第二部分，第三部分是经验研究，考察了战后美国霸权在实践中的运作，第四部分是结论。各章内容在此不作赘述。在本书中，基欧汉提出的一个中心命题是：霸权后合作是否以及如何可能？显然，这既是个极具理论挑战性的命题，也是关系美国霸权自 20 世纪 70 年代开始衰落后，西方发达国家在没有霸权国家存在的情况下如何维持合作的一个政策课题。

为什么说这是一个具有理论挑战性的命题呢？众所周知，在正统的现实主义特别是流行的“霸权稳定论”(hegemonic stability theory)[13]看来，国际体系要维持稳定，必须要有一个霸权国家或者霸主的存在。霸权稳定论假设，国际体系中的秩序、合作、安全、汇率稳定等诸如此类的东西，类似经济学上所谓的公共物品。[14]我们知道，大凡公共物品，都具有供应的相联性和排他的不可能性，即我对这种物品一定量的消费不会影响其他人对这种物品同量的消费；同样，由于物品“公共”的特性，我对这种物品的消费并不会排除其他人同时对这种物品进行消费。换句话说，公共物品具有极强的外部性(externality)效果，那些没有承担供应公共物品责任的个体可以“免费搭车”(free-rider)，自动享受别人提供公共物品所能带来的好处;退一步讲,当各个个体之间存在共同的类似公共物品的利益需求时,这些个体可能不会采取有效的集体行动实现这些共同利益,这就是奥尔森揭示的“集体行动的逻辑”[15]。公共物品这种独有的特性,决定其经常处于供应不足的状态,它所具有的外部性效果会导致国内政治经济市场出现“失灵”的恶果(market failure)。一般来说,为了克服这种困境,强制性的中央权威是重要的途径之一,[16]这就是在国内社会中为什么需要政府干预市场运行的理由之一。推及到国际关系中,霸权稳定论的支持者认为,虽然在国际社会中不存在一个中央政府,但是如果存在一个起绝对主导作用的霸权国家,这个霸权国家能够并愿意为国际体系的稳定提供必要的如安全、经济稳定之类的国际公共物品,那么国际体系就会保持一定的秩序与和平;反之,如果没有霸权国家,或者存在霸权国家而这个霸权国家却处于衰落之中,那么国际体系就可能陷入混乱或者发生霸权战争的后果。

霸权稳定论的逻辑提供了一种以权力为基础的国际合作观,即在霸权国家存在的情况下,各国之间的合作就能够维持,而如果没有霸权国家,那么各国之间就会处于纷争的状态。在《霸权之后》一书中,基欧汉明确地对这种正统的以权力为基础的国际合作理论提出质疑,认为霸权后的合作是可能的,也是必要和可行的。[17]为了解释霸权后合作的可能性和现实性,基欧汉引入了一个关键的概念,即国际机制。

国际机制这个概念最早是由鲁杰(John G. Ruggie)在20世纪70年代初期提出来的,这个概念此后逐步占据国际关系话语系统的中心。但是,在《霸权之后》一书出版以前,对于国际机制的研究主要还是停留在描述的阶段。只是在《霸权之后》一书出版以后,由于基欧汉引入大量的微观经济学概念和分析工具,这个概念才具有更多的分析性意义。

在《霸权之后》一书中,基欧汉发展出一套系统的国际机制的创设及其功能的理论。所谓国际机制,按照克拉斯纳(Stephen D. Krasner)给出的被广泛接受的定义,就是指在国际关系的议题领域中所形成的“一系列隐含的或明确的原则、规范、规则以及决策程序”[18]。基欧汉承认,在一个以利己主义为行为原则的个体所组成的世界中,其决策往往导致集体利益的受损,或者即使它们之间存在共同的利益,往往也很难采取有效的集体行动，去维护和实现这类共同利益，这种利己决策行为的总和导致集体的非理性后果。这就是我们通常所说的个体理性的总和与集体理性的悖论问题。根据公共物品理论的推演，为了克服国际政治市场失灵的危机，由霸权国家来主动承担并领导其他个体共同实现这些共同利益，是一条有效的途径。那么，霸权国家借以实现这些共同利益的工具是什么呢？在基欧汉看来，就是承担并领导国际机制的建设。这一点我们可以通过美国积极参与战后的机制建设（包括布雷顿森林体系、世界银行、关税及贸易总协定、国际货币基金组织等）看出来。所以，国际机制的创设，主要是在霸权国家的领导下完成的。各种国际机制的功能在于，可以汇聚各国政府的行为预期，提供信息沟通的渠道，改善信息的质量和减少信息的不对称性，降低交易成本，赋予行动和政策的合法性，改变行为者的利益偏好，协调和调整各国政府的政策和行动，减少不确定因素。机制的所有这些功能，对于霸权主导下国际体系中各国政府之间的和平与合作以及霸权体系的"护持"具有重要的价值。[19]由此可以看出，基欧汉发展的国际机制的功能理论对正统霸权稳定论所进行的修正：与其说是霸权国家，还不如说是霸权国家倡导下的国际机制，确保着世界政治经济中的合作与和平。

这种被修正或提炼的霸权稳定论，对理解基欧汉接下来的论证是至关重要的。既然国际机制主要是在霸权国家的领导下建设起来的，而且这些机制对维持霸权状态下的和平与合作具有重要的意义，那么，是不是说一旦霸权国家衰落以后，原先在霸权国家主导下所创设的机制也会相应地瓦解呢？而如果这些机制因为霸权的衰落而成为变革的对象，世界政治经济不就因此会陷入纷争与不和之中了吗？正统的（或者未经提炼的）霸权稳定论对这个问题持肯定的回答，但是基欧汉在《霸权之后》一书中认为未必如此。在基欧汉看来，霸权衰落和国际机制的崩溃之间存在一个"时滞"，[20]也就是说，霸权的衰落并不必然意味着既有的在霸权国家领导下创设的机制也会相应地发生衰落，机制维持的惯性，使它们对确保霸权之后世界中的合作与和平仍然起着独立的作用。因此，机制的维持和建设就成为霸权之后合作与和平能否持续的关键因素。

这样看来，基欧汉这本书的理论价值绝不仅仅在于对正统的霸权稳定论进行修正和提炼,更重要的意义在于,它通过对国际机制在世界政治经济中扮演的功能价值的分析,说明国际机制对于促进"无政府状态下的合作"是可能的,对减少世界政治经济中的纷争与不和是有价值的,对管理国际相互依赖是有意义的。

《霸权之后》一书不仅具有重要的理论意义,同时也具有重要的政策含义,它对我们理解美国为应对自20世纪70年代以来霸权衰落的挑战而进行的外交实践,是不无帮助的。《霸权之后》要解决的一个中心问题,是发达工业化的市场经济国家在美国霸权衰落后,如何通过国际机制的维持和建设来促进彼此之间的合作,避免纷争。用政策的语言讲,就是西方联盟怎样维持牢靠和稳固的合作?20世纪70年代,是西方世界发生巨大变化的年代,美国在国际政治和经济领域陷入诸多困境,难有战后初期那种一统天下君临一切的气势和抱负,美国霸权的衰落成为朝野上下挥之不去的阴影,西方联盟的前景也令人忧虑不堪。美国在内政和外交上面临的不是20世纪前半期如何"与崛起打交道"(coping with rising)的问题,而是如何"与衰落打交道"(coping with declining)的问题,换句话说,就是"霸权衰落之后怎么办"的问题。基欧汉这本书隐含的政策意义在于,在霸权后时代,积极参与旧制度的修补和新制度的建设对确保美国的国际影响是至关重要的。当然,我们不能肯定基欧汉对国际机制功能的强调,一定就对美国今天的外交政策与国际行为产生了直接的影响,但有一点是肯定的,观察20世纪70年代以来美国基本的世界政治政策,不难发现在美国的对外关系中,越来越强调国际制度建设在维持美国全球利益和管理全球政治经济问题中的意义,无论这些制度建设是以美国利益的名义还是以全球政治经济稳定的名义。进一步说,美国及其西方联盟在今天国际社会中的特殊地位,很大程度上是由它们参与制定的国际制度来确定和维护的;对国际制度的控制和解释,已经成为美国外交"软权力"的一个重要组成部分。由此看来,《霸权之后》一书在政策上的价值在于,它为美国应对霸权衰落和如何与衰落打交道开出了一张很好的处方。

当然,从理论的论证上讲,《霸权之后》一书并不是完美无缺的。正如有些学者所指出的,对国际机制的功能解释容易陷入"因为需要国际机制所以才有国际机制"[21]的循环论证的错误中。尽管基欧汉在本书中一再注意避免功能解释途径可能出现的因果论证缺陷,[22]但是通读全书的理论论证部分,发现这种缺陷并未能够完全克服。另外一个不足之处是,功能的解释途径可以说明霸权和世界政治经济中日趋加强的相互依赖有助于国际制度的产生,也的确需要更多的国际制度来组织和管理密切联系的世界;但是对为什么国际制度在产生过程中会出现形式多样的特点,为什么有些国际制度带有强迫性的特点而有些国际制度却带有自我执行的能力,为什么有些国际制度形式反映国际体系中权力配置的现实而有些国际制度却没有,为什么有些国际制度比较稳固而有些国际制度却非常脆弱,功能主义的解释就显得捉襟见肘了。在《霸权之后》一书中,基欧汉对国际机制的类型和变迁,涉及得不多。因此,机制的功能解释在我看来,只是一种关于国际机制的静态的理论(static theory),而不是机制变迁的动态的理论(dynamic theory)。[23]

基欧汉的新自由制度主义与世界政治研究

自由主义是当代国际政治中最有影响的思潮之一。可以说,自从20世纪80年代直至冷战结束以来,对世界政治实践产生重大影响的思潮,非自由主义莫属。在冷战后西方世界的外交政策中,无论是贸易自由化的推广,还是民主制度的扩展,自由主义的外交理念都在其中占据中心的位置。

自由主义的世界政治理论与现实主义的世界政治理论有着典型的区别。按照基欧汉的看法,首先,国际关系中的自由主义不仅仅强调国家,同时也强调各种有组织的社会团体和公司的作用;其次,与现实主义不同的是,自由主义并不强调军事力量的重要意义,它试图寻找的是具有不同利益的各个独立的个体,如何组织起来以促进经济效率和避免毁灭性的物质破坏;最后,自由主义相信通过积累实现进步的可能性,而现实主义则假设历史不是进步的,是在权力政治的游戏中循环的。[24]

世界政治中的自由主义理论不是铁板一块的,一般认为,它由各种不同的思潮所组成。在政治领域，由多伊尔(Michael Doyle)和罗塞特(Bruce Russett)提倡的“民主和平论”是政治自由主义的代表；在经济领域，罗斯克兰斯(Richard Rosecrance)等人主张的自由贸易和相互依赖和平论，是经济(商业)自由主义的代表；也有强调公平和国际正义对各个民族和社会重要性的社会自由主义；而由基欧汉在《霸权之后》一书中所发展出来的国际制度理论(也是主流的国际制度理论)，则被一些学者冠以“新自由主义”(neo-liberalism)或者“新自由制度主义”。[25]

那么，以基欧汉为代表的主流国际制度理论何以被称为是“新”的“自由主义”呢？

从分析的意义上讲，世界政治的自由主义理论并不是一般政治哲学上宣讲的关于自由的教义，而是作为分析社会现实的一种“途径”(approach)。前文提到，基欧汉在《霸权之后》一书中发展出来的国际制度理论，在研究方法上深受经济学界流行的新制度经济学的影响。经济学中的新制度学派着重研究在资源稀缺和交易费用高昂的条件下，(产权)制度以及制度安排是如何对人类的行为产生诸种不同影响的。[26]新制度经济学中的交易费用理论、产权理论、国家理论、法和经济学研究，对主流国际制度理论产生了极为重要的影响。今天主流的国际制度研究，所借助的最有力的分析工具就是新制度经济学中的理性选择(rational choice)或者公共选择理论。因此，作为一种分析途径的“自由主义”国际理论，打上了自由经济学派的许多烙印：第一，它把相关的角色视为个体，作为全部分析的起点，个体被假定是理性的，即行为过程是有选择的，旨在根据个人的效用功能实现最大的纯收益；第二，试图理解个体的集合是怎样作出集体决策的，以及由个体构成的组织是怎样进行互动的；第三，强调个体的权利，以及人类事务中的进步是可能的。[27]

主流的国际制度理论所以带有“自由主义”的痕迹，或者所以被称为是“新自由制度主义”的，还在于它从理论上糅合了商业自由主义的许多内容。在基欧汉看来，国际自由主义不是一个统一的范畴，而是由不同的各式各样的自由主义构成的。基欧汉自认为属于“成熟的自由主义”(sophisticated liberalism)[28]，这种自由主义介于商业自由主义(commercial liberalism)和管制的自由主义(regulatory liberalism)之间，是对这两者的综合和超越。“成熟的自由主义”并不认为经济上的相互依赖和自由贸易的扩大会自动导致国际和平，但是它接受商业自由主义这种看法，即经济的开放会产生有利于和平而不是有利于扩张征服的激励因素。所以经济相互依赖只是和平的必要条件而不是充分条件，能不能产生和平，最终取决于国际制度的效用。[29]而管制的自由主义强调的是管理各国关系的规则对维持和平的重要意义，没有这些制度与规则的管制效用，国际和平就会非常脆弱，国际秩序也就是不牢靠的。所以，成熟的自由主义认为贸易扩展导致的国际相互依赖对国际和平是重要的，但仅由此并不必然带来和平，还应该通过国际制度的力量，使相互依赖关系处于一种制度化的模式中；成熟的自由主义者也不拒绝和反对“干预主义”，相反，为了管理国际相互依赖，需要必不可少的国际制度干预力量，只不过这种制度干预力量应该受到各国之间共同协议和规则的限制。[30]这样，我们不妨把基欧汉这种和平观点称为“制度和平论”(institutional peace theory)，以与商业(相互依赖)和平论、民主和平论和霸权和平论区别开来。[31]

由此看来，在对世界政治的哲学认识上，基欧汉的新自由制度主义或者成熟的自由主义与传统的现实主义是截然不同的。新自由制度主义认为传统现实主义的世界政治理论是一门“沉闷的科学”(a dismal science)，它把世界政治简单地视为权力游戏的战场，是在不断循环的战争和冲突中进行的，而新自由制度主义则认为世界政治中存在进步和演化的力量，它秉承了自由主义经济学的主张，认为在贸易的扩张和交往的加强中，通过国际制度建设与国际制度安排，世界政治可以朝着进步的方向演化，人类和平与福利是可以得到保障的。新自由制度主义因此提出“国际合作”的命题，它接受商业自由主义的基本假定，认为世界政治经济中的个体是以绝对收益的提高为依归的，对绝对收益(我们都能获益吗?)而不是相对收益(我们能得到多少收益?)的关注，使个体之间的合作与社会总体福利的增加成为可能；新自由制度主义也承认无政府状态是世界政治的一种基本状态，但是这种状态并不意味着世界政治是缺少秩序的，更不意味着国际合作就是不可能的和不可靠的，相反，在自由主义者看来，无政府状态是一块“可培育的园地”[32](a cultivable garden)，无论是共和自由主义看重的通过民主制度的扩展达到的“分割的和平区”，商业自由主义强调的通过贸易发展而产生的贸易国家之间的“和平贸易区”,还是新自由制度主义寄希望的通过国际制度安排这种契约途径实现的国际和平,总之,世界政治的无政府状态不会是一成不变的,是可以走得出的一个困境。

应该说,以基欧汉为代表的新自由制度主义正确地看到在一个日趋相互依赖的世界中,国际制度建设和安排的重要意义;其关于“制度起作用”这个命题也是经得起证伪的。但是,“制度起作用”只是一个实证的命题,忽略了制度的规范意义,未能充分考虑国际制度的分配和正义问题。这也正是基欧汉在《霸权之后》一书结尾部分所提出的制度的价值和道德问题。实际上,制度具有重要的价值和政治含义,正因为如此,新自由制度主义受到新马克思主义和社会自由主义的强烈攻击,因为如果制度是起作用的话,那么人们不免要问:谁的制度?[33]毕竟,国际制度往往决定了“谁在什么时候,可以得到什么,如何得到”这样的问题。正如秦亚青教授在批判新自由制度主义理论时所指出的,新自由制度主义强调的关键概念国际制度,“是为了维护和延续某种国际社会体系服务的”[34],本质上是带有深刻的阶级性烙印的。我们不难发现,当今国际社会中的大部分制度设计和安排,是由一种被称为“深嵌的自由主义”(embedded liberalism)[35]理念所主导的,或者说主要是由处于世界政治经济体系中心地带的西方国家主宰完成的。这些既定的国际制度,界定了国际社会中的基本财产权,是弱势国家处于被强制和压制的边缘地带的一个重要根源。从这个意义上讲,新自由制度主义从正的方面告诉我们“建制”问题在世界政治中的意义,同样,它也从反的方面提醒我们注意“改制”问题在世界政治中的迫切性。如果国际制度建设不能考虑弱势国家和团体的立场和利益,那么既有的制度可能会不断地加剧世界范围内的不平等和失望情绪,国际制度也许就不是合作与和平的推动因素,而是斗争与冲突的焦点,自由主义者所竭力强调的进步,可能变得更为脆弱。人们对世界银行、国际货币基金组织以及世界贸易组织等具有重要分配含义的国际制度的不满,可能预示着一场全球范围内深刻危机的到来。

苏长和

2000年10月于复旦大学国际政治系

注 释

1. 2000 年,在华盛顿结束的美国政治学会千年会议上,来自哥伦比亚大学政治系的资深国际关系学者罗伯特·杰维斯(Robert Jervis)接替基欧汉,成为新一届美国政治学会主席。

2. Robert Keohane, *International Institutions and State Power*, Boulder: Westview Press, 1989.

3. 两人后来又撰文对 1979 年版的《权力与相互依赖》一书进行了修正和补充,见 Robert Keohane and Joseph S. Nye, "Power and Interdependence Revised," in *International Organization*, Vol. 41, No. 4, Autumn 1987, pp. 725—753。

4. 限于篇幅,这里不能一一列举基欧汉教授的著述,有兴趣的读者可参考迈克尔·苏赫(Michael Suhe)为基欧汉撰写的学术评传后面所附的"基欧汉著述一览",见 Michael Suhe, "Robert Keohane: A Contemporary Classic," in Iver Neumann and Ole Waver, eds., *The Future of International Relations: Masters in the Making*, London: Routledge, 1997。

5. Robert Keohane and Joseph S. Nye, eds., *Transnational Relations and World Politics*, Cambridge: Harvard University Press, 1970.

6. 这可从里斯-卡彭最近编辑的《跨国关系研究的回归》一书中看出来,见 Thomas Risse-Kappen, ed., *Bringing Transnational Relations Back In: Non-state Actors, Domestic Structure and International Institutions*, Cambridge: Cambridge University Press, 1995。

7. Robert Keohane, *International Institutions and State Power*, p. 25.

8. "颠倒的第二种设想"是由古勒维奇(Peter Gourevitch)在 1978 年的一篇文章中提出的,这种"设想"强调研究国内问题的国际根源,见 Peter Gourevitch, "The Second Image Reversed," in *International Organiztion*, Vol. 32, No. 4, Autumn 1978, pp. 881—912。

9. 苏长和:《中国国际关系学:问题与研究方向》,载《世界经济与政治》杂志,2000 年第 1 期。

10. Robert Keohane, *International Institutions and State Power*, p. 28.

11. 见迈克尔·苏赫前引文第 114—115 页。

12. 感谢刘建军博士最先提请我注意到社会科学研究中"裂缝"问题的意义。

13. "霸权稳定论"这个词是由基欧汉最早在《霸权稳定论和国际经济机制的变迁(1967—1977)》一文中使用的,这篇文章收在基欧汉《国际制度与国家权力》论文集中。

14. 或者说是一种国际公共物品,著名经济学家金德尔伯格曾经撰文论述国际公共物品问题,见 Charles Kindleberger, "International Public Goods without International Government," in *American Economic Review*, March 1986, pp. 1—

13。

15. 奥尔森:《集体行动的逻辑》,陈郁等译,上海三联书店、上海人民出版社1995年版。可以说,当代国际政治中最重要的两本理论著作——《霸权之后》和华尔兹的《国际政治理论》——的观点,都受到奥尔森《集体行动的逻辑》一书的影响。

16. 注意,强制性力量只是克服集体行动困境的方法之一,但决不是唯一的方法,有时也不是最有效的方法,见 Michael Laver, "The Political Solutions to the Collective Action Problem," in *Political Studies*, June 1980, pp. 195—209;也见 Michael Taylor, *The Possibility of Cooperation*, Cambridge: Cambridge University Press, 1987。

17. 应该承认,基欧汉对霸权稳定论的基本观点并无太大的异议,在基欧汉看来,霸权稳定论是一种"粗糙的有待加工和提炼的理论"(a crude theory),需要进行修正,见 Robert Keohane, *After Hegemony*, pp. 32—41。

18. Stephen D. Krasner, ed., *International Regimes*, Ithaca: Cornell University Press, 1983, p. 2.

19. 基欧汉对国际机制功能及效用的分析,主要见《霸权之后》第五章。秦亚青教授在最近的一本著作中对国际制度与霸权体系的护持,也有精彩的阐述,见秦亚青:《霸权体系与国际冲突:美国在国际武装冲突中的支持行为(1945—1988)》,上海人民出版社1999年版,第280—285页。

20. Robert Keohane, *After Hegemony*, p. 101.

21. Stephan Haggard and Beth A. Simmons, "Theories of International Regimes," in *International Organization*, Vol. 41, No. 3, Summer 1987, p. 506.

22. Robert Keohane, *After Hegemony*, p. 81.

23. 对这些问题的回答,有兴趣的读者可以参考苏长和:《全球公共问题与国际合作:一种制度的分析》,上海人民出版社2000年版,特别见"国际关系中的制度选择"一章。

24. 见 Robert Keohane, "International Liberalism Reconsidered," in John Dunn, ed., *The Economic Limits to Modern Politics*, Cambridge: Cambridge University Press, 1990, p. 174。关于国际关系中自由主义与现实主义的详细区别,最精彩的分析见 Michael Doyle, *Ways of War and Peace: Realism, Liberalism, and Socialism*, New York: W. W. Norton & Company, 1996。近二十年来关于新现实主义与新自由主义的代表性文章,收在 David A. Baldwin, ed., *Neorealism and Neoliberalism: The Contemporary Debate*, New York: Columbia University Press, 1993。

25. "新自由制度主义"是格里科(Joseph Grieco)在批判制度主义理论时首先使用的。关于自由主义与世界政治的论著很多,在此不便一一列举,要了解这一理论,可参阅 Michael Doyle, Bruce Russett, Anne-Marie Burley (Slaughter), Richard Rosecrance, Andrew Moravcsic 等人的相关论著。

26. 对新制度经济学(New Institutional Economics)较全面的概述,可参考思拉恩·埃格特森的《新制度经济学》(吴经邦等译,北京·商务印书馆1996年版)一书。

27. Robert Keohane, "International Liberalism Reconsidered," p.174.

28. Ibid, pp.165—194.

29. Ibid, p.183.基欧汉的这种看法,与我在《经济相互依赖及其政治后果》一文中提出的观点是类似的,见苏长和:《经济相互依赖及其政治后果》,载《欧洲》杂志1998年第5期。

30. Robert Keohane, "International Liberalism Reconsidered," p.184.

31. 实际上,"制度和平论"与早期"有组织的和平主义"的理念是一脉相承的。著名英籍匈牙利经济史学家卡尔·波兰尼(Karl Polanyi)的《大转型:我们时代的政治与经济起源》(Karl Polanyi, *The Great Transformation*: *The Political and Economic Origins of Our Time*, New York: Beacon Books, 1957)一书,可能是系统阐述这一理论的最早著作。

32. 见 Michael Doyle, *Ways of War and Peace*: *Realism*, *Liberalism*, *and Socialism*, p.19。

33. 见苏长和:《全球公共问题与国际合作:一种制度的分析》中"在无政府与秩序之间:国际制度与国际社会的未来"一章。

34. 秦亚青:《国际制度与国际合作:反思新自由制度主义》,载《外交学院学报》,1998年第1期,第45页。

35. "深嵌的自由主义"对战后国际机制设计的影响,是由鲁杰最早提出的,见 John G. Ruggie, "International Regimes, Transactions and Change: Embedded Liberalism in the Post-War Economic Order," in Stephan D. Krasner, ed., ibid, pp.195—231;也见 John G. Ruggie, *Constructing the World Polity*: *Essays on International Institutionaliztion*, London: Routledge, 1998, pp.1—39。

中文版前言

我对苏长和博士将《霸权之后》一书译成中文，以及他为本书中文版所写的内容丰富的前言，深表谢意。他在这篇前言中提出了许多富有洞察力的见解，例如，他认为我作为一名学者，提出问题的能力要更胜于解决问题的能力，因此，可以这么说，我在过去提出的许多理论研究议程，至今仍然值得进行广泛的探讨。当然，我特别荣幸能见到本书中文版的面世，而且，我也非常欢迎任何来自中国学者对本书观点的评论、批评、补正以及经验上的检验。

从某些方面来讲，苏博士在前言中所作的评价对我来说也许受之有愧。他指出《霸权之后》是我最重要的一部著作。我当然同意这种说法，但是这是有限制条件的。就如他所指出的，本书提出的中心问题，就是在一个急剧发展的相互依赖世界（现在称为全球化）中，合作怎样能够得到培育，秩序如何才能得到维持？在我看来，这个问题最早在1977年我和奈合著的《权力与相互依赖》（最近已出了第三版）一书中就已提出来了。[1]我想，《权力与相互依赖》先于《霸权之后》提出了许多世界政治中新的发展趋势问题。《霸权之后》一书要做的只是提供一种以制度经济学为基础的新的理论视角，这种理论视角在《权力与相互依赖》一书中是没有的。然而，如果没有我和奈早期的合作研究成果，《霸权之后》一书是不可能写就的。奈后来在他的独立著作《注定要领导：变化中的美国权力》[2]中，对《霸权之后》一书的主题也作了深入阐述。

苏博士在他的前言中所提出的一些富有洞察力的见解，一直为过去许多美国学者就本书所作的评论文章所疏略,所以接下来我想再强调这些问题。我的确一直重视国际关系与国内政治联系的重要性,然而我并没有为这种联系提供一种整合的理论,考虑到当代世界中各国文化和政治的巨大差异,这样做也许是非常困难的。为了表述我对国际关系的认识,有时为了分析的目的我试图将国内政治程式化,然而这样做并不意味着国内政治是不重要的,而只是意味着将国内政治与国际关系完全联系起来并进行理论上整合,对我来说太困难了。苏博士也正确地指出,我发展出来的国际机制的功能理论,在解释国际机制为什么得以创设及其为各国所支持等问题上,要更胜于对国际制度为什么在范围、权力和制度设计上存在着多样性等问题的解释。国内政治与国际关系的联系,以及国际制度的多样性问题,无疑是当代世界政治研究中最重要的前沿课题。

在对当前这些学术前沿课题进行阐述之前,不妨让我先对《霸权之后》一书的论述作些反思。我仍然坚持我在《霸权之后》一书中所作出的基本论证途径,它很好地经受住了冷战结束的考验。现实主义者设想冷战的结束将导致国际制度的衰落和崩溃,他们认为国际制度只是大国冲突的反映,不是由各国设计出来以在各个功能议题领域促进相互有利的合作的。[3]然而,欧洲联盟自1990年以来已得到显著的加强,北约无论在范围和职能上都得到了扩大,世界贸易组织也扩充了其职责,并被赋予了许多新的解决纠纷的权力。冷战结束以来,国际制度的扩展和深入证明我在《霸权之后》一书中所论述的制度主义观点的正确性;而我所致力倡导的国际机制语言,现在也为政治家们所使用。例如,克林顿总统最近在为其同中国保持接触政策的辩护中就指出,美国"应该继续致力于将中国纳入到涉及全球规则的国际机制和制度中来"[4]。

然而,只有顽固不化的学者,才死守其一成不变的看法,对过去16年来*世界政治中所出现的重要观点视若不见。有些年轻学者以发现我论证中矛盾或者反常的地方,以及存在的薄弱环节为一大乐事。下面,我对本书中我所认为的一些薄弱环节作一列述。

首先,《霸权之后》一书的书名多多少少容易引起人们的误解。当我

---

* 即从《霸权之后》英文版出版的1984起。——译者注

在1981年到1984年写这本书的时候，我指望美国的经济和政治优势会像过去35年那样持续地衰落下去。但我并没有认为衰落会是直线下降的，我只是认为我们进入了一个后霸权的时代。美国经济实力的恢复，欧洲的相对停滞，以及日本在过去10年中所面临的经济萧条，加上苏联的解体，说明我那时的预期错了。在20世纪90年代，美国的霸权比过去要更加明显，其霸权从经济、政治和军事上讲，比冷战时期都更具主导能力。这样一来，我们事实上还没有看到可资检验国际制度在“霸权之后”是否会存续的例子。我相信，事实表明，国际制度与它们创立时所发挥的价值一样，会继续存在下去。但对这项命题的检验只能留待日后进行。

其次，在《霸权之后》一书中，在论述对国际承诺的遵守问题时，我重点强调了声誉的因素(见英文版第105—106页)。的确，在我后来主持的一项研究课题中，目的也在于试图阐明声誉对遵守问题的重要性。然而，研究过程中常常会出现一些始料不及的或者与我最初设想相背的看法。在考察美国自1776年到1989年对国际承诺的遵守问题时，我发现存在着比我最初想象的、更多的不遵守现象，而且，声誉因素与我设想的相比，似乎对政策产生着更少的影响。由于我一直没能发展一种理论，来充分地解释在国际承诺的遵守问题上所存在的多样性，所以这项研究的绝大部分成果至今都不能出版。尽管如此，它使我对声誉因素在促进遵守中的作用的看法变得更聪明，也更谨慎了。

《霸权之后》一书对合作将会促进各方利益的展望也许太乐观了。我承认分配问题在世界政治中是重要的，尽管我的论述并没有阐明协议的收益将如何进行分配这样的问题。但是，我过去的确相信，那些成为国际协议的所有成员，将能够从协议中得到好处。这种说法的逻辑，是认为在国际关系中，对国际协议的参与是自愿的；因此，如果接受一项协议比维持现状还要差的话，那么各国政府是不会愿意接受这项协议的。该论证的缺陷，是未能考虑到一些政府群体可能通过国际协议来改变现状，从而对其他国家产生不利的后果，后者可能因此处于极不情愿的选择当中：要么是接受一项比维持现状更差的国际协议，要么是在同样比先前状态更差的条件下保持承诺的独立性。[5]

从其他方面讲，我对《霸权之后》一书还是很满意的。该书中的一些弱点和缺陷在过去的16年中多多少少被克服和解决了。正如前面所指出的,《霸权之后》缺乏一种将国内政治与国际关系联系起来的理论。不过,已经有许多学者,特别是我以前在哈佛的学生,为此做了很多工作,以弥补这个缺陷。[6]《霸权之后》一书还研究了国际制度的影响问题,但是除了限于就国际能源机构所作的个案研究外,对这个问题研究得并不多。所幸的是,关于这个问题的研究在目前国际关系学界已经有了很大的突破。[7]

最后,《霸权之后》一书对国际机制的合法化问题重视得不够。该书只强调国际制度是有价值的,但是制度的价值是根据其合法化程度而定的,也就是说,规则所具有的强制性和精确性如何,以及在多大程度上解决冲突的权力能够委托给第三方来实施。伯利(Anne-Marie Slaughter Burley)在1993年指责我"重新发现国际法但又拒绝承认其意义"[8]。我就此作出的回应是,我们应该研习国际法,并注意国际法学家是怎样思考国际制度的。然而,我想说明的是,社会科学已经设计了许多先前不为国际法学家注意的研究工具,与法学家们所做的工作相比,它们更有助于我们系统地理解和解释国际制度。[9]

要理解国际制度是在什么条件下创设和维持的,它们对国家政策产生什么样的影响,以及非国家行为体的活动如何,我们仍然有很多的学术工作需要去做。我非常欢迎中文版的读者能对本书提出批评意见。如果要提高我们对21世纪世界政治的理解,并帮助政策制定者们通过制度化的合作来实现世界的和平与繁荣,那么跨国和跨文化的对话就是非常重要的。基于此,我再次感谢苏长和博士将本书译成中文,并希望看到中文读者的回应。

罗伯特·基欧汉

2000年10月9日于杜克大学

注 释

1. 我希望《权力与相互依赖》一书不久也会有中文版。(实际上,基欧汉可能并不知道,该书早在1992年左右即被译成中文,由中国人民公安大学出版社出

版,但中译本当时可能没有得到版权许可。——译者注)

2. Joseph Nye, *Bound to Lead*: *The Changing Nature of American Power*, New York: Basic Books, 1990.(该书也有中文版,书名是《美国注定要领导世界吗?》。——译者注)

3. John Mearsheimer, "Back to the Future: Instability in Europe After the Cold War," *International Security* 15 (1990), pp.5—56.

4. Bill Clinton, "China's Opportunity, and Ours," *New York Times*, September 24, 2000, op-ed section.

5. 特别见 Lloyd Gruber, *Ruling the World*: *Power Politics and the Rise of Suprnational Institutions*, Princeton University Press, 2000。

6. 特别见 Helen Milner, "Rationalizing Politics: The Emerging Synthesis of International, American and Comparative Politics," *International Organization*, Vol.52, No.4, Fall 1998, pp.119—146。本册《国际组织》特刊上的文章后来汇编成书,见 Peter Katzenstein, Robert Keohane, and Stephen Krasner, eds., *Exploration and Contestation in World Politics*, Cambridge: MIT Press, 1999。米尔纳教授对研究国际关系—比较政治之间联系的论著,作了基本的评述。

7. 对研究国际制度影响的论著所作的评论文章,可参考 Lisa Martin and Beth Simmons, "Theories and Empirical Studies of International Institutions," *International Organization*, Vol.52, No.4, Fall 1998, pp.89—119。该篇文章收在卡赞斯坦等人编辑的一本书中,见上引书。米歇尔是研究国际制度影响的先驱者,见 Ronald Mitchell, *Intentional Oil Pollution at Sea*: *Environmental Policy and Treaty Compliance*, Cambridge: MIT Press, 1994。最近从定量角度研究国际制度成功影响多边经济制裁的优秀论文,见 Daniel W. Drezner, "Bargaining, Enforcement and Multilateral Economic Sanctions: When is Cooperation Counterproductive?" *International Organization*, Vol. 54, No. 1, Winter 2000, pp.73—102。

8. Anne-Marie Slaughter Burley, "International Law and International Relations Theory: A Dual Agenda," *American Journal of International Law*, Vol. 87, No.2, April 1993, p.219.

9. 最近,有一系列文章试图在制度主义的框架下理解合法化问题,见 Judith Goldstein, Miles Kahler, Robert Keohane 以及Anne-Marie Slaughter 为《国际组织》2000 年夏季号 54 卷第 3 期所编的《合法化与世界政治》特刊。

2005 年版前言*

对于任何作者来说，他的著作在二十多年后仍然被阅读和引用，是一个令人感到万分满意的消息。但一本关于当代世界政治的著作在这个急剧变革的时代还能保持如此的生命力，其作者也会感到惊讶。自《霸权之后》出版以来，苏联已经解体；美国保持了对工业化民主国家的经济优势，并获得了前所未有的军事主导地位；恐怖主义取代了对国家间核战争的恐惧，成为对美国人民安全的主要威胁。

"霸权之后"，确实是这样！本书的标题似乎稀奇古怪地不合于当代现实。在 1945 年至 1984 年这段时间里，资本主义大国之间保持着引人注目的合作关系。许多理论家将这一事实归因于美国霸权（例如，Gilpin, 1975; Krasner, 1976）。然而，世界政治经济中的霸权国似乎在走向衰落：事实上，过去的 20 年时间里美国的国内生产总值在世界中的比重非常显著地下降了（参见表 9.1，第 192 页）。我没有预期未来会出现陡然衰落，但我认为我们进入了一个后霸权时代。被我称作霸权合作（hegemonic cooperation）的词组和霸权国表现出来的衰落框定了我这本书的核心议题："在没有霸权的情况下，世界政治中的合作如何才能发生？"（第 13 页）。这一问题似乎有着紧迫的政策关联，因为许多人认为美国霸权的持续衰落预示着高烈度冲突将会重现，促进国际合作的国际制度将会解体。

---

* 感谢斯蒂芬·克拉斯纳(Stephen D. Krasner)、莉萨·马丁(Lisa L. Martin)、海伦·米尔纳(Helen V. Milner)、查克·迈尔斯(Chuck Myers)、约瑟夫·奈(Joseph S. Nye, Jr.)、贝思·西蒙斯(Beth Simmons)等杰出同事和朋友对本序言初稿的评论。

我的这一立论框架很快被证明范围太过狭窄。我的朋友和合作伙伴约瑟夫·奈在看到《霸权之后》的草稿时告诉我,将军事—安全关系的分析排除在外是有误导性的。但我发现,为了建立并试图评估(如果不是真正检验)一个前后一致的思考路径,我需要缩小我的立论范围。所以我退而求其次,用一段话来解释我不论及安全议题(第136—137页)。奈在他的著作中仍然将经济和安全议题结合起来。他早在20世纪90年代初期就提出,美国比人们一般认为的更加强大——它"必然会领导"(Nye, 1990)。苏联的解体加上战争技术的革命,使他的观点也许比他预想的更加合乎现实。

此外,尽管自1984年以来,中国、印度以及其他快速发展中的国家的经济增长速度远远大于美国,但欧洲和日本两个美国当时的竞争对手的经济增长速度却有所下降(World Bank, 2004)。至世纪之交,美国已取得了现代史上无与伦比的军事力量优势,相对于其他先进工业化国家的经济优势也进一步拉大(Wohlforth, 2002, p.105)。因此,我们没有真正看到对制度是否会在"霸权之后"维持下来这一问题的检验。实际上,当前的问题是,这些制度能否经受住高度单极结构的考验,尤其是在"9·11"事件引发美国对外政策发生根本变化以后。

理论观点

因此,在我看来,《霸权之后》之所以没有因其错误而遭到嘲笑,没有成为图书馆里不被人们理会的积聚灰尘之物,是因为本书的核心观点在很大程度上没有受到其过时的立论框架的影响。本书的第二部分没有将合作等同于和谐,而是将其概念化为在实际和潜在的纷争情势下进行相互调整的强政治过程(第53页)。我同意肯尼思·华尔兹"在无政府状态下,没有自动生成的和谐"(Waltz, 1959, p.182)这一观点,并进一步探询在这样的条件下合作如何成为可能。

我审慎而明确地以现实主义尤其是华尔兹的新现实主义和理性选择

理论为基础，来回答这一问题。国家进行合作通常不是出于利他主义或移情于他国的困难处境，也不是缘于追求它们设想中的“国际利益”。它们为本国人民寻求财富和安全，并为此而寻求权力。汉斯·摩根索(Morgenthau，1948)和阿诺德·沃尔弗斯(Wolfers，1962)的读者不会对《霸权之后》中的行动单元和国家动机感到陌生。正如我在第一章中所说的：“我们需要超越现实主义这种认识，而不是抛弃它。”(第14页)

然而，我在这一现实主义地基上建立起了一座制度主义大厦。我的核心观点是第六章中的“国际机制的功能理论”，这一观点在两年前的一篇论文《对国际机制的需求》中就已初步提及(Keohane，1982)。根据我的观点，国家为促进互益性合作而建立国际机制。关税及贸易总协定(GATT)这一国际贸易机制是我经常提到的一项制度；实际上，可以这么说，我的理论是将关税及贸易总协定的经验通则化。国际机制——原则、规范、规则和决策程序的组合——降低了国家间交易成本，缓解了信息不对称问题，减少了机制成员在相互评估政策时面临的不确定性。如其他政治制度那样，国际机制可以从自我利益的角度进行解释。进一步讲，它们主要通过改变各种备选政策的成本和收益来影响国家政策。它们没有使自我利益失效，而是影响了对自我利益的计算。

信息是一个变量，这是本书的一个重要观点。这一观点为此后用博弈论探究世界政治的论证方式作出了铺垫。世界政治并不是完全不确定的；制度化可以提供信息，提高可信性，生成聚焦点，从而减少不确定性。

我的判断是，《霸权之后》的核心观点已经站稳了脚跟。事实上，某些最严厉的批评者似乎已经接受了其基本要素。约瑟夫·格里科(Joseph Grieco)在《国家间合作》的结尾部分断言，现实主义理论认为，“在国家试图合作时，国际制度的确是起作用的”(Grieco，1990，pp.233—234)。劳埃德·格鲁伯(Lloyd Gruber)写道：“现在，现实主义者已不再试图摧毁新自由主义的理论大厦，他们自己也在积极地为其添砖加瓦。”(Gruber，2000，p.29)。

20世纪90年代，《霸权之后》发展出的合作和制度理论获得了支持。现实主义者将国际制度视为超级大国冲突的反映，而不是国家从以功能界定的议题领域实现互益性合作的工具。他们以为，冷战的结束会导致国际制度的解体(Mearsheimer, 1990, 1994—1995)。然而,20世纪90年代,欧盟制度得到了扩大和强化,北约的成员国增多,活动范围扩大,世界贸易组织(WTO)的任务范围拓宽,在争端解决方面被赋予了实质性权力。一些观察家担心,国际制度会被再现勃兴之势的美国霸权所收编。但总体而言,我们很多人都看到了,尽管有超级大国的对抗,但合作却可以在共同获益的前景下得以维持。

自“9·11”事件以来,我们进入了一个以美国极力使用其前所未有的政治和军事权力为特征的新时期。美国在军事上的主导地位促使布什政府自认为其对盟国的需要已大为减少。2003年,布什总统决定入侵伊拉克,这一行动在某种程度上是为了实现在中东地区实行民主治理的宏大目标。鉴于美国政策的根本性转变,其欧洲和亚洲盟国试图限制美国行动,就几乎没什么出人意料的。美国与其盟国之间的利益冲突增大了。

这样的利益冲突在多大程度上是由当代世界政治结构所决定的,这一点尚不明确。当然,我在1984年没有预料到美国与其他主要资本主义国家之间的地缘政治利益冲突会突然增大。相反,我认为合作的需求应该会不断增大。不过,如大多数观察家那样,我相信西方自由民主国家与苏联之间的争斗会一直持续下去。无疑,苏联的解体使欧洲和美国在安全议题上发生纷争的可能性增大,这一纷争也自然会影响到非安全议题。然而在我看来,美国在2002年和2003年的政策转变受到了美国政府中当权者的意识形态倾向的深刻影响。如果2000年的大选出现不同的结果,美国就不会在没有得到联合国授权和传统欧洲盟国支持的情况下攻打伊拉克。

《霸权之后》并不能令人预判2004年秋发生的美国与其欧洲盟国之间的争执。但本书的观点却使我们可以预料到,美国在无视联合国的情况下,无法成功运用军事权力来实现其政治目标。美国没有通过单边主义实现其在伊拉克的目标,这支持了上述看法。如果《霸权之后》的观点是正确的,未来的美国政府要在各个议题上实现其目标,就不得不在相当程度上依靠国际制度。

《霸权之后》的观点——合作可以在没有霸权存在的情况下发生,也意味着国际合作并不一定需要美国的参与。尽管美国没有参加,但应对气候变化的《京都议定书》生效了，国际刑事法院也创立了。这说明新的全球制度可以在没有美国参与的情况下建立起来。美国与欧洲在价值观上的差异与日俱增（与其他工业化民主国家在某种程度上也同样如此）。在这样的情况下，没有美国参与的全球合作也是有可能发生的。诸如国家对经济的管制、福利提供、死刑、尊重国际法等议题是人们所关心的。因此，新创立的没有美国参与的国际制度在规则内容上会不同于美国充分参与的情况。

主要缺失

只有食古不化或没有头脑的思想家才会在这21年历程中对一些重要问题固执原见。而且，年轻学者发现书中观点的矛盾或不妥之处，或者找出其中的缺陷，是本书引起关注的表现。这是写作本书带来的乐趣之一。我来谈一谈我所认为的《霸权之后》中已经被找出的一些缺陷。

最明显的缺陷是，《霸权之后》的理论探讨部分将国家视为一元化的个体，没有考虑国内政治及其中的主导性观念的差异。这一缺陷是我有意所为。纵观第八章和第九章中对美国霸权政策的历史叙述，对国内政治重要性的考量随处可见，但在我的理论中，国内政治却不起作用。前后不一致的原因很简单：我不知道如何以令人信服并且简约的方式，将一个精致的国内政治理论融入我的分析。因此，《霸权之后》没有提供一个国内政治与国际制度如何发生关联的理论。学者们付出了诸多努力，来弥补这一缺失。由于很多学者都为这方面的工作作出了重要贡献，因此我不想一一列举他们的名字。但应该指出的是，海伦·米尔纳将国内与国际政治联结起来的工作特别值得关注，并且很有影响力（Milner，1997，1998）。

《霸权之后》所遭受的最为严厉的批评，是其对制度化合作中的收益分配问题不予重视。《霸权之后》采用了后来亚历山大·温特提出的洛克式无政府文化，在这一文化中，行为体既不是敌人，也不是朋友，而是竞争对手。它们相互之间不存在特定的敌意,也不会相互移情,它们都寻求自身的利益。在这一情境下,某种可被称作合作的"效率收益"(efficiency gains)的好处,是我的观点所强调的。我承认世界政治中的分配问题很重要,但我没有强调这些问题,我的理论也没有解释协议收益如何分配(Krasner, 1991)。

20世纪80年代末和90年代初,发生了一场关于国际合作中的分配性问题的激烈辩论(Grieco, 1988; Keohane, 1993)。在我看来,辩论的结果是,双方承认对分配性问题的重视程度应该比我所给予的更高,但这一问题可以在标准的效用和讨价还价框架下理解(Powell, 1993, p.228; Powell, 1999, p.76)。在某些条件下,分配性问题会对合作产生重要影响,尽管在真实世界中,这一问题并没有使这些条件下的合作变得不可能。

无疑,分配性问题比《霸权之后》中所认识到的更加复杂。我对世界政治中的协议必须自我实施的强调是正确的。因此,只要行为体的协议收益等于逆转点(reversion point)收益——行为体在没有协议情况下的所得,它们就会遵守这些协议。国家或国家集团可以通过国际协议来改变现状,从而减少逆转点对其他国家的价值。我没有充分注意到这一事实的含义。在这一情况下,后一类国家会面临一种令人不快的选择,要么接受差于先前状态的协议,要么在同样差于先前状态的条件下不作出承诺(Gruber, 2000)。

这一批评牵涉到我们对国际机制的伦理评价:我们应该持比我在1984年时更强烈的怀疑立场。我曾告诫说,由于国家可能被排除在机制之外,并且可能是机制直接针对的对象,所以国际机制并不必然增进福利。国际货币基金组织(IMF)、关税及贸易总协定和其他国际制度非常明确地反映了大国和富国的意识形态和利益,因而远远不符合普世性的伦理标准。我曾对此进行了批判(第247页)。不过,我还是相信,相较不存在这些制度的情形而言,它们不会恶化穷国的境况。但世界贸易组织的知识产权谈判清楚地说明了劳埃德·格鲁伯指出的问题。世界贸易组织的基础协议的规定是,如果国家希望从乌拉圭回合条款中的任何一条中获益,就需要接受所有条款。这些条款可能会恶化穷国的境况,尤其是在谈判很复杂,穷国与其富国谈判对手相比,专业人员严重欠缺的情况下。

尚未解决的问题与研究方向

《霸权之后》认为，国际制度对世界政治中的重要现象有着显著的影响。内生性问题(endogeneity)是书中未提及的基本理论问题。在我的理论中，制度是用权力和利益来解释的——我们还可以加上参与者的观念或世界观以及国内政治体制的特性。也就是说，制度是内生于这些制度以外的因素的。那么，制度的影响何在呢？"只要我们接受了制度起源和功能的理论，制度的独立解释力似乎就消失了。"(Keohane and Martin, 2003, p.98)

然而，基于以下三个原因，制度的独立解释力其实没有消失。博弈论结果中多重均衡的存在意味着，无论是否加入观念和国内政治因素，都不存在由权力和利益决定的唯一的制度结果。因此，制度特征可以影响均衡结果的特性——即使在决定唯一的均衡结果方面并不比权力和利益的作用更大。其次，组织随着时间的推移而持续存在，即使在制度形成时的权力、利益和观念格局发生变化后，它也产生影响。最后，代理理论表明，代理方(比如国际组织)可以在委托方施加的限制下——有时限制范围很广——施加影响(Keohane and Matin, 2003)。

在这三个制度影响的原因中，每一个都表明了《霸权之后》分析的不足，并提示了某些进一步研究的方向。

首先，博弈论中多重均衡的存在意味着，《霸权之后》在解释合作和纷争方面做得很不好。它提供了一个分析这些现象的框架，但没有给出一个可以检验的理论。这样的理论需要具体给出有成立条件的假设以及测量和经验评估的策略，其假设还需要清晰的可以检验的含义。由此，学者们才能检验假设。世界政治中的合作问题很复杂，涉及多个层面。社会科学还没有达到可以建构和检验关于这类问题的理论的程度。

其次，即使从难度较低的层面看，《霸权之后》对组织及其动力机制的关注也是不够的(Barnett and Finnemore, 1998)。本书的框架旨在理解国家如何经过互动，建立被概念化为规则的制度化结构的国际机制。现在看来，这一框架是有用的，但尚不完善，机制的组织特征在很大程度上被忽略了。因此，由于世界银行和国际货币基金组织都是内部官员参与战略行动、不完全受规则约束的大型组织，我的框架对分析世界贸易组织帮助较大。对研究世界银行或国际货币基金组织帮助较小。

再次，《霸权之后》缺乏一个授权理论。有意思的是，书中聚焦于国家互动的功能理论，可能太过相信其试图批判的现实主义无政府范式。我在1984年注意到，正如我引用的阿克洛夫、科斯和威廉姆森等学者的著作所认为的那样，不完全合约和不对称信息问题是基本问题。但为确保可信性和减少不确定性，不完全合约需要权威性解释，这就需要在国际法中进行授权——通常授权于法院(Goldstein et al., 2001)。在复杂组织中，规则的解释及其有效执行需要授权。但授权于代理方意味着权力有可能转移，委托方难以控制。近来，代理理论被用于探讨国际组织中的这些问题。这是一种大有可为的研究路径(Nielson and Tierney, 2003)。

另一个重要研究方向是遵守问题。在《霸权之后》中，我在很大程度上依靠声誉来解释国家对国际承诺的遵守(第105—116页)。事实上，我接下来的研究项目就是要说明声誉之于遵守的重要性。然而有意思的是，研究揭示出出乎意料的结果，我的发现并不符合我的预期。在检视美国是否遵守其国际承诺的过程中，我发现遵守状况比我预想的更差(在1776年至1989年这段历史时期)。尽管确实有声誉考量，但它对政策的影响小于我的预期。由于我还没有建构出一个可以令人信服地解释我所发现的遵守水平大幅变化的理论，这项研究的大部分内容就没有发表。不过，这项研究使我在遵守的声誉动机问题上更加明智和谨慎。近来，一些关于这一主题的优秀作品(Simmons, 2000; Hathaway, 2002)揭示出，声誉在国家综合考量中很重要，但声誉考量不能保证国家遵守国际承诺。

结论

在写作《霸权之后》时，"全球化"一词还没有进入我们的专业用语词典。互联网还只是国防部里的一些科学家头脑中闪现的一丝灵光。跨国非政府网络的数量可能至少比今天少一个数量级。我和奈曾经讨论过被我们称为跨政府关系的现象(Keohane and Nye, 1974),但与现在的情形相比,当时的跨国非政府网络尚无足轻重(Slaughter, 2004)。学者们还没有将"议题倡议网络"(Keck and Sikkink, 1998)或"全球公民社会"(Keene, 2003)确定为重要的分析主题。因此,对于 21 世纪而言,《霸权之后》似乎太过国家中心主义。

如果今天重写一本关于"世界政治经济中的合作与纷争"的书,它需要将三方面的分析整合起来。如《霸权之后》那样,它需要考察国家如何建立国际机制,如何遵守或违反其规则。同时,它需要探讨国家和政府间国际组织的决策如何受到它们嵌处其中的非政府组织以及跨国和跨政府网络活动的影响。此外,它还需要运用当代比较政治学的理论和研究成果,将国家和跨国行动的分析与国内政治联结起来。

在自传式的语境下,我用如下的表达方式来说明这一点。如果今天重写《霸权之后》,需要回归我和奈于 20 世纪 70 年代在《权力与相互依赖》中探讨的某些主题。1984 年,我没有推翻我们在上一个十年提出的观点。但为了让概念化工作做得更加清晰,从而达到理解国家间合作的目的,我将复合相互依赖的某些内容搁置一边。在我看来,全球化是相互依赖模式的强化和转型,我近来的一些工作——如《局部全球化世界中的权力与治理》中的工作——可以被视为试图理解全球化背景下合作之努力的开始。不过,近来出现的全球政治经济方面的最好的学术成果都在很大程度上借助于关于国内政治的精致模型以及定量和定性证据——这些是我的履历所缺失的。

一本书一旦出版,所有读者就都有解读的权利。在此方面,作者没有特权地位,并且他的解读甚至可能在一定程度上受到个人利益和记忆紊乱的影响。别人的评价至少有同等的价值。我希望,在其下一阶段的有用之年,《霸权之后》不仅将继续提供论辩的动力,还将激发新的思考和更加严密的研究。

(刘宏松译)

参考文献

Baldwin，David A.，ed.，1993. *Neorealism and Neoliberalism：The Contemporary Debate*（New York：Columbia University Press）.

Barnett，Michael，and Martha Finnemore，1999. The politics，power，and pathologies of international organizations. *International Organization*，vol. 53，no. 4（Autumn），pp. 699—732.

Elman，Colin，and Miriam Fendius Elman，eds.，2003. *Progress in International Relations Theory：Appraising the Field*（Cambridge：MIT Press）.

Gilpin，Robert，1975. *U. S. Power and the Multinational Corporation*（New York：Basic Books）.

Goldstein，Judith，et al.，2001. *Legalization and World Politics*（Cambridge：MIT Press）.

Grieco，Joseph，1988. Anarchy and the limits of cooperation：a realist critique of the newest liberal institutionalism. *International Organization*，vol. 42，no. 3（Summer），pp. 485—507. Reprinted in Baldwin，1993，pp. 116—140.

Grieco，Joseph，1990. *Cooperation among Nations*（Ithaca：Cornell University Press）.

Gruber，Lloyd，2000. *Ruling the World：Power Politics and the Rise of Supranational Institutions*（Princeton：Princeton University Press）.

Hathaway，Oona A.，2002. Do human rights treaties make a difference? *Yale Law Journal*，vol. 111，no. 8（June），pp. 1935—2042.

Ikenberry，G. John，ed.，2002. *America Unrivaled*（Ithaca：Cornell University Press）.

Katzenstein，Peter J.，Robert O. Keohane，and Stephen D. Krasner，1999. *Exploration and Contestation in World Politics*（Cambridge：MIT Press）.

Keck，Margaret，and Kathryn Sikkink，1998. *Activists beyond Borders：Advocacy Networks in International Politics*（Ithaca：Cornell University Press）.

Keene，John，2003. *Global Civil Society?*（Cambridge：Cambridge University Press）.

Keohane，Robert O.，1982. The demand for international regimes. *International Organization*，vol. 36，no. 2（Spring），pp. 325—355. Reprinted in Krasner，1983，pp. 141—171.

Keohane，Robert O.，1993. Institutional theory and the Realist challenge after the Cold War. In Baldwin，1993，pp. 269—300.

Keohane，Robert O.，2002. *Power and Governance in a Partially Globalized World*（London：Routledge）.

Keohane，Robert O.，and Joseph S. Nye，Jr.，eds.，1972. *Transnational Rela-*

tions and World Politics (Cambridge: Cambridge University Press).

Keohane, Robert O., and Joseph S. Nye, Jr., 1974. Transgovernmental relations and international organizations. *World Politics*, vol. 27, no. 1 (October), pp. 39—62.

Keohane, Robert O., and Joseph S. Nye, Jr., 1977/2001. *Power and Interdependence* (New York: Addison Wesley Longman).

Keohane, Robert O., and Lisa L. Martin, 2003. Institutional theory as a research program. In Elman and Elman, 2003, pp. 71—108.

Krasner, Stephen D., 1976. State power and the structure of international trade. *World Politics*, vol. 28, no. 3 (April), pp. 317—343.

Krasner, Stephen D., ed., 1983. *International Regimes* (Ithaca: Cornell University Press).

Krasner, Stephen D., 1991. Global communications and national power: life on the Pareto frontier. *World Politics*, vol. 43, no. 3 (April), pp. 336—366. Reprinted in Baldwin, 1993, pp. 234—249.

Mearsheimer, John J., 1990. Back to the future: instability in Europe after the Cold War. *International Security*, vol. 15, no. 1 (Summer), pp. 5—56.

Mearsheimer, John J., 1994—1995. The false promise of international institutions. *International Security*, vol. 19, no. 3 (Winter), pp. 5—49.

Milner, Helen V., 1997. *Interests, Institutions, and Information: Domestic Politics and International Relations* (Princeton: Princeton University Press).

Milner, Helen V., 1998. Rationalizing politics: the emerging synthesis of international, American, and comparative politics. *International Organization*, vol. 52, no. 4 (Autumn), pp. 759—786. Reprinted in Katzenstein et al., 1999, pp. 119—146.

Morgenthau, Hans J., 1948. *Politics among Nations* (New York: Knopf).

Nielsen, Daniel, and Michael Tierney, 2003. Delegation to international organizations: agency theory and World Bank environmental reform. *International Organization*, vol. 57, no. 2 (Spring), pp. 241—276.

Nye, Joseph S., Jr., 1990. *Bound to Lead: The Changing Nature of American Power* (New York: Basic Books).

Powell, Robert, 1993. Absolute and relative gains in international relations theory. In Baldwin, 1993, pp. 209—233. Reprinted from the *American Political Science Review*, vol. 85, no. 4 (December 1991), pp. 1303—1320.

Powell, Robert, 1999. *In the Shadow of Power: States and Strategies in World Politics* (Princeton: Princeton University Press).

Simmons, Beth A., 2000. International law and state behavior: commitment and compliance in international monetary affairs. *American Political Science Review*, vol. 94, no. 4 (December), pp. 819—838.

Slaughter, Anne-Marie, 2004. *The New World Order* (Princeton: Princeton University Press).

Steinberg, Richard H., 2002. In the shadow of law or power? Consensus-based bargaining and outcomes in the GATT/WTO. *International Organization*, vol. 56, no. 2 (Spring), pp. 339—374.

Waltz, Kenneth, 1959. *Man, the State, and War* (New York: Columbia University Press).

Wendt, Alexander, 1999. *Social Theory of International Politics* (Cambridge: Cambridge University Press).

Wohlforth, William, 2002. U. S. strategy in a unipolar world. In Ikenberry, 2002, pp. 98—120.

Wolfers, Arnold, 1962. *Discord and Collaboration: Essays in International Politics* (Baltimore: Johns Hopkins University Press).

World Bank, 2004. *World Development Indicators* (Washington, D. C.: The World Bank).

1984 年版前言

从其产生和所获得的支持而言，本书是一本很传统的书，基本上是学者个人劳动的成果，而非集体研究或巨额资助的产物。然而，在 7 年的研究和写作中，我还是得到了许多机构的帮助。在我阅读和思考的最初阶段，我得到美国 German Marshall 基金会的一笔资助，于 1977—1978 年在斯坦福大学行为科学高级研究中心从事研究，这段经历使我获益匪浅。我的大部分研究是在斯坦福大学及其后的布兰德斯大学进行的。斯坦福大学为我的辅助研究提供了资金，并资助我于 1981 年访问位于巴黎的国际能源机构。布兰德斯大学的 Mazur 基金会给予我资金支持，使我得以影印我的手稿并分发给同事们评阅。感谢在 1983—1984 学年中，布兰德斯大学慷慨地为我提供一个学术休假年，使我能于 1983 年 7 月到 1984 年 1 月这段时间里，全身心地投入书稿最后的处理工作中。韦斯理学院允许我使用其便捷且管理完善的图书馆及计算机系统，大大加速了我的工作。图书馆和计算机中心的工作人员都给予了我很大的帮助。对这一切，我深表谢意。

尽管发表在《国际组织》杂志 1982 年春季号上的《需要国际制度》一文包含了本书第五章和第六章的核心思想，但本书观点就整体而言未曾发表过。第三部分主题的内容——实践中的霸权与合作的互补性——也是首次发表，除了其中的一些实例材料以前出版过以外。第八章是在《50 年代"漫长十年"中的霸权领导与美国对外经济政策》一文的基础上写成的，此文收集在由 William Avery 和 David Rapkin 主编的《变化世界政治经济中的美国》(New York：Longman，1982)一书中。第九章部分是基于《霸权稳定论和国际经济机制的变迁(1967—1977)》一文而写就的，此章的一些内容即是这篇文章的翻版，由出版社授权从 Ole Holsti、Randolph Siverson 和 Aleander George 主编的《变化中的国际体系》(Westview Press，1980)一书中翻印而来。第十章的部分内容也曾出现在《国际机构和可能的艺术：以国际能源机构为例》(《政策分析与管理杂志》1982 年夏季号第 1 卷第 4 期)一文中。

给予本书帮助的朋友、学生和同事是如此之多，以至于我竭力避免把他们一一列出，以免有所遗漏。本书的某些章节，以草稿或前期发表文章的方式，在极少数的政治学家和经济学家中传阅过，我因此得到了许多有益的建议，对这些建议我都认真地对待并有选择地吸取了。学者们心甘情愿地奉献出自己的时间和智慧，互相帮助以提高研究的质量，这是当代学术生活中最显著的特色之一。就我个人而言，深感幸运的是，国际政治经济学领域中有众多极有天赋且慷慨大度的学者。

我应该指出少数几位为本书作出特殊贡献的人，Karen Bernstien 和 Shannon Salmon 是出色的研究助手，他们为第八章和第十章搜集了有用的资料。我与 Helen Milner 共同对早期的书稿进行了探讨。她对我的研究工作提出了精辟的批评，并在我最初的论证可能陷入无望的混乱状态时给予我极大的鼓励和帮助，对这一切我深表感谢。Joseph Nye，我的亲密朋友和从前的合作者，对我而言是精神和学术上的双重力量源泉。Vinod Aggarwal，Robert Axelrod，James Caporaso，Benjamin Cohen，Robert Gilpin，Peter Gourevitch，Leath Haus，Harold Jacobson，Peter Katzenstein，Nannerl Keohane，David Laitin，Helen Milner，Joseph Nye，Susan Okin，Robert Putnam，Howard Silverman 等学者，全部或部分地阅读了本书的初稿，并给予了极有价值的建议。

同样重要的是那些我竭力比仿的资深学者们，他们极富创造性，尊重并关注年轻学者，不躲在名誉和头衔后面以自我保护。这些学者总是设法提出新的思维，并让它们接受来自各方的检验。他们知道社会科学的进步不在于事实的苦苦积累，而在于思想的辩证性交锋，因此，对自己的观点被批评甚至被证明为错误，丝毫不感到畏惧。在这些导师中我尤其要指出，Alexander George，Ernst Haas，Albert Hirschman，Stanley Hoffmann，Charles Kindleberger，Robert North，Raymond Vernon，Kenneth Waltz。他们性格各异，但有一点，都富有想象力，在学术上讲求诚信，思想活跃。

有两位曾给予我诸多鼓舞和激励的人已经不在人世了。其一是英年早逝的Fred Hirsch。他是一位想象力丰富的政治经济学家，《增长的社会限制》的作者。另一位是我的父亲，Robert E. Keohane，他十分睿智，虽然从未作出过重大学术成果，然而在我的记忆中，他的渊博知识，他的正直，一直在警示我，使我远离肤浅和机会主义。

我家庭的其他成员对此项工作也作出了重大的贡献。在过去的四十多年中，我的母亲Mary P. Keohane，给予我诸多母爱，并予我以道德信念和学术热情。对我而言，她永远是一位支持者、批判者和榜样。我对世界政治中合作问题紧迫性的认识，因对儿女们未来的关注而加强，尽管他们自己常常提醒我，学术成就与生活乐趣相比有时应该处于次要地位。最后，用语言是难以表达我妻子Nannerl O. Keohane对我的意义的。在我的生活中，她极为重要，扮演着多重角色。她的个人著作在研究的深度、表述的清晰以及风格的优美上达到了很高水准。而她作为大学校长所取得的成就既让我钦佩，又使我坚信，处于这样位置且性情专一的人，同样可以创造愉快的学术研究生活。她对我工作的批评和高期望值促使我更加努力。除此而外，她还是爱、道德支持和家庭幸福的源泉。

罗伯特·基欧汉

1984年1月于马萨诸塞州韦斯理学院

目 录

第三部分　实践中的霸权与合作

第四部分　结　论

第一部分

问题与概念

第一章
现实主义、制度主义与合作

自从萨伊的"工资铁律"被废弃以后，经济学不再是一门"沉闷的科学"* 了。经济学家再也不相信大部分人只会维持在勉强糊口的生活水平上，相反，他们认为人类物质生活条件的逐步改善是可能的。然而，在经济学的成就变得让人更加振奋的时候，政治学的成就却使人们感到更加悲观。人们在 20 世纪目睹了大量现实的和可能的国际暴力的蔓延；在世界政治经济中，政府间冲突的机会随着国家行动范围的扩大而增加。世界经济和世界和平的最大危险，很大程度上源于国家间的政治冲突。

在政治学研究中，也许没有什么比像写国际合作这样的主题让人感到沉闷的了。实际上，当我告诉我的一位朋友，也是我以前的一位老师，我正在写一本关于这个主题的书时，她回答说这应是一本很薄的书。那么，我是不是应该出版一本用大号字体印刷且页边很宽的精装本书呢？

本来，我还要说我的书要讨论国际纷争问题，这是世界政治中的一个更加普遍的特征。然而这个问题简直比合作问题的写作难度还要大。二战后，先进工业化国家之间的国际合作，可以说比历史上任何时期主要国家之间的国际合作都要广泛。当然，为协调各个国家经济政策的努力，其程度和复杂性也要比两次大战期间，或者是 1914 年前的一个世纪中要多。但是，与众多的纷争相比，合作仍然是非常匮乏的，因为 1945 年以来

---

* "沉闷的科学"(dismal science)是托马斯·查利(Thomas Carlyle)创造的名称，特指经济学和政治经济学。——译者注

急剧增加的国际经济相互依赖，以及政府对现代资本主义经济的持续卷入，导致了更多的潜在摩擦点。国际相互依赖可以传递坏的影响，例如失业和通货膨胀的输出，就像它也能导致好的影响一样，例如增长和繁荣的输出。美国的钢铁工人也许会因为欧洲经济共同体和欧洲各国政府对欧洲钢铁制造商的补贴而失业；而美国的高利率政策也可能会限制海外的经济活动。

相互依赖导致各个民主国家的政府要扩大国家的行动，以保护它们的公民免受世界经济波动的影响（Cameron, 1978）。当一国试图以强制的形式将调整成本施加于其他国家时，国际纷争就产生了。因此，即使合作的绝对水平在持续增加，它也可能被纷争所掩盖，因为持续增加的相互依赖和政府的干预导致了更多政策冲突的机会。就如小说《爱丽丝漫游奇遇记》所描述的场景一样，有时为了站稳，保持越来越快的运动速度也许是必要的。学者们不应该等待合作成为一个规律而不是例外之前去对它进行研究，因为在合作成为盛行的现象之前，人们对如何促进合作问题的忽视，可能导致频繁的纷争、冲突与经济灾难。

本书是研究当存在共同利益的情况下，世界政治经济中的合作是如何以及怎样才能组织起来的。本书并不集中研究国家间怎样才能创造基本的共同利益这样的问题。因此，在一本关于国际经济合作的书中，自然要考虑到两个主题：我既不研究经济状况是怎样影响利益的模式，也不去探讨观念和各种设想是如何影响国家的行为的。我要发展的理论，假设共同利益的存在是既定的，然后考察在什么条件下，这些共同的利益会促进合作。我认为，即使在共同利益存在的情况下，合作常常也会失败的。我的目的就在于说明失败的原因，以及有时合作也会成功的理由，我希望这会提高我们解决这些问题的能力。

由于我的研究是在承认共同利益的前提下展开的，因此我将我的研究集中在发达市场经济国家的关系上，这些国家之间的共同利益是多种多样的。这些国家认为它们的经济运行模式是大致相同的，这一点，至少与那些发展中国家，或者与非市场的计划经济国家相比是确信无疑的。这些发达国家之间存在广泛的相互依赖关系，一般来说，它们政府的政策表明，它们都相信彼此能够从这种紧密联系的关系中获得好处。进一步说，它们在政治上是友好的，因此，它们之间的政治军事冲突使经济交往过程中的政治所产生的复杂性，比东西方关系中的相关事件表现要轻得多。

我确信本书的论述同样适合解释发达的市场经济国家和不发达国家之间的关系。这些国家之间存在共同的利益，但是这种共同的利益只有通过合作才能得到实现。也许从更有限的程度上，我的分析还与东西方关系中某些存在共同利益的问题领域有关。本书对发达工业化国家间合作问题的重视，绝不意味着合作在南方国家和北方国家之间，或者在东西方国家之间，是不可能的，或者说是不必要的。但是，为了说明和检验我关于合作和纷争的观点，我将我的研究首先集中在那些存在最多共同利益的区域，以及国际合作的收益最容易被实现的领域。当然，如果能够将这种论述小心地推至东西方关系和南北关系中，包括经济问题和安全问题领域，那将会是很受欢迎的。

现实主义、制度主义与合作

人们对合作困难的印象太深了，所以他们常常将世界政治比作一种“战争的状态”。按照这个概念，国际政治是“各个单位之间的竞争，这种竞争是在一种自然状态下进行的”（Hoffmann, 1965, p. vii）。这是一种典型的无政府状态，此中没有一个权威的政府能够制定和强制执行行为规则，国家必须依靠“它们所能创造的手段以及为自己利益而达成的安排”（Waltz, 1979：p. 159）。既然每个国家根据自己的理由去判断，而且能够利用武力去执行这种判断，那么冲突和战争就发生了（Waltz, 1959, p. 159）。因此，纷争的盛行是因为根本利益冲突的缘故（Waltz, 1959; Tucker, 1977）。

如果对世界政治的这种描述是正确的，那么任何合作现象的出现，就只不过是总的冲突模式的派生物而已。按照这种论述，联盟间的合作就很容易被解释为均势作用的结果，而那些并未与针对对手的联盟体系联系在一起，但是对许多国家都有好处的系统范围的合作模式将无法得到解释。如果国际政治是一种战争状态的话，在共享目标基础上的合作的制度化模式（除非作为更大范围的争夺权力斗争的一个部分），应该是不会存在的。我们所遵守的广泛的国际协议模式，从贸易、金融关系、卫生、电讯以至环境保护等，将也是不会存在的。

在现实主义学者中间，持另一种极端看法的是这样一些人，他们把合作视为经济相互依赖世界中的本质特征，认为共同的经济利益导致对国际制度和规则的需求（Mitrany, 1975）。我把这种研究途径的支持者们称为"制度主义者"（Institutionalist），因为他们特别强调国际制度所扮演的功能作用。但是，这种研究途径却冒有对权力和冲突问题看法过于天真的风险，其支持者在他们的理论中，对世界政治中观念的地位，或者政治活动家吸取他们所谓"正确的教训"（right lessons）的能力，经常抱有过多的乐观主义认识。尽管如此，成熟的制度和规则研究学者告诉了我们许多东西，他们不是把制度简单地看作是具有总部大厦和特定职员的正式组织，而是在更加广泛的意义上把制度理解为"被承认的、将人们的预期汇聚在一起的管理模式"（Young, 1980, p. 337）。他们认为这些管理模式是重要的和有意义的，因为它们对国家的行为产生重要的影响。成熟的制度主义者并不期望合作总是盛行的，不过他们意识到利益的可调和性，并且极力论证相互依赖所创造出来的合作中的利益。[1]

大概在第二次世界大战结束后的20年左右的时间中，上述这些看法虽然在知识的起源和关于人类社会更加广泛的认识上存在很大的不同，但是这些观点对世界政治经济特别是本书关于发达市场经济国家间的政治经济都作了相似的预言。制度主义者期望在一个领域的成功合作会"外溢"到其他领域（Haas, 1958）；现实主义者则希望在美国的主导地位下出现一个相对稳定的国际经济秩序。尽管双方对事件的解释相差甚远，但是他们对所发生的事件都毫不感到奇怪。

制度主义者也许能够解释在贸易和国际金融领域中存在的自由主义式的国际协议安排，这些协议安排是由于相互依赖的事实而导致对政策协调需求的产物。这些安排（我们把它们称为国际机制）包括规则、规范、原则和决策程序。现实主义者可能回答说，这些机制是在美国支持的基础上建立起来的，美国的力量对这些机制的建立和维持起着关键的作用。

换句话说，对现实主义者来说，战后早期的机制是建立在美国的政治霸权基础上的。因此现实主义者和制度主义者都能从战后初期的政治经济发展中找到支持他们理论的论据。

然而20世纪60年代中期以后，美国在世界政治经济中的主导地位受到各国经济恢复、日益加强的欧洲联合力量以及日本经济快速发展的挑战。而经济相互依赖在70年代后期持续稳定地增长着，美国对世界经济日益深入的卷入也在加速进行。因此，从这一点讲，制度主义者和现实主义者的预言出现了差别。从严格的制度主义者的立场讲，由于相互依赖而出现的对政策协调的持续需求，本应该可以导致更多的合作；相反，从现实主义者的视角来看，权力的分散本应该削弱任何试图创造秩序的国家的能力。

表面上，现实主义者似乎作出了更好的预言，因为20世纪60年代后期，世界政治经济中合作的努力程度和效率显示出许多衰落的迹象。随着美国霸权的式微，国际机制也相应地出现衰弱。这些战后建立起来的机制的衰弱，当然驳斥了制度主义者把相互依赖视为一种解决冲突的办法和合作的一个创造者的天真看法。但是这个事实也不能够证明现实主义者把权力强调为秩序创造者的观点是有效的。在霸权机制衰落以后，或者说在经历一段纷争的转换时期以后，更多的对称性合作模式的演进也许是可能的。实际上，在20世纪70年代持续存在的合作努力，说明霸权的衰落并不必然敲响合作死亡的钟声。

因此，国际合作和纷争问题存在很多的困惑。在什么情况下世界政治经济中的各个独立国家会进行合作呢？特别重要的是，在没有霸权存在的情况下，合作会出现吗？如果会的话，是怎样出现的呢？本书就是为了帮助我们找到这些问题的答案。我从现实主义者对权力的作用和霸权的影响这两种看法开始，但是我的中心论述更多的是强调制度主义的传统，认为在有些条件下，合作在互补利益的基础上是可以发展起来的，并且，国际制度（广义的定义）影响着已经出现的合作模式。

对美国或者任何其他国家来说，霸权的领导者在20世纪是不大可能复活的。历史上的各个霸权国家都是在大规模的世界大战之后才出现的。在和平时期，更弱小的国家倾向于依赖霸主获得收益而不是相反

(Gilpin, 1981)。很难相信,世界文明,更不用说复合状态的国际经济了,能够在核时代的一场世界大战中幸存下来,当然也不会有一个幸运的霸权国家能够从这一场灾难中显露出来。因此,如果世界政治经济要存在下去的话,其中心的政治困境将是在没有霸权的情况下怎样组织各国之间的合作。

合作和价值观

合作是很难表述的,其各种各样的根源是多方面的,而且相互交织在一起,这使合作成为一个艰难的研究主题。用严格的科学要求来对其进行研究是特别困难的,也许是不可能的。没有一个明智的人会在关于合作的困惑是可以逐步得到解决的认识基础上,把合作选定为自己研究领域中的一个研究主题。当然,尽管缺少丰富而又多样的数据来支持和检验我的假设,尽管相关的理论相对来说很少,但我还是因为这个问题在规范上的重要意义而决定对它进行研究。

这个选择对我本人以及读者都提出了一些问题。我的研究价值观必然影响我的论述,然而我还是尽量保持充分的实证的态度,试图将我的经验研究和规范看法区别开来。除了本章和第十一章以外,本书的研究,主要是在理论、历史和解释性的分析上,而不是在应用伦理学的运用上。虽然,我并不持有这样的天真看法,认为知识必然增加友好和睦或者福利,但是,我试图增加我们对合作的理解,并且始终抱着这样的信念,相信理解的增加有助于增强政治上的和睦和经济上的福利。我试图提供一种关于合作的解释,这种解释可以由那些并不同意我这种规范观点的人来进行分析,而如果我的解释在严格的意义上说是不可检验的话,我也许根本就不会决定写这本书的。然而既然我确信不能将我的分析完全和我的价值观念区分开来,对我来讲,似乎有必要简单地将我关于国际合作是否以及在什么条件下是我们所应奋力追求的"好"的东西的思想陈述一下。

对政策制定者来说,合作与其说是一种目标,还不如说是达到各种各样目标的手段。为了寻求合作的道德价值,就需要问:我们所要寻求的目标是什么?和其他人一样,我并不赞成富裕和强大国家政府之间的合作是为了剥削贫穷和弱小的国家。即使通过合作获得的目标在原则上被证明是急需的,但是任何试图达到这些目标的努力原本都可能导致不合人意的结果。也就是说,合作的后果可能与那些决策上不完全是代议制的国家的初衷相反,或者与整个世界的福利也是相悖的。当传统的国际经济智慧被误导时,合作可能比什么都不做更加糟糕。所以,当富兰克林·罗斯福在1933年毁掉了伦敦经济会议后,正统经济理论开始出现在他的想法中(Feis, 1966);同样,在国际上奉行以凯恩斯主义为导向的经济政策的卡特政府,在其失败以后又倾向信奉市场的理性预期经济理论(Saxonhouse, 1982)。在相互依赖的状态下,有些合作对获得最优水平的福利是必要的条件,但是它不是充分的,因为有时更多的合作并不必然就比更少的合作要好。

尽管相信在任何国家集团中间,为了任何目标而持续增加的合作必将培育世界政治中人的价值的观点未免有些天真,但有一点是很清楚的,各国政府之间更多的、有效的政策协调常常是有意义的。国际上有名的凯恩斯主义的信奉者,就主张实行广泛的宏观经济政策协调(Whitman, 1979),即使那些反对这种建议的国际自由放任主义的支持者们,也不得不承认自由市场的运行取决于事先建立的产权(North and Thomas, 1973; Field, 1981; Conybeare, 1980; North, 1981)。人们可能在需要什么形式的国际合作以及这种合作应该能够实现什么样的目标上存在争议,但是我们都认为,一个没有任何合作的世界将的确是非常沉闷的。

在本书的结论部分,我很明显地回到道德评估的问题上来。这些问题包括:本书探讨的国际机制的存在是好的吗?当根据合适的道德标准来对国际机制进行衡量时,在什么意义上它们是有缺陷的?如果它们从来就没有形成的话,世界政治形势会更好吗?这些问题是没有全面和确定的答案的,但是对道德评估问题的重要性需要我们提出这些问题。

本书的写作计划

我希望，不仅仅研究世界政治的学者们会阅读《霸权之后》这本书，同时也希望那些对国际经济的政治基础感兴趣的经济学家们，以及那些关心国际合作问题的普通市民们，也会阅读本书。为了提高那些不是研究政治科学的读者们的阅读兴趣，在可能的情况下我力图排除那些晦涩难懂的学术语言，用普通的语言清楚地界定我所使用的词语。但是既然这本书是为不同学术背景的人写的，而且它还利用了全然不同的写作风格，那么，它的一些关键概念也许很容易被误解。我希望读者会非常小心，不会脱离本书的背景，作出断章取义的理解，从而将我的论述归到不同的学术流派中：难道因为我探讨合作问题就将我归入"自由主义者"之中，或者因为我强调权力的地位和霸权的影响就将我纳入"重商主义者"之中吗？因为我很严肃地使用了马克思主义的概念，我就是一个"激进主义者"，或者因为我谈论秩序问题我就是一个"保守主义者"吗？这种推论的幼稚和天真是毫无疑问的。

既然我使用了许多经济学的概念，去发展关于世界政治经济中合作与纷争的一种政治理论，那么我特别需要对这些经济学和政治学的概念，以及关于理论的概念做到清楚明了。本书的第二章探讨了这些概念，以作为本书有关理论问题的第二部分的必要准备。第三章为更严肃的合作分析作了一些铺垫，通过考察霸权稳定理论——这种理论在现实主义看来，认为世界政治中的秩序有赖于一个国家的主导地位——分析制度对合作的影响。第三章认为，虽然霸权国家的存在有利于促进国际合作，但是这个因素既不是必要条件也不是充分条件。后面我们会发现，霸权国家对合作的持续展开而言，要比它在合作的一开始或者合作创设时的重要性要小。

本书的第二部分从探讨两个关键的概念出发，即"合作"和"国际机制"，这两个概念构成本书理论分析的核心。既然这两个概念的充分阐述是在第四章进行的,而它们却在第三章就开始被运用,所以这里以一种相对非正规的方式对合作的概念作一说明还是重要的。合作与纷争是相对的,而且它与和谐也是有区别的。与和谐相比,合作需要积极的努力去调整政策,以满足其他人的需要。这说明合作不仅取决于彼此之间存在的共同利益,还说明合作是在一种纷争或者潜在纷争的模式中出现的。如果没有纷争,那么就没有合作,只有和谐状态了。

从政策相互调整的意义上来定义合作,而不是把合作仅仅看作是反映共同利益压倒冲突利益的状态,这一点是非常重要的。换句话说,我们需要将合作与单纯的共同利益事实区别开来。所以如此,因为有时即使存在共同利益的现实,纷争仍然是盛行的。既然共同利益有时与合作联系在一起,有时与纷争纠缠在一起,合作就显然不简单是一个利益起作用的问题。特别在不确定性很强时,以及行为者接触信息的能力存在差别时,集体行动和战略估测的障碍,也许会阻止它们认识到彼此之间存在的共同利益。因此,仅仅存在共同利益还是不够的:我的看法是,在这种情况下,必须要有制度的存在才行,这些制度可以减少不确定性,并能限制信息的不对称性。

在第四章关于合作和国际机制的概念基础上,第五章到第七章展示的是国际机制的功能理论。第五章利用博弈论和集体行动理论,论述即使在没有中央政府存在的情况下,合作在利己主义者之间的出现也是可能的(Axelrod, 1981, 1984)。但是,这种合作的程度将取决于具有不同特征的国际制度或者国际机制的存在。理性选择理论有助于我们说明,即使我们接受理性的利己主义行为假设,现实主义关于合作的悲观结论也并不必然就是有效的。第六章使用经济学中关于市场失灵的理论,以及更加传统的理性选择理论,去发展一种关于国际机制的功能理论,这种理论会告诉我们,为什么各国政府愿意建设国际机制,而且还会遵守它们的规则。按照这种论述,机制对合作出现和进步的贡献,不是因为执行国家必须遵守的规则,而是通过改变国家以自我利益为基础进行的决策环境来达到的。国际机制对相关的政府来说是有价值的,这倒不是因为相关的政府可以强迫其他国家遵守这些规则,而是因为它们为政府彼此达成相互有利的协议提供了可能。国际机制赋予政府以权力,而不是束缚政府的行动。

第七章将前面关于理性和狭隘的利己主义假设进一步放宽。本章首先从非常现实的意义上,通过政府执行决策是有成本的假设,考察偏离古典理性假设进行分析对我们的研究主题所具有的含义。也就是说,各国政府是在有限理性的限制条件下行动的(Simon, 1955),而不是作为古典的理性行为者来行事的。根据这个假设,机制并不取代也不可能取代行为者对自身利益的持续计算,而是提供其他政府也要坚持的"粗略的概测规则"(rules of thumb),从而可以为各国政府提供约束后来者的机会,也使其他政府的政策变得更加可预测。在有限理性意识下培育的合作,并不需要各国接受共同的理想或者抛弃根本的主权原则。即使利己主义的行为者,在特定的形势下也可能同意接受这样的义务,对利益不作算计,如果它们相信,这样做从长远来说比不接受任何规则或者任何其他具有政治可行性的系列规则将会有更好的结果的话。

第五章和第六章,以及第七章的前面两部分,都采用了利己主义的假设。第七章的后面两部分通过移情*因素在利益判断中所起的作用,对"利己主义的自身利益"和"自身利益的概念"作了区别,从而将利己主义的假设放宽。在我们的词语范畴中,行为者从移情的意义上将它们的利益解释为相互依赖,这些行为者会发现,它们之间达成国际机制,要比那些从狭隘的利益角度定义自身利益的行为者之间更加容易。我在这一章通过分析世界政治经济的两个特征,探讨了国家行为的利己主义和移情式解释的优点和缺点。这两个特征从利己主义立场看可能存在一些令人迷惑的地方,也就是说,机制的规则和原则有时被认为在道德上扮演着强制的角色,而另一方面,资源的不均衡交换却常常持续作用相当长的一段时间。

总的来说,第二部分构成对现实主义理论的批判和修正。现实主义理论试图仅仅在利益和权力的基础上预测国际行为,这是重要的,但是仅仅依靠这些,对理解世界政治还是不够的。它们还需要由强调国际制度

---

* 移情(empathy)是一个心理学名词,具有"心灵相通"、"会意"、"移情"、"感情移入"等含义,这个词在后文出现较多。我们在本书中将其一律译为"移情",尽管这种译法可能使读者感到非常生疏。——译者注

的理论来补充，但不是由国际制度理论来取代它。即使我们完全了解权力和利益的重要意义，如果不了解行动的制度背景，也许是不能完全说明国家行为的根源的(以及跨国行为体的行为)。

制度主义者对现实主义的修正，为本书所要解决的难题提供了非常抽象的回答，这个难题就是在没有霸权的情况下，世界政治中的合作如何才能发生？我们知道，国际机制的创设是权力配置的状况、共同的利益以及盛行的期望和实践等因素综合作用的结果。国际机制是在较早时期的合作努力背景下兴起的，不管这些合作是成功的还是失败的。进一步讲，第二部分的理论解释了既有机制在其创设时的条件消失时，这些机制在世界政治经济中的连续性问题：机制对国家来说具有很大的价值，因为它们扮演着重要的功能，也因为对机制的创设和重建非常困难。为了充分认识这种理论论证对理解当代国际机制的重要意义，我们需要以历史的眼光，将当代国际机制的创设与它们自第二次世界大战后的演变结合起来进行考察。这就是本书第三部分的任务。

第三部分的论述说明当代国际机制的创设，很大程度上可以通过战后美国的政策得到解释，它们也是通过战后美国的力量得到执行的。随着50年代到70年代美国经济优势的衰退，主要的国际经济机制开始处于变迁的压力下。这样看来，现实主义者的预言是对的。然而，这些经济机制的变迁并不总是与力量的转移相关，美国霸权的衰落也并非始终如一地导致国际机制的崩溃；国际合作仍然得到维持，而且在有些议题上还增多了。可以说，现今的纷争和合作模式反映了各种相互作用的力量：例如，美国霸权既有的影响及其衰退所造成的影响是并存的；当今各种共同利益和互相冲突利益的混合；以及代表着一种霸权制度遗产的国际经济机制力量。

第三部分的经验分析的第一步，是考察美国霸权在实践中是怎样运行的。因此第八章探讨了美国占据主导地位的二十年期间的霸权，即从1947年的杜鲁门主义和马歇尔计划到60年代后期这段时期，这时候美国开始表现出寻求保护自己免受经济相互依赖影响的迹象。这里关注的主要问题是霸权状态下合作的根源与实践。本章研究的一些事件，说明了第四章所指出的纷争与合作之间紧密联系这个观点，同时也揭示了力量的不平等可能与相互的调整、政策的协调以及国际机制的形成是不可分割的。霸权与国际机制可能是相互补充的，或者在某种程度上是相互代替的，两者都可使协议的达成成为可能，并有利于促使人们遵守规则。

这段霸权状态下的合作是短暂的，亨利·卢斯（Henry Luce）所谓的“美国世纪”在不到二十年的时间就处于严重的压力之下。没有一种系统层面的理论可以解释这种现象，因为——就如本书第八章所表明的——美国短促的优势地位的一个重要原因，根源于美国政治中的多元特性。[2]但是，如果美国的霸权是衰落的话，那么信奉霸权稳定论的人就会预言合作也会相应地处于衰落之中。第九章通过研究20世纪60年代中期到80年代初期的国际货币、贸易和石油机制，来评估这种理论的适用性问题。那些带有霸权合作特性的国际机制因为美国霸权的衰落也会逐步失去作用吗？第九章说明了机制变迁的模式在不同的议题领域是不一样的；美国力量的转移对国际货币、贸易和石油领域的影响也是不尽相同的。总之，美国霸权的式微对战后国际机制的衰落只能提供部分的解释。第九章得出了这个结论，但第九章并不试图对这种现象作全面的解释，因为要这样的话，需要对宏观经济状况和国际经济竞争变化的影响，观念和学习过程的作用，还有美国及其他地方的国内政治对对外经济政策的影响等因素进行全面考察之后，才能对这种现象作详细的说明。

第九章还指出，虽然20世纪70年代国际机制处于巨大的压力之中，但是发达的工业化国家在国际经济议题上继续协调彼此的政策，尽管措施不是很完善。当代各国在合作上的尝试，不仅是霸权衰退的反映，同时也是国际机制作用继续存在的反映，这些机制大部分是在美国霸权的影响下建立起来的。旧的合作模式没有像过去那样发挥很好的作用，部分是因为美国霸权已经衰落了；但是，相互的政策协调模式存在下来，以及它们的作用在当前的延伸，可以通过国际机制而得到促进，而这些国际机制是源于霸权时期的。从第九章开始，我们将发现，现实主义关于权力和自身利益的概念，以及它们所发展出来的关于国际机制重要意义的论证，为认识当代世界政治经济的特征提供了极有价值的途径。但是我们需要超越现实主义这种认识，而不是抛弃它。通过对美国霸权衰落的描述，第九章进一步展示了我们所要解决的关键难题，即在没有霸权国家存在的情况下，国际合作怎样才能出现？这个难题不仅仅只是个假说，而且也是人们特别关注的话题，因此它与第二部分提出的我们自己时代的国际合作理论是有相关意义的。共同的利益和既存的制度使合作成为可能，但是美国霸权的衰落，使我们有必要以新的办法来促进合作。

第十章通过对 1971 年以来发达工业化国家之间建立起来的最重要国际经济机制的详细研究，进一步研究机制是怎样影响合作的模式的。这个最重要的国际经济机制就是 1973 年到 1974 年石油危机后，在美国领导下建立的围绕国际能源机构（IEA）而作出的一些能源安排。这个机制不是全球范围的，仅限于石油消费国家，并且与另一个由石油生产商制定的局部机制相竞争。在第十章，我们会发现，在机制主导下的合作努力，并不总是可以成功的，就如 1979 年国际能源机构的失败行动所表明的那样；但是在相对有利的状况下，它们会产生积极影响的，就如 1980 年国际能源机构的成功行动所表明的那样。第十章的论述同时还支持了一项普遍的论题，即利用国际机制促进国际合作行动的成功做法，取决于降低政策协调过程中的交易费用的努力，以及为各国政府提供信息的措施，而不是取决于规则的强制。

最后一章对前面的论述作了总体上的回顾，并评估了合作的道德价值及其对政策的含义。我对道德问题的探讨，其结论是，尽管在原则上存在一些缺陷，但是当代国际机制在道德上是可以接受的，至少是可以有条件地接受的。这一点从强调国家自主权的重要性这样的标准基础上，是很容易被证明为正当的，尽管如果我们使用普世主义（cosmopolitan）与平等主义的（egalitarian）标准，评判会更加困难。本书的政策意义，很大程度上直接源自我对国际机制在供给和分配信息问题上的重视，也就是说，信息的提供者和接受者从信息的可获得性中得益。因此，如果别人也承担责任的话，那么在不确定的未来情况下，对自己的行动自由进行限制，并承担一定的义务就是有意义的，因为这些互惠行动的影响可以降低不确定性。因此，我们需要就在政策和行动上“保持更多的选择”（keeping one’s options open）的价值作重新思考；在政策和行动上一味贪求诡秘与变化多端，其结果可能是有违初衷的，要付出巨大的代价，就如尤利西斯的故事所告诉我们的一样，在有些情况下将某人束缚在桅杆上可能更好。

注 释

1. 在最初的书稿中,我把他们称为“功能主义者”而不是“制度主义者”,因为我所提到的这些学者,经常多多少少把自己划归到“功能主义”之中。不过,在一位读者的建议下,我对这个词语作了改变,以避免“功能主义”和第六章论述的“国际机制的功能解释”之间产生的混乱。应该强调的是,就如在本书正文中所指出的,我对现实主义和制度主义作了一种程式化的对照,特别鲜明地强调本书所要解决的那些问题,而不是用简单的因为一种立场或者态度的不同,来划定某个作者的派别。例如,虽然斯坦利·霍夫曼(Stanley Hoffmann)把国际关系描述为一种战争状态,但是他对世界政治高度细致入微的观点,一般并不被人们认为是现实主义的代表人物。同样,在制度主义的学者中间,也有根本的区别,例如厄恩斯特·哈斯(Ernst Haas)就比戴维·米特兰尼(David Mitrany)更加看重国家权力的作用,并对国际制度的成长持更加谨慎的态度。

2. 本书并不系统探讨美国霸权衰落的根源问题,罗伯特·吉尔平(Gilpin, 1975, 1981)曾以独到的但也引起争议的方式研究过这个问题。

第二章
政治学、经济学与国际体系

罗伯特·吉尔平为我们提供了一个有用的关于"世界政治经济学"这个词的概念。吉尔平指出:"简单地说,这里研究的政治经济学是指国际关系中追求财富和追求权力之间相互的和动态的互动关系。"(Gilpin, 1975, p.43)

我们知道,因果关系是相互的而不是单向的。一方面,权力的配置状态导致多种多样的产权模式,这些产权模式决定着财富的生产和分配;另一方面,生产效率的变化以及对资源的获取,从长远来说影响着权力之间的关系。另外,财富和权力之间的互动是动态的,因为财富和权力以及两者之间的联系处于不断的变动之中。

在国际关系中,财富和权力是通过各个独立的行为者(其中最重要的行为者是国家)的行为而联系在一起的,两者之间的联系并不从属于一种世界政府的等级制度。在国际关系中,没有一种权威性的机构来执行资源的分配任务,我们还不能谈论一个能对经济后果进行决策的"世界社会";当然,也不存在坚实有力的全面规则。如果行为者要通过协调它们的政策来增进它们的福利,它们必须通过相互的谈判,而不是乞求中央的指导力量。在世界政治中,不确定性是普遍存在的,达成协议是困难的,而且没有可靠的屏障可以阻止军事和安全问题对经济事务造成损害。另外,围绕收益如何分配而产生的争论普遍存在于各个行为者之间的关系中,因为谈判协定从来不会是永远有效的,行为者总是试图将负担加在别人的身上,而自己却不愿意承担调整的成本,而且,这种力图使别人承担调整成本的问题在不断地重复着。表面的胜利可能只是一时的幻想，而失败也只是短暂的，因为任何政治谈判和策略，都不会产生只给某些人带来权力而不给其他人带来权力的最后结果，而是产生那些在将来可能被撕毁或处于纷争之中的协议，而当这些协议将被废止或者处于纷争之中时，也就意味着新的谈判和策略的再次开始。

所有的国际关系学者都理解这一点。不过，难以把握的倒是最基本的常常具有误导性的"财富"和"权力"这两个概念的含义。吉尔平将财富定义为"任何可以带来未来收益的东西（资本、土地和劳力）；它是由物质资产和人力资本（包括具体实在的知识）组成的"（Gilpin，1975，p.23）。吉尔平这个概念的问题是，它似乎将财富只限定在投资性的物品上，而将那些只能提供消费价值的资产排除掉了。一般来说，食品、汽油以及首饰，都被认为是财富，但是它们不属于吉尔平所说的财富概念范畴。而斯密关于财富的概念是指"一个社会中土地和劳力的年产量"（Smith，1776/1976，p.4），这个概念避免了吉尔平概念的缺陷，但是它导致了另一个问题，因为这个概念只指收入的流量而不指资产的储备。而我们在平常意义上使用的财富概念，是从储备意义上而不是从流动意义上说的。考虑到这个问题，我们应该遵从卡尔·波兰伊的看法，他把财富定义为"物质需要得到满足的手段"（Polanyi，1957/1971，p.243）。不过，我们同样可以指出波兰伊这个概念的一些缺陷。大家知道，罗宾斯在半个世纪前就指出，如果经济学家只孤立地谈论物质需要的满足的话，那么这种"物质需要的满足"包括的是"厨师的服务而不包括舞蹈家提供的服务"（Robbins，1932，p.9）。然而厨师虽然生产了一种物质产品，但对这种产品的消费（大快朵颐的乐趣）可能同去看芭蕾舞或戏剧所能达到的最终目标一样是非物质的。

考虑到上述概念的不足后，我们可以把财富简单地定义为"获得满意的手段"，或者不管是以投资的形式还是以消费的形式，任何可以产生效用的东西。这个概念具有这样的优点，它把财富看作是一种资源的储备，没有武断地把消费性的物品或者获得满意的非物质因素排除出去。但是这个概念从两个意义上讲还是显得宽泛了点。第一，它忽略了对稀缺性的考虑。在新古典经济学的分析中，价值是由市场关系派生出来的：财富只能在市场已经对不同的产品和服务定价以后才能进行估价。例如，水可以被看作土地的产物，但是在一个生态未被破坏的社会中，因为它可以自由索取，所以是不能构成财富的。因此，在新古典经济学的价值理论中，交换价值而不是使用价值才是决定性的。第二，即使我们考虑到稀缺性的因素，我们仍然需要对两种值得珍视的经验作出区别，一种是不改变其内在特性就无法用货币交换而得的体验，例如爱、纯粹的友谊关系、以及使别人产生天恩眷顾的能力等；另一种是可用货币交换而得的体验，例如与陌生人的性行为、扶助商业上的伙伴以及获得"百事可乐的感觉"等。这样，把财富限定在"获得满意的手段"上，财富的含义就不仅仅是稀缺的，而且在市场上也是可买卖的。因此，世界政治经济学中所说的"追求财富"是指"追求可买卖的获得满意的手段"，不管它们被其拥有者用来进行投资还是用来消费。

对于权力这个概念，吉尔平认为其特性要比财富的特性更加难以表述。吉尔平并不想介入关于这个概念的无意义的学科内部的争吵中，他使用了摩根索关于权力的定义，后者把权力定义为"用来控制其他人观念和行动的东西"。对吉尔平来说，权力是指一种因果关系，根据其所作用领域的不同而不同："国际关系中不存在单一的权力等级体系。"（Gilpin，1975，p.24）

从控制的意义上来定义权力，是颇受人们欢迎的，但是这样做并不能够解决这个概念在世界政治研究中的价值问题。使用权力这个概念去解释行为，需要在这种行为被解释之前就能够做到对权力进行正确的估测，以及建构一种模型，这种模型能够说明不等量和不同类型的权力会导致不同的结果。马奇所称作的"基础性力量模型"（basic force models）就是被设计出来以达到这个目的的。这个模型使用有形的权力资源，例如人口数量，武器质量，或者财富，去预测政治斗争的结果。然而这个模型所作出的预测是不准确的，部分因为有些行为者比其他行为者可能更加关注某些特定的结果，因而愿意使用更多量的资源去获得这些目标（March，1966；Harsanyi，1962/1971）。因此，"基础性力量模型"，例如我们在第三章中讨论的"未经提炼的霸权稳定论"（crude theory of hegemonic stability），只是初看上去有点用处。这个模型在被加上一些辅助性的假设以后可能是有用的，这些假设包括一些无形因素的作用，如意愿、兴趣以及在"被提炼过的霸权稳定论"（refined theory of hegemonic stability）中所提出的"领导才能"。但是不幸的是，这些因素的作用只能在事后才能得到衡量。这样看来,在“基础性力量模型”中,权力不再是被用来解释行为,而是成为提供描述政治行动的说辞。

我们在上面看到,在新古典经济学的价值理论中,财富并不作为首要的范畴,去解释需求或价格问题,相反,价值(由此而来的财富)是从需求和供应中推导出来的,就如市场中的价格运行所告诉我们的一样。因此,权力和财富这两个概念如果被用来解释行为基础的话,都具有共同的缺点:为了估测行为者的权力,或者判断既定的产量、服务或原料是否构成了财富,人们不得不在权力关系或市场中观察人们的行为。如此说来,使用权力和财富这两个概念去解释行为,将会处于循环论证的错误中。因此,吉尔平所表述的观点,即世界政治经济学涉及的是处理权力和财富问题,并不能够帮助我们构造一个强有力的行为解释框架。

虽然如此,把国际政治经济学界定为追求财富和追求权力之间的互动,从描述的意义上讲仍然不乏用处。我们可以把国际政治经济学看作是经济学所研究的各个独立领域的交汇点:市场上可买卖的获得满意手段的生产和交换过程,这个过程同时也是政治的中心问题,因为它深受权力因素的影响。因此,不管行为者是在什么样的经济领域中互相施展着权力,经济问题同时也是政治问题,这是毫无疑问的。相对应的是,我们这里所说的相互交汇的领域,与纯粹经济学所研究的领域是不同的,在后者那里,没有一个行为者可以对其他行为者施行控制,每个行为者面临的都是一个被决定了的外部环境。当然,人们还可以设想这样一种状态,也是一种理想的状态,其中非经济资源仅仅被用来追求那种无法在市场上实行交换的价值,如地位及权力本身,这种状态将是一种纯粹的政治学状态。表 2.1 概括地说明了上述问题。

表 2.1 政治学和经济学:一种概括

		财富(通过市场中商品和服务的生产和交换,需求能够得到多大程度的满足?)		
		高	中	低
权力(对其他行为者的控制在需求得到满足的过程中起着什么作用?)	高	政治		“纯粹政治学”
	中		经济	
	低	“纯粹经济学”		(纯粹的爱?) (神秘主义?)

就如表2.1所说明的，试图将现实的经济活动领域与政治活动领域分开，是徒劳的和失败的。现代社会中很少有政治活动是不与经济活动联系在一起的，反之亦然。即使不顾及政府的干预问题，许多现代经济活动也是政治性的，因为公司、联合会和其他组织都试图相互施加影响和控制。从纯粹的经济学或政治学意义上讲，世界经济体系和国际政治体系都是抽象的；而从国际关系的现实世界看，大部分重要的事件既是经济的议题也是政治的议题。

我们已经看到，从财富和权力的意义上来思考国际政治经济学，并不能够帮助我们构造一个有力的行为解释模型。虽然对追求财富和权力的强调，对行为的深入理解的确是有益的，因为它为我们提供了一个可行的假设，这个假设认为行为者的兴趣总是集中在特定的利益上而不是观念或言辞上。在我们的研究中，对财富和权力的留意，也有助于我们矫正那种片面的观点，即过多地强调相互依赖以及共同利益会自然得到实现的看法。在本书后面探究国际机制问题的章节中，读者应该记住，由那些公正无私的理想主义者为了共同的善的目的而制定和设计的国际机制，是很少的；相反，它们主要是由政府中的官员为了追求他们所说的更大的国家利益和他们自己更大的利益目的而构造的。他们追寻财富和权力，也许还有其他价值，不管他们可能使用多么多的关于为了全球福利或一个安全的相互依赖世界之类的辞令。

财富和权力的互补性

对作为国家行动目标的财富和权力的思考，使我们得出这样的结论，即这两个概念是互相补充的。对当代的政治活动家来说，就像对17世纪和18世纪的重商主义者一样，力量是国家富裕的必要条件，反之亦然。本书后面几章详细分析的两个例子说明了这一点。在20世纪40年代后期，美国的权力被用来设计和建设与美国资本主义结构相一致的国际经济安排；反过来说，美国的军事力量长远来说是依赖美国同西欧和日本之间紧密的经济和政治联系的。单单说美国的经济目标或者政治目标是首要的，并未切中要题，问题的要害是美国在海外的经济利益取决于建设一个资本主义足以繁荣的政治环境，而美国的政治和安全利益取决于欧洲和日本的经济复苏。这两个目标紧密联系在一起，是不能分开的。同样，为了应付石油资源的控制权转到石油生产国手中的现实，1974 年美国提议建立一个国际能源机构，以处理石油高价格的经济后果，加强自己的政治影响能力。没有美国的领导，采取有效的国际行动来缓解能源危机几乎是不可能的；反过来说，美国的影响和威望可能因为领导了一场确保能源安全的成功的集体努力而被加强。

财富和权力的互补性，说明了 17 世纪的世界政治经济和今天的世界政治经济之间存在着内在的一致性。大部分政府今天仍然倾向于支持雅各布·维纳提出的 17 世纪重商主义者的几个命题：

> (1)财富是获得权力的绝对的基本手段，不管是为了安全还是为了侵略；(2)权力对获得和保持财富是基本的有价值的手段；(3)财富和权力都是国家政策的恰当的终极目的；(4)虽然在特定的环境下，可能一时有必要为了军事安全的利益以及长远繁荣的利益而牺牲暂时的经济利益，但是，这两个目标从长远来说是和谐一致的(Viner, 1948, p.10)。

维纳所描述的第四点是重要的。短期看，追求权力和追求财富之间存在一个权衡问题。国际政治经济学的学者们的一个目标，就是在不忘记两者之间长远来说存在互补性这一前提下，分析这种权衡问题。

美国在 20 世纪 80 年代面临的关键权衡问题，就如 17 世纪的重商主义政治家和 20 世纪 40 年代后期的美国领导人一样，不在于权力和财富之间的权衡，而在于国家长远的权力/财富利益，同商人、工人、制造商的局部利益与社会的短期利益之间的权衡。如果一个国家不能与局部经济利益取得一致，就不能设计长远的国家目标，这一点并非只是美国如此。维纳注意到，在 17 世纪和 18 世纪的荷兰，“商人在政府中作用很大，主要政治议题的考虑，包括国家安全和战争中的胜败，总是受制于商人的贪婪，他们不愿意为军事开支给予充足的支持”(Viner, 1948, p.20)。根据维纳的说法，英国也是如此，那里工商业的自主性及其传统，阻碍了国家利益的追求。而在马歇尔计划实施的年代里，美国政府“不得不处理美国商业和农业部门的特别需要，这些部门直接从这个计划中受益很多，而它们在国会中的势力也很大。多边贸易的一般目标当然符合所有选民的利益，但是这些选民与国务院不同，他们为了哪怕最小的暂时利益，也可能作出损害总体目标的行为”(Kolko and Kolko，1972，pp.444—445)。

短期目标和长期目标之间的冲突很大程度上源于消费与储蓄或投资的选择形式。当经济处于投资不足状态时，它倾向于眼前而不是长远的利益。人们可以用同样的概念去探讨权力问题。当一个国家将其盟国拉在一起，或者建立一些自己主导的国际机制时，它实际上就是在对权力资源进行投资。20 世纪 30 年代的德国，追寻一种对贸易问题采取权力解决的途径，对其外贸结构进行变革，以使其贸易伙伴对其行动的变化非常敏感(Hirschman，1945/1980)。二战以后美国的政策具有更加广泛的地理覆盖范围，强制性很小，但是它仍然强调对权力资源的投资。美国承受了短期的经济代价，例如 20 世纪 50 年代欧洲对美国商品的歧视，这是为了保持美国在欧洲更加长远的政治影响和收益问题。它建立了以美国为中心的许多国际机制，它的盟国对这些机制因而产生高度的依赖。

权力投资的缩减同样也会发生。权力是可以被消费的，是不能被替代的。政府也许能够通过执行眼前的赤字政策，从海外举债弥补国内低水平的储蓄，维持目前一定的消费水平，就如美国在 20 世纪 80 年代初期的所作所为一样。然而从长远来讲，这种政策是不能够维持下去的，它会侵蚀其影响力或良好信贷信誉所赖以存在的基础。

不管是对额外的权力资源进行投资，还是对这些累积而来的资源进行消费，都是外交政策中的一个永久性问题。政府面临的大部分重要政策选择不得不在(财富和权力的)消费与投资之间作出相对的衡量，并且去设计行动的战略，这些战略在短期要是可行的，在长远来说要能够获得权力和财富这样的目标。任何关于世界政治经济的分析，都必须牢记对生产和权力的投资在不断地进行或者消耗着。有些投资体现在对国际机制的投资和对领导战略的投资上，这些投资对构造国际机制和维持领导地位是有帮助的。因此，从追求权力和财富的意义上定义国际政治经济学，使我们在分析世界政治经济中的合作问题时，需要将更多的精力集中在获得自身利益的经济和政治目标的手段上，而不是放在执行冠冕堂皇的价值观念的努力上。

国际政治的体系分析

世界政治中各种各样的行为者，包括像跨国公司这样的非国家行为者（Keohane and Nye, 1972），都在追求着财富和权力。但是只有国家才是世界政治中最重要的行为者，它们不但直接寻求财富和权力，而且还竭力构造使它们能够长远地达到这些目标的规则和行动框架。因此，在分析国际合作和国际机制问题时，我们将把国家置于我们分析的中心地位。

国家行为可以根据“由内及外”或者“由外及内”的方法来研究（Waltz, 1979, p. 63）。“由内及外”的解释方法，或者单位层次的解释（unit-level）方法，将国家对外行为的根源视为其内部因素决定的，这些内部因素如政治或经济体制，领导者的特性，或者国内政治文化等。国家对外行为“由外及内”的解释方法，或者体系的解释方法，是以体系总体上的特性为基础的。当然，任何理论除了考虑体系自身的特性以外，还会考虑行为者的特性。但是体系理论则把国家内部的属性视为一成不变的常量而非反复不定的变量；体系理论的变量是由环境形成的（situational）：它们是指每个行为者与其他行为者相对而得的位置（Waltz, 1979, pp. 67—73; Keohane, 1983, p. 508）。国际政治经济学的体系分析是根据相对权力和相对财富的内容来确定行为者在体系中的位置开始的。

华尔兹令人信服地说明了，不从总体上考虑国际体系的影响，而单单从单位层次分析出发来建构理论的错误所在。所以这样说，有两个原因：第一，在单位层次上作因果分析是困难的，因为气质或特性因素（从领导人的个性到一个既定国家制度的特殊性）在这种分析中只具有表面上的重要意义。如果以此出发进行分析的话，即使是那种只作局部“切割”研究的简约理论，也会处于因为过多的与研究似乎相关的事实所导致的混乱之中。第二，单单从“由内及外”的方法来解释国家的行为，会导致研究者忽视行动的背景问题，因为各国处于竞争状态这个事实，对所有国家都会产生压力。因此，那些试图平衡潜在对手权力的实践和行为，如果从政府独特的特征基础上来解释也许就是成问题的，而如果把它们放在世界政治固有特征的基础上，则可能得到更加满意的解释。总之，如果不给体系理论予以优先考虑，世界政治中的单位层次分析只会在经验和概念的真空(封闭)状态中飘忽不定，无所适从(Waltz, 1979，第4—5章)。

因为这些原因，本书的分析是从体系层次的分析开始的。我集中探讨体系特征的影响，因为我相信，国家的行为，还有其他行为者的行为，强烈地受到国际环境所决定的限制和激励因素的影响。当国际体系发生变化时，激励因素和行为也会发生变化。因此，本书“由外及内”的研究视角与现实主义(或者说结构现实主义。Krasner, 1983)理论中的体系理论方法是相似的。不过，我的论述和结构现实主义的区别在于，我强调国际制度及其实践对国家行为的影响。诚然，现实主义者所强调的国际体系中权力分配状态的作用，当然是重要的；财富分配状态的重要性同样如此。但是，国际体系层次上的人类活动同样会施加重要的影响。国际机制影响着政府可能获得的信息和机会，政府对支持这类国际制度的承诺的破坏，会对其声誉造成损害。国际机制因此改变着政府对其利益或有利地位的估算。为了解释国家的行为，仅仅将基于权力和财富分配的结构现实主义理论和强调选择的对外政策分析者的理论结合起来，而不理解国际机制的作用，就像我们解释寡头商业公司之间的合作与串谋而不竭力去弄清楚以下一些事实可能犯有的错误是一样的，例如这些寡头垄断企业的领导是否经常一起会面，他们是否属于同样的贸易协会，或者他们是否已经发展了不通过直接沟通就有了一种非正式的协调行为的手段。因此，国际机制不仅仅值得彻底的研究，而且它们事实上也迫切需要我们这样去做。

然而，没有一种体系分析会是完美无缺的。当我们在第三部分探讨战后国际政治经济问题时，我们将不得不超越体系分析模式，走向强调国内制度和领导人对国家行为产生影响的模式上去。也就是说，我们将不得不引入单位层次的分析方法。在这样做的过程中，我们将对美国给予更多的关注，因为美国是世界政治经济中最有能量的行为者。既然美国塑造了战后的国际体系，就如国际体系塑造了美国一样，而且既然在战后35年时间中美国比其他国家拥有更大的采取自主性行动的余地，那么我们除了使用“由外及内”的研究方法外，还需要从“由内及外”的方法来看待美国的政策和行为。

体系分析的局限性

我选择体系分析作为我研究的起点，并不意味着我认为这种分析是完美无缺的。因此，在我们展开第二部分的体系分析之前，我们有必要揭示这种分析的一些局限性。

政治学中盛行的体系分析模式来源于经济学特别是微观经济理论。微观经济理论假设公司是在既定的效用函数(例如利润最大化)条件下存在的，它试图在市场竞争之类的外部环境因素基础上解释公司的行为。这是体系的分析而不是单位层次的分析，因为它的命题依靠的是体系特性这些变量而不是单位特性的变量(Waltz, 1979, pp. 89—91, 93—95, 98)；公司被假设是作为理性的利己主义者来行动的；理性是指行为者有一致的有序的多种偏好，在这些偏好下面，它们为了达到效用最大化的目标，会估算自己各种行动过程的成本和收益；利己主义是指它们的效用函数是互相独立的：它们的效用不会因为其他行为者的得失而发生变化。作出这样的假设，意味着理性和自身利益的概念在体系理论中是常量而不是变量。公司的多样化行为，不是通过它们价值观念的不同，或者它们内部组织条理的效率不同，而是通过经济体系特征的多样性(例如市场结构是竞争的、寡头的还是垄断的)来解释的。没有关于利己主义和理性的假设，公司的多样化行为可能不得不通过价值观念或者估算与抉择能力的差异来进行解释。在后者的例子中，分析将转到单位层次上，而依靠很少变量来展开分析的体系理论的简约性就失去了。[1]

在一个较好的独一无二的行动过程中，基于理性和利己主义假设的体系理论是最有解释能力的。沃尔弗斯很早以前就指出体系理论的这个特征，他认为在存在极端强迫力的情况下，例如屋内起火时只有一个出口这种情况，体系理论能够提供最好的预测。在这种情况下，"决策分析只有在考虑所有个人都决定留在屋内而不是挤向那唯一的出口时才是有用的"（Wolfers，1962，p.14）。拉奇斯最近也在同样的意义上论证说，基于理性选择假设的微观经济理论在解释"一个出口"情况下的个体行为时，是表现最好的理论。在这种条件下，拉奇斯称之为"情势决定论"（situational determinism）的研究方案的解释功能非常好（Latsis，1976）。所以，我们不需要理解行为者的特性去解释它们的行为，因为它们面临的形势预示着它们必须以一种特定的方式来行动：如果它们是理性的话，它们将会这样去做；如果它们不这样做，它们可能就不能够存在下去（如果外部环境条件很严格的话）。

这个研究方案在完全竞争或完全垄断的状态下，以及在比较接近这种状态的情况下，已经取得了很大的成功。"情势决定论"所以能够起作用，是因为在完全竞争或完全垄断下，不存在权力的竞争问题。当经济生活中的行为者根据不受个人感情影响的市场信号调整它们的行为时，或者在垄断状况下它们主导市场时，它们都不会对其他行为者的行动作出反应。就像拉奇斯所指出的：

> 在完全竞争的状态下，企业之间并不需要进行相互的竞争。这种状态可以同一个多人博弈中的某个博弈者的情况作比较。我们可以把其简化为一人博弈，即这个博弈者同一个没有目标和可知战略的对手进行博弈的情况。完全竞争状态的类型常常是很严格的，它只允许在使用连续相同的战略或者不使用战略之间作选择。
>
> 完全垄断的状态常常被视为与完全竞争的状态是相对的，它实际上是后者的对应物。……垄断厂商根据它们关于市场状况的知识，以及以简单的最优化规则为基础来追求最大化的利润。与完全竞争状态一样，在完全垄断的状态下，理性的决策者通过估算将会达成独一无二的最优决策（Latsis，1976，pp.25—26）。

在寡头垄断或者垄断状态下的竞争中，这种研究方案会出现一些困难。该条件下的状态可以被视为一种变和博弈（variable-sum game），其中少数博弈者在一段不确定的时间中不断进行重复博弈。这种博弈对任何博弈者来说都不会有一种决定性的解决方案，因为这是一种“多通道”(multiple-exit)的状态，要达成独一无二的解决方案，需要有裁断性的力量(Latsis，1976，pp.26—39)。就如我们将在第五章和第六章看到的，理性的利己主义者在这种情况下是否决定与他人进行合作，很大程度上取决于行为者对其他行为者行为的预期以及既有制度的特性。微观经济理论并不能对战略相互依赖情况下的行为作出精确的预测(Simon，1976)。正如我们所看到的，给部分经济学研究带来麻烦的战略上的相互依赖问题却困扰着所有的国际政治研究。

结　论

体系分析将不会导致对国家追求财富和权力的行为产生决定性的预测。即使它能做到这一点，这些预测到目前为止也注定是不准确的，因为国家行为由于其内部特性的差别而具有非常大的多样性。虽然如此，体系理论可以帮助我们理解世界政治经济中的各种限制性因素是怎样影响各国政府的行为的。在这一分析过程中，就像古诺寡头垄断模型告诉我们的一样，我们还必须确定关于行为者“反应函数”(reaction functions)——它们对其他行为者的行为会作出什么样的反应——之类的东西(Fellner，1949)。要在经验知识而不是武断的基础上这样去做，我们必须考察制度的背景，包括由规则、习惯和非正规行动模式为行为者提供的信号等因素。这样，我们才可以在严格的以权力为基础的博弈论分析的指引下，研究国际机制问题。

另外，接受理性的利己主义假设，要求我们必须认真地考虑纯粹理性假设的含义，这个假设还不能准确地将人类选择的实际过程模型化(Mckeown，1983b)。然而从利己主义和理性的假设出发具有三个重要的优点。首先，它使我们的假设变得很简洁，便于我们进行清晰的推论和演绎。其次，它使我们的注意力集中到由体系对行为者产生的限制性因素上，因为这个假设抓住了被选择常量的内部决定因素；它有助于我们将注意力集中在体系的限制因素——不管世界政治经济中的权力或者财富的不平等分配，以及国际制度及其实践会产生什么样的结果——而不是国内政治的因素上。最后，使用理性的利己主义假设，使本书的论证集中在与现实主义理论同样的基础上。显然，我们这里关于国际机制重要性的论证，并不依靠暗自运用利他主义或者非理性的假设。从关于同样动机的假定出发，我要说明现实主义对于持续增加福利的合作的悲观态度是被夸大了的。做完这些论证以后，我在第七章把古典理性、利己主义和效用最大化的假设再放宽一些，去看看早期在理性的利己主义基础上发展起来的关于机制的功能理论，是怎样随着这些假设的变化而受到影响的。

我对世界权力结构和由人类设计的制度与习惯的兴趣，表明了我对世界政治中限制因素和选择过程的关注。因为财富和权力配置而引起的限制问题在世界政治中常常是很严重的。就像马克思所说的，人们自己创造自己的历史，但是他们并不是随心所欲地创造，而是在“选定的条件下去创造，在直接碰到的、从过去继承下来的条件下创造”(Max, 1852/1972, p.437)；然而既然我们在创造着我们自己的历史，那么在任何时点上我们都有选择的余地，而经过一段时间后，一些限制因素自身也是可能被改变的。19世纪物理学决定论所出现的局限性，可能困扰着那些头脑中仍然抱着过时自然科学观念的社会科学家们——借用马克思的另一句话，即“像梦魇般地纠缠着活人的头脑”。但是，诸种情形却对人类的智慧提出了希望。在世界政治中，因为财富和权力配置而引起的限制问题，说明人类也许可以不断地学习，在不否定追求自身利益的前提下，去发展那些能够使他们进行更加有效合作的制度和习惯。理论贫弱却对政策寄予厚望的原因，在于人们总是尽可能使战略适应现实。本书试图展示，具有适应性的制度建设战略也能够对现实作出改变，因此而培育出互相有利的合作来。

注　释

1. 关于这个问题的充分论述，见 Keohane, 1983。

第三章
世界政治经济中的霸权

今天,那些自由资本主义的支持者们总是带着怀旧的情绪,回顾19世纪英国的优势地位和第二次世界大战结束后美国的主导地位。人们认为在这两个时代中,拥有绝对优势的经济和军事资源强国,可以根据自己的利益和对世界的看法,执行一项国际秩序计划。就如吉尔平所说的:"同罗马治下的和平一样,英国治下的和平与美国治下的和平确保了一种相对和平和安全的国际体系;大英帝国和美国创造和确保了自由国际经济秩序的规则。"(Gilpin, 1981, p.144)

这项陈述成为霸权稳定论的两个中心命题之一(Keohane, 1980),也就是说,世界政治中的秩序是由一个主导国家创立的。既然机制构成一种国际秩序的要素,这就意味着国际机制的形成一般要依赖霸权国家的存在。霸权稳定论的另一个中心命题是:国际秩序的维持需要霸权国家的持续存在。就如金德尔伯格所说的:"要使世界经济稳定,需要一个稳定者,而且只能有一个稳定者。"(Kindleberger, 1973, p.305)这意味着合作(我们在下一章把它定义为国家间政策的相互调整)仍然依赖霸权国家的持续存在。

在阐述关于合作和机制的概念之前,我要探讨一下霸权问题,因为我所强调的像机制之类的国际制度怎样促进合作这个问题,只有在合作和纷争不是简单地由利益和权力决定的情况下才是有意义的。在本章,我要论证,霸权稳定论仅仅依赖现实主义关于权力和利益的概念,从而得出的一种决定性的看法,实际上是不正确的。霸权稳定论的第一个命题,即霸权国家能够促进某种程度的合作,从谨慎的意义上讲具有一定的道理,但是我们并没有足够的理由相信，霸权国家的存在是合作性关系出现的必要或者充分条件。而且，我的这项论证更重要的意义在于，霸权稳定论的第二个命题是错误的：国际机制建立以后，合作并不必然需要一个霸权领导者的存在；霸权后合作是可能的。我在阐述合作和国际机制理论之后，在第八章和第九章，将对战后国际政治经济中霸权和合作到底是怎样相互关联的问题进行详细的分析。本章的任务是初步研究霸权概念在合作问题研究中的价值及其局限性。第一部分分析霸权稳定论的主要观点；第二部分简单地探讨世界政治经济中军事力量和霸权的关系；最后一部分试图通过对马克思主义观点的考察，加深我们对霸权概念的理解。马克思主义者的霸权概念，与现实主义的观点极其相似，他们使用不同的语言阐述同样的观点。然而，安东尼·葛兰西(Antonio Gramsci)关于意识形态的霸权概念，的确为唯物主义者的论证提供了极有见地的补充，不管对现实主义者还是对马克思主义者来说都是如此。

对霸权稳定论的评估

霸权稳定论在世界政治经济中的应用，一个重要的含义是把霸权的概念界定为物质资源上的优势。其中，四项资源非常重要：霸权国家必须控制原料、资本的来源、市场以及在高附加值产品的生产上具有竞争优势。

控制原料资源的重要意义，为传统的领土扩张和帝国主义，以及非正式影响的扩展提供了合理的解释。我们在第九章将会看到，对石油资源所在地控制权的转移，是怎样对国家权力和国际机制的演变产生影响的。另外，作为权力的一项来源，有保障的资本进入虽然并不明显但也可能是同样重要的。那些拥有组织良好的资本市场的国家可以很便宜地借款，并能够为其同伴提供信贷，或者拒绝为其对手提供信贷。荷兰在 19 世纪的政治经济权力源于其资本市场的质量；英国在 18 世纪和 19 世纪也一样；美国在过去的 15 年中同样受惠于此(DE Cecco, 1975; Feis, 1930; Ford, 1962; Kindleberger, 1978c; Lindert, 1969; Wallerstein, 1980)。

潜在的权力也可能源于某国出口市场的规模。切断某一特定国家进入自己的市场,而允许其他国家继续进入,是一种“有力的、在历史上的确是重要的经济权力武器”(Mckeown, 1983a, p.78)。相反,为了换取对方的妥协或顺从,向其开放自己国内巨大的市场,也可能是一种有效的影响手段。某国内部的市场越大,该国政府对关闭或开放其市场的自由度越广,那么其潜在的经济权力就越强。[1]

经济优势的最后一个含义是商品生产的竞争优势。沃勒斯坦从经济学意义上将霸权定义为“一种状态,在这种状态中一个中心国家的产品生产是非常高效的,以致它们即使在其他中心国家也具有很大的竞争能力,因此这个中心国家将是最大化的自由世界市场中的最主要受益者”(Wallerstein, 1980, p.38)。作为一种经济优势的霸权概念是很有意思的,但是这个概念并不非常有效,因为在总的收支平衡的条件下,即使那些最贫困和不发达的国家也有比较优势。1960年美国在纺织品、服装和初级制成品上出现了贸易赤字,这个事实并不说明美国失去世界上的经济主导地位(Krasner, 1978, p.68—69)。的确,人们应该指望经济上占主导地位的国家进口劳动密集型的产品,或者生产成熟的技术产品。但是竞争优势并不意味着领先的经济实体出口任何产品,而是生产和出口最有利润的产品,以及将会为未来提供生产更先进商品和服务的基础。总的来说,在竞争优势上的能力,是以领先国家的技术优势为基础的,尽管这种优势能力还要依靠对那些能够产生重要租金的有价值资源施行必要的政治控制。

因此,世界政治经济中的霸权,是指一个国家必须能够自由使用关键的原料,控制主要的资本来源,维持庞大的进口市场,以及在高附加值商品的生产上拥有比较优势。一国如若具备所有这些因素,它一定是比其他国家更为强大的。霸权稳定论预言,具有这种实力的国家对世界政治经济的主导能力越强,国家间的合作性关系就会越多。这是一个非常简约的理论,是以我们第二章所说的“基础性力量模型”为基础的,在这个模型中,结果总是通过行为者的有形能力反映出来的。

然而,像其他许多“基础性力量模型”一样,这种粗糙的未经提炼的霸权稳定理论,总是导致不完善的预言。在20世纪,它正确地预测到第二次世界大战后20年的相对合作状态的国际关系,但是它在霸权衰落后合作的发展趋势这一预言上，至少是部分地错了。在1900年到1913年，英国力量的衰落，是与那时商业上的冲突减少而不是增加并存的。[2]就如我们即将在第九章看到的，最近国际机制的变迁也只是部分地与美国力量的衰落有关。如何解释两次世界战争中间年代中纷争的盛行现象是困难的，因为在这20年中是否有哪个国家在物质意义上算得上霸权的，还不清楚。美国那时虽然在生产能力上是领先的，但是它并没有取代英国，成为最重要的金融中心，在贸易总量上，它也落后于英国。在这段时间，尽管美国国内的石油生产完全能够满足国内的需要，但是英国仍然控制着中东的主要油田。一个重要的事实是，在这20年时间，阻止美国领导一个合作性的世界政治经济的原因，与其说是美国缺乏足够的经济资源，还不如说是美国在政治上不愿意为国际体系制定和执行必要的规则。尽管那时英国在为此不断地努力着，但是它太虚弱了，不能有效地做到这一点(Kindleberger，1973)。导致纷争的关键原因在于美国的政治因素，而不是霸权稳定论所主张的在于物质力量的因素上。

与那种粗糙的"基础性力量模型"不一样，一种经过提炼的改良的霸权稳定论，不会断定权力和领导权之间存在自动的联系。在经过提炼的霸权稳定论中，霸权被定义为一种状态，在这种状态中，"一个国家是足够强大的，能够维持管理国家间关系的基本规则，而且它愿意这样去做"(Keohane and Nye，1977，p.44)。这种解释框架仍然强调权力的意义，但是它比粗糙的权力理论更加重视强国的国内特征。它并不假设国家实力会自动产生激励性的因素，将力量投射到海外。因此，在经过提炼的霸权稳定论中，国内态度、政治结构以及决策过程等因素是并重的。

这种既强调国家决策也强调国家权力能力的论述，属于马奇所说的那种"力量激活模型"(force activation models)范畴。决心在世界政治经济中承担领导的作用，对"激活"设想的权力能力及其结果之间的关系是必要的。"力量激活模型"本质上是一种后此推理(*posthoc*)，即发生于其后者必然是其结果，所以这么说，是因为人们通过考虑为什么一个行为者不去利用所有可获得的潜在权力的原因之后，总是能够挽救这种理论所作出的判断。事实上，该修正结果是认为拥有优势资源的国家将会成为霸权国家，除非这个国家不愿意承诺去为世界政治经济承担必要的领导任务,但遗憾的是,它仍不能告诉我们是什么因素决定这个国家不愿去承担领导的责任。作为一种因果理论,这种理论的用处不大,因为除非我们对其国内政治了解非常透彻,既有的权力布局是否会导致潜在的霸权国家去维持一系列规则仍然是不可确定的。[3]

只有更粗糙的理论才作出预测。因此,我所说霸权稳定论,指的实际上就是这种"基础性力量模型"。我们已经看到这种理论的最主要内容——霸权既是合作的必要条件,也是合作的充分条件——在本世纪的历史经验中并不能得到有力支持。如果从更长的大约150年的时间来考虑,这个命题也是很模糊的。[4]在19世纪中后期的英国霸权时期,以及在第二次世界大战后20年的美国主导时期,国际经济关系维持着相对的合作状态。但是正是在美国主导的时期,出现了已有规则的瓦解和持续增加的纷争趋势;而对英国霸权经验的仔细考察,也会使我们怀疑英国霸权在19世纪促进国际合作中的作用。

19世纪的英国和20世纪的美国都比工业化革命以来的其他国家更能满足霸权的物质先决条件。1880年,英国是世界金融的中心,它既在其帝国统治范围内,也通过在其帝国范围外的投资,控制广泛的原料来源;它在世界上拥有最高的人均资本收益,拥有两倍于其主要竞争者法国的世界贸易和投资份额,只是在累积经济的规模上它落后于美国(Krasner, 1976, p.333);英国占有的世界贸易份额尽管在1880年后的60年中逐步衰落,但是在1938年,它仍然是世界上最大的贸易国,大约占世界贸易总额的14%;此外,在19世纪,英国的相对劳动生产率也是世界上最高的,虽然其后急剧下降。正如表3.1所告诉我们的,尽管直到1970年左右,美国一直维持着比75年前英国霸权时期还要高的相对劳动生产率水平,但是19世纪晚期的英国和第二次世界大战后的美国在世界贸易总额中所占的比重大致来说是旗鼓相当的。

表3.1 作为霸权国家的英国和美国的物质资源:世界贸易份额和相对劳动生产率

	世界贸易份额(%)	相对劳动生产率*
英国(1870年)	24.0	1.63

（续表）

	世界贸易份额(%)	相对劳动生产率*
英国(1890 年)	18.5	1.45
英国(1913 年)	14.1	1.15
英国(1938 年)	14.0	0.92
美国(1950 年)	18.4	2.77
美国(1960 年)	15.3	2.28
美国(1970 年)	14.4	1.72
美国(1977 年)	13.4	1.45

* 和世界经济中其他成员国的平均劳动生产率相比较。

数据来源：Lake，1983，第 525 页的表 1 和第 541 页的表 3。

然而，英国拥有强大的物质力量，但它并不能一直执行它所希望的规则。英国当然希望维持公海自由原则，但是 19 世纪 80 年代以后，它不能诱使欧洲大陆强国去保持自由贸易的政策。最近关于这个主题的一项研究认为，英国作出了努力，去制定和执行规则，但是既不全面，也不是很成功，这个结论与霸权稳定论所告诉我们的那个结论是大不一样的（Mckeown，1983a：特别见第 83 页）。[5]

第二次世界大战后，美国为世界政治经济制定和执行规则所做的努力，要比英国在过去所做的更加有效。1945 年后，美国并不是仅仅复制了早期英国的经验，相反，19 世纪英国霸权和二战后美国霸权之间的区别是很明显的。我们已经看到，在与其他国家的劳动生产率水平比较上，英国从来没有像美国那样在 1945 年以后拥有绝对的优势。美国在对外贸易和投资的依赖上，也从来没有英国过去那样高。同样重要的是，美国的经济伙伴也是它的军事盟国，美国霸权可以施加影响是因为美国制定规则，而这些规则很难推及到社会主义国家阵营中。而英国的主要贸易伙伴一直是它的主要军事和政治对手。另外，英国维持自由贸易机制相对无效的一个原因，是它从来没有广泛地使用贸易互惠原则（Mckeown，1983a）。因此，英国在实行自由贸易政策的时候，放弃了对那些倾向于保持自我克制行为国家的潜在影响能力。在面临对它们的出口产品关闭的英国市场和相互降低关税的选择时，这些国家的政策本来就是很容易改变的。最后,英国拥有一个可以退却的庞大帝国,向那些殖民地出售不很先进的产品,而不是与它们在一个更加开放的市场上进行竞争(De Cecco, 1975; Hobsbawm, 1968; Kindleberger, 1978b; Lewis, 1978)。综上所述,美国的霸权很难说是一种普遍的现象,本质上,在一个霸权国家所使用手段的范围和功效上,以及它们获得的成功程度上,美国的霸权是独一无二的。

这种只由一个例子,或者至多不超过两个例子支持的霸权稳定论,使人们怀疑其普遍有效性。即使这种理论的主要支持者,也不愿意坚持这个理论所主张的观点。在1981年发表的一篇文章中,金德尔伯格似乎接受了这样的看法,即“有可能有两个或者更多的国家共同承担提供领导权的责任,以加强合法性,共同承受负担,以使领导权不致被别人怀疑为控制和剥削”(Kindleberger, 1981, p.252)。吉尔平在《世界政治中的战争与变革》一书中,推广了一种具有高度决定论的霸权循环的概念:“一次霸权战争的结果是下一次增长、扩张、衰落循环过程的开始。”(Gilpin, 1981, p.210)然而,吉尔平并不认为他的观点是决定论性质的,他断言:“国家可以在它们理解的利益概念上,学会变得更加明智和开明,使它们的行为变得更具有合作性。”(Gilpin, 1981, p.227)尽管霸权衰落了,但“我们有理由相信当前国际体系中的失衡可以通过不诉诸霸权战争的手段得到解决”(Gilpin, 1981, p.234)。

所以,支持霸权稳定论有效性的经验证据是不足的,即使这种理论的主要支持者,对该理论的有效性也抱怀疑态度。另外,该理论的逻辑论据也不能不使人提出质疑。金德尔伯格强烈主张的单一霸权国家领导的必要性的看法,是以集体物品理论为根据的。他认为:“我们面临的危险不是国际经济中的权力太多,而是太少了,不是主导权的扩大,而是潜在的搭便车者过多,它们不愿意承担集体物品供应的责任,而宁愿等待别人来供应,自己坐享其成。”(1981, p.253)就如我们在后面章节里将会详细看到的,霸权国家生产的有些物品本质上并不是“集体物品”,尽管这个事实的含义并非像初看起来那样,必然就会危害这种理论的基础。而更多的批判则集中在这样的事实上,即在国际经济体系中少数行为者很明显地拥有资源上的优势。这个事实具有特别的意义，因为集体物品理论并非固有地预示少数国家之间的合作是不可能的，实际上，奥尔森使用这个理论最初的一个目的是为了说明，在一个只有少数行为者构成的体系中，这些行为者"能够在不依靠任何积极性的劝诱（除了物品本身以外）的条件下，为它们自己提供集体物品"（Olson，1965，p. 33；引自 Mckeown，1983a，p.79）。所以，逻辑上讲，在一个少数垄断者控制的体系中，霸权并不是该体系中合作出现的一个必要条件。

由此看来，霸权稳定论只是暗示性的但决不是确定性的理论。单单强调权力因素在创造一个合作可以盛行的稳定的国际经济秩序中的意义，还是不充分的，那种认为霸权是合作出现的必要条件，在理论和经验上也是非常薄弱的。如果把霸权重新界定为一个强大国家制定和执行规则的能力和意愿，并由此进一步认为霸权是合作出现的充分条件，那么这种表述在本质上只是同义反复。

粗糙的霸权稳定论确立了一种有用的——如果还是有点简单的话——分析国际合作和纷争的起点。而经过提炼的霸权稳定论，对于分析国际政治经济史上的一些时代，提出了一系列松散的但却具有积极暗示意义的解释性的问题。这种解释框架并不构成一种可作补充说明的体系理论，但是它却帮助我们以另一种方式思考霸权问题，即很少把霸权只作为一个概念，从权力的意义上解释世界政治经济的结果，更多的是从领导权由单一国家执行的意义上，来描述国际体系。权力是合作出现的充分或者必要条件，这种说法并不能够作为科学概括的一个组成部分，从愿意去领导和有能力去领导的意义上去界定霸权的概念，能够帮助我们思考潜在霸权国家面临的激励问题。也就是说，在什么样的国内和国际条件下，一个霸权国家将会决定致力于规则和制度的建设呢？

对霸权国家面临的激励问题的注意，提示我们还要注意系统中其他国家面临的激励问题，这个问题常常被忽略了。它们在考虑是挑战还是顺从潜在领导者地位的问题上，面临着什么样的估算问题？对次级国家态度的思考，向我们提出服从或顺从问题。任何霸权理论，不仅要解释主导国家决定介入规则制定和规则执行的问题，而且还应该解释为什么次级国家要服从霸权国家领导的问题。也就是说，这些理论需要解释霸权机制的合法性以及合作的共存问题。我们在本章后面将会提到葛兰西的"意识形态霸权"，这个概念为我们提供了一些有价值的线索，去理解合作和霸权是如何结合在一起的。

世界政治经济中的军事力量和霸权

在探讨这些问题之前，我们需要澄清一下世界政治经济中的霸权分析与军事力量问题之间的关系。一个霸权国家必须拥有足够的军事力量，从而有能力去保护它所主导的国际政治经济秩序免遭敌对国家的侵犯。这个问题很重要，因为经济议题——如果它们对基本的国家价值是非常关键的话——可能会成为军事—安全议题。例如，日本1941年对美国珍珠港的袭击，部分是因为美国对日本在美国的资产进行了冻结，"不准日本获得在它控制之外的急需的关键性供应物品，特别是日本急需的石油资源"(Schroeder, 1958, p. 53)。二战期间和二战以后，美国利用它的军事力量确保自己能够获得中东的石油资源，1974年，国务卿基辛格曾经警告说，如果石油出口国威胁要扼住工业化国家的石油进口，美国可能会诉诸军事行动，以保护石油的正常供应(Brown, 1983, p. 428)。

然而，霸权国家并不需要在世界范围内都是军事上的主导者。美国和英国从来都没有达到这一点。英国在19世纪遭到法国、德国特别是俄国的挑战；即使在二战后美国力量的顶峰时期，美国也面临着苏联的强硬对抗，同时还与中国打了一场战争。可见，如果经济上占据优势的国家有充分的军事力量防止其他国家的侵犯，阻止它们进入其经济活动的主要区域的话，经济霸权与军事条件就结合在一起了。

因此，霸权的力量根源含有这样的意思，即霸权国家要有充分的军事力量去阻止和扼住其他国家可能的进入或关闭世界政治经济中重要领域的企图。但是在当代世界，不管怎么样，一个霸权国家很难和它的军事伙伴和军事同盟一起，直接使用军事力量去维护其经济政策目标。在联盟自身不成问题的情况下，美国的盟国不可能受到武力的威胁；除了特殊情况以外，只要其盟国很有信用地遵守霸权国家拟定的经济规则，美国也不会威胁说要停止保护它们。二战后美国主导的霸权国际政治经济体系中的许多关系，与理想的现实主义类型相比，要更加接近理想的"复合相互依赖"类型——多层次的议题、社会之间多层次的接触渠道、军事力量对大部分政策目标的无效性(Keohane and Nye，1977，第 2 章)。

这并不意味着军事力量变得没有用了。由于德国和日本几乎无法忽视美国军事力量保护它们免遭苏联威胁这样的事实，即使在美国与其最紧密的盟国关系之间，军事力量也扮演着间接的作用。在中东，军事力量甚至扮演着极其显著的作用，美国有时在那里还直接使用军事力量，美国在那里的军事援助也是非常明显的。然而，军事力量关系的变化已经不是影响二战后发达国家间合作和纷争模式的主要因素。只是在中东石油危机这个例子上，军事力量具有非常重要的意义，这种力量对国际经济机制的变迁产生了作用。但是即使在这个例子上(我将在第九章分析)，经济相互依赖，以及经济权力的转换等因素，也是更重要的。在 1945 年到 1983 年这段时间，美国维持着比它的任何盟国都要强大的军事力量，它是唯一有能力保护它们免遭苏联威胁的国家，并有足够的力量对许多像中东这样的出现反对势力的地区进行有效的干预。本章对霸权和秩序关系问题的解释，以及第八章对霸权状态下的合作和第九章对霸权机制衰落的考察，主要关注的是权力的经济根源，以及经济权力的转换对解释世界政治经济变迁的意义。通过将经济议题从军事议题中抽象出来，我们可以更加清晰地注意到各种变迁的经济根源。

有些读者也许会批评这个观点，认为军事力量一直比我们这里说的要重要。我欢迎这样的批评，在这里，我把军事力量只看作战后美国霸权的参考性条件而不是一个变量。然而，任何对这个观点的批评都应该记住，我在这一章和第三部分试图解释的问题不是霸权的根源(其根源主要在国内制度、基础性的资源和技术发展上,而不是在军事力量上),而是霸权的变化对发达工业化国家间合作关系造成的影响上。我试图解释美国主导地位对国际经济机制产生的影响,以及这种主导地位的衰落对这些机制的影响。如果这些问题(而不是其他可能让人感兴趣的问题)只有通过更深入地研究军事力量关系的变化所产生的影响才能更好地得到理解,那么,这个假设性的批评才可能危及我的论证。

二、马克思主义对霸权的理解

对马克思主义者来说,影响世界政治经济的根本性力量是阶级斗争和不平等的发展;国际史是动态发展的和辩证的,而不是循环的;国家的行动是资本主义发展阶段和发展过程中矛盾的反映。对一个马克思主义者来说,在当代世界体系中,如果不在由进化模式和资本主义功能需要而塑造的资本主义背景下理解霸权或者国际制度的运作,谈论霸权或者国际制度的运作是没有意义的。决定论者把这些东西视为必要的规律。而历史决定论者可能认为这种模式为我们理解一个漫无止境的历史过程提供了一些线索,这个历史过程很明显地受到过去发生事件的影响:人们创造他们的历史,但不是按照他们所希望的方式来创造。

任何真正的马克思主义的世界政治理论都是从分析资本主义开始的。根据马克思主义的原理,在资本主义的生产关系中,生产力的进步是不可能持续很久的;矛盾是注定要出现的。这些矛盾以利润率的停滞和衰落趋势等形式表现出来(Cohen, 1978; Fine and Harris, 1979; Mandel, 1974),但是,即使在没有经济危机的情况下,矛盾同时也会在资本主义国家的合法性危机中反映出来(Habermas, 1973/1976)。任何"霸权的危机"本质上将必然同时也是资本主义的危机(Arrighi, 1982; Campen and MacEwan, 1982; Sweezy and Magdoff, 1972)。

马克思主义者常常使用霸权的概念,含蓄地把它简单界定为一种主导地位,作为分析资本主义世界政治现象的一种方法。对马克思主义者以及重商主义者来说，财富和权力是相互补充的，它们彼此互相依靠。就如席尔文（Sylvan, 1981）所指出的，作为马克思主义者，布劳克（Fred Block）的分析与作为现实主义者的吉尔平的分析是非常接近的，两者都强调美国霸权在创造战后世界秩序中的作用，以及美国霸权衰落给人带来的令人不安的影响。

沃勒斯坦的研究同样说明了这一点。他竭力强调现代世界的历史应该被看作是作为一种世界体系的资本主义的历史。除了因为地理因素、独特的历史原因或者运气而产生的相对小的偶然事件外，"世界市场力量的运作加速了差异的出现，使它们制度化，并在长时期内是不可能被超越的"（Wallerstein, 1979, p.21）。虽然如此，当考虑到特定的时期时，沃勒斯坦强调的仍是霸权和军事力量的作用。17世纪荷兰的经济霸权不是被世界市场体系的运作或者资本主义的矛盾所毁灭的，而是由英国和法国的武装力量所毁灭的（Wallerstein, 1980, pp.38—39）。

使用重商主义范畴进行分析的马克思主义理论，产生了一些分析上的模棱两可之处，从而不得不处理资本主义和国家的关系问题。使用这种分析方法的马克思主义者很难维持阶级中心的分析，因为为了解释国际事件，分析的单位转换到国家层次而不是阶级层次上。这是布劳克和沃勒斯坦共同面临的问题，他们采用的国家中心的分析方法把阶级的概念降格到政治经济的朦胧背景之下（Brenner, 1977; Skocpol, 1977; Sylvan, 1981）。国家和资本主义关系的困境还反映在很早时候列宁和考茨基关于"超帝国主义"的论战上（Lenin, 1917/1939, pp.93—94）。列宁声称资本主义列强之间的矛盾是根本性的，无法克服的，以反对考茨基所认为的资本主义国家之间的矛盾可以通过资本主义国家之间保持相当长时期的联合而得到克服的观点。

美国霸权在战后20多年的成功运作，支持了考茨基关于"超帝国主义"可能是稳定的预言，而对列宁关于帝国主义国家之间的战争是不可避免的观点提出了质疑。[6]但是，这还不能解决"超帝国主义"在没有霸权存在的情况下是否能够维持下去这个问题。用马克思主义的术语来分析当代形势，将会坚持认为超帝国主义的一种形式——美国霸权——正在逐步地崩溃，从而导致持续增加的国际无序状态。当前的议题是"这种霸权的崩溃最终导致的是一种新的资本主义世界秩序，还是世界社会的一种革命性的重构，抑或是搏斗中的阶级和国家的共同毁灭”(Arrighi, 1982, p. 108)。从马克思主义的立场来看这个问题，就是“超帝国主义”是否能够在资本主义国家内部新的协调努力中得到复兴，或者相反？资本主义内部或者资本主义与国家系统并存中的本质矛盾，是否使这种复兴变得根本不可能？

本书的关键问题——发达资本主义国家之间的国际合作在没有美国霸权的情况下是怎样维持的——本质上提出的是同样的问题。这里采用的观点与考茨基及其追随者的问题是一样的，虽然我们使用的术语是不同的。我的看法是，由国际机制的效应而培育出来的发达资本主义国家间的共同利益，足以使持续的合作成为可能，虽然并不一定是必然的。人们不应该像默里(Murray, 1971)和海默(Hymer, 1972)在关于资本国际化项目的研究中所理解的那样，认为资本主义国家间存在的强大利益维持着竞争之中的合作。在一个国家体系背景下所存在的不平等发展的事实，使得斗争成为经常性的，从而合作也是不完全和脆弱的(Chase-Dunn, 1981)，但是这并不意味着斗争必然发展为暴力，也不意味着能够给各方带来利益的协调努力就是不可能的。

尽管我的研究和许多马克思主义者的研究存在相似的地方，但是在我的研究中，我并不接受后者的研究范畴。马克思主义关于资本主义规律的分析，是依赖世界政治经济中的国家间关系，或者为了分析未来的国际合作而推理出来的，这种分析并不是很充分和完善的。当认为根本性的矛盾存在于资本主义范围内时，这些矛盾当然会对未来的国际合作产生重大的影响。但是这种矛盾的存在和特征，因为太模糊了，并不能够纳入到我的分析框架中去。[7]

马克思主义关于国际霸权的认识，部分源于其将作为主导地位的现实主义霸权概念和资本主义矛盾的论述结合在一起。但是这并不只是马克思主义对这场论战的贡献，在葛兰西及其追随者的思想中，霸权与完全的主导地位又是有区别的。就像考克斯所表述的：

> 葛兰西使用霸权这个概念去表述客观物质力量和道德—政治观念之间的联合，在马克思主义的词语中，则是结构和超结构的联合。

在这种联合之下,通过主导集团和从属集团之间存在的一种糅合了服从和一致的意识形态,使因为对生产的支配地位而取得的权力被合理化了(Cox, 1977, p.387)。世界秩序的一种霸权结构是指,个中的权力首要的是以各方共同同意的形式而出现的,这与非霸权的世界秩序是有区别的,在后者那里,相互竞争的大国是明显存在的,但没有一个国家能够确立其主导地位的合法性(Cox, 1981, p.153,注 27)。

这个霸权概念的价值,可以帮助我们理解一个霸主的伙伴为什么愿意去服从霸主的领导。各种霸主都需要服从,这样它们才能构造一种世界资本主义的结构。而要获得这样的目标,使用武力手段的成本太高了,也许还是得不偿失的。毕竟,霸权和帝国主义的关键区别是,霸主和帝国是不一样的,它不通过臃肿的政治超结构来主导社会,而是通过等级控制和市场力量运作相结合的方式,来监督各个政治上独立的社会之间的关系(Wallerstin, 1974, pp.15—17);霸权依赖于次级国家中精英们的主观意识,这些精英们认识到在霸主意愿的下面,牺牲有形的短期利益可以获得无形的长远的收益。

意识形态霸权的概念是有价值的,它能够帮助我们理解"服从"——这个词应该谨慎地使用它——的问题。首先,我们不应该认为,当次级国家的领导们接受霸权的意识形态时,他们并不必然就是"错误观念"(false consciousness)的牺牲品,或者认为这些次级国家的领导们构成了一个小的寄生的精英,为了自己的目的而出卖了国家的利益。这个概念也提醒我们,就像吉尔平所做的一样,在英国治下的和平时期和美国治下的和平时期,不是霸主,而是霸主之外的国家变得繁荣起来,实际上许多国家的增长速度比霸主自身的增长速度还要快(Gilpin, 1975, p.85; 1981, pp.175—185)。在有些而不是所有的条件下,霸主的统治不仅仅符合边缘国家中精英们的自身利益,对他们国家的经济增长也是有作用的,如果他们服从霸主的统治的话。[8]

我们可能去怀疑,意识形态霸权是否如它在国内所表现的那样,在国际上也是一种持久的现象。强有力的民族主义意识形态,是不受霸主欢迎的,尽管这种现象发生在其国家之外,但却是它的敌人。霸权的反对者们常常把民族主义作为弱国的武器,他们还可能使用普世主义的意识形态力量,去消解霸权的合法性,而不是与霸权的合法性意识形态站在一起。当代关于国际经济新秩序的意识形态,就是一个例子。因此,对霸权意识形态的潜在挑战是一直存在的。

结　论

对霸权稳定论的一般有效性的看法,常常被过分夸大了。单一大国的主导地位也许在特定的情况下对世界政治中秩序的形成是有意义的,但是这并不是世界秩序形成的一个充分条件,我们也没有理由相信这是个必要条件。但是现实主义者和马克思主义者关于霸权的论述,都为我们提供了重要的洞见,他们的观点将被融进本书第三部分关于霸权合作的运作和衰落的解释中。

霸权是以非常复杂的方式与合作和像国际机制之类的制度相互关联的。成功的霸权领导,自身也依赖一定形式的非对称的合作。霸主扮演着一种独特的地位,为其伙伴提供领导,换取服从的回报。但是与一种帝国的权力不一样,霸主在没有其他国家一定程度同意的基础上,是不能制定和执行规则的。就像两次世界大战之间的 20 年经验所告诉我们的,单单物质上的主导地位还不能够保证国际体系的稳定和有效的领导。实际上,霸主可能还不得不将许多资源用于国际制度的建设上,以确保它所偏爱的规则能够指导其他国家的行为。

国际合作可能通过霸权的存在而培育起来,同样,霸权也需要其他国家的合作来制定和执行国际规则。霸权与合作并不是可以互相取代的,相反,它们常常是相互的共生的关系。为了分析霸权与合作的关系,我们需要一种关于合作的概念,这个概念必须考虑到这样的事实,就是强制因素在世界政治中一直是可能的,利益的冲突从来没有消失,即使存在重要的共同利益的情况下也是如此。就如我们在下一章将要详细看到的,合作不应该被定义为没有冲突——冲突至少是国际关系可能的一个重要组成部分——而应该被看作是一种过程,这个过程包括在纷争的事实下刺激政策的相互调整。

注 释

1. 对这个问题的经典陈述是由赫希曼作出的(Hirschman, 1945/1980)。最近阿格尔威尔以纺织品为例对这个问题也进行了探讨,见Aggarwal, 1983, p.622。阿格尔威尔指出,一个庞大商品进口国不仅可以对该种商品的出口国施加影响,而且也可以对该种商品的其他买主施加影响,后者担心如果一个巨大的市场遭到关闭后,进口商品会转向它们本国的市场。

2. 见 Krasner, 1976。克拉斯纳的分析强调把自由主义或者开放性,而不是秩序或者合作作为依附性的变量。合作与自由主义在概念上是不一样的,而且我们将会在第九章看到,两者在经验上也是可以作出区别的。然而,在克拉斯纳对过去150年世界政治经济的高度集中的分析中,这种区别并不起重要的作用,因为开放的体系总体上比贸易保护主义的体系更可预测和更少冲突,即更有秩序。

3. 按照我们第二章的观点,同样的事实是,经过提炼的霸权稳定论并不是一种体系理论,因为这种理论的解释力量依靠的是行为者的内部特征变量。

4. 见注释2。

5. 从分析的意义上讲,英国是否一贯地信奉自由主义,与其制定和执行规则的能力是两个不同的问题,因为自由主义是不应该与合作问题相等同的。然而,正如我们在本章第2个注释所说明的,英国在19世纪所竭力追求的秩序,是一种自由主义式的秩序。关于英国霸权的兴起在欧洲以外地区可能导致对贸易进行限制的例子的探讨,见 Laitin, 1982,以及 Lawson, 1983。

6. 对这种论战的不同解释,可参考 Mandel, 1974, pp.332—342。

7. “长波理论”(long waves)或“康德拉季耶夫曲线”(Kondratieff waves)提供了一个例子,说明马克思主义文献中所存在的唐突、模糊以及缺乏经验支持的特点。该理论还被曼德尔(Mandel, 1974)以及像罗斯托(Rostow, 1975)这样的非马克思主义者所采用。埃克兰德(Eklund, 1980)在关于“长波理论”文献的一篇精彩评论文章中,认为试图确定和解释清楚长波现象的努力“已经进入了一个死胡同”。

8. 这并不是说霸权在总体上是有利于小国或者弱国的。当然我们也没有把握说这就是事实。霸主可能阻止中等国家去剥削小国,并构造一种有利于世界经济增长的秩序结构。但是,霸主同样会从经济上剥削小国,或者通过政治、经济和军事干预来改变这些国家的自主发展模式。由于存在太多的其他因素,霸权是否有助于弱小国家这个问题,是不能以绝对的方式给予回答的。除非我们发展出一种更加复合和成熟的霸权状态下各种关系的理论,并考虑到其他因素,而且世界福利的确得到增长,否则这个问题在经验上仍然是一个未决的问题。

第二部分

合作与国际机制理论

第四章
合作与国际机制

霸权的领导作用有助于产生一种秩序的模式。合作并不是与霸权相对立的，相反，霸权取决于某种非对称的合作，成功的霸主总是支持和维持这种非对称合作。我们在第八章将会详细看到，当代国际经济机制是在战后美国的庇护下构造起来的。霸权常常在解释国际机制的创立上扮演着重要的地位，甚至是关键的地位。

然而，对于未来来说，霸权合作理论的意义却是成问题的。第九章表明，美国现在在物质资源上的优势，远远比不上20世纪50年代和60年代早期。同样重要的是，美国比以前更不愿意从与欧洲和日本利益互补的意义上去界定其利益。特别是欧洲国家，它们更加不愿意去服从美国的倡议和行动，它们也不会如此坚信为了获得关键的针对苏联的军事保护，它们必须跟着美国走。因此，美国霸权的无形的主观部分，和其霸权体系所依靠的有形的权力资源一样，都已经受到了侵蚀。但是在可预见的将来，欧洲国家和日本自身都不大可能拥有成为霸权国家的能力。[1]

这种展望提出了“霸权之后”的合作这个议题，这是本书的中心主题，特别是第二部分理论的中心主题。这个问题的提出还使我们回到经济和政治问题之间所存在的关键的紧张状况：在一个相互依赖的世界经济中，国际政策协调似乎是非常有益的，但是世界政治中的合作又是特别的困难。缓解这种紧张状况的一种办法，是假设国际市场的运行会自动产生最优的结果，这样一来我们就可以放弃关于国际经济政策协调是有价值的之类的假设(Gorden, 1981)。不过，这种论调的主要缺陷，是在没有国际合作的情况下,各国政府将会单方面干预市场以追求它们所认为的自身利益,不管那些反对干预的自由主义经济学家会对此说些什么:它们会干预外汇市场,对进口施加各种限制,对国内的工业部门实行补贴,对一些商品例如石油实行定价(Strange, 1979)。即使一国接受合作去维持自由市场的运行,但是如果没有其他形式的政策协调,进一步的缺陷仍然会提出来,那就是经济市场的失灵可能会发生(Cooper, 1983, pp. 45—46)。由于集体行动问题等各种各样的原因,可能出现交易的次优结果。因此,我们需要从观念上就自由市场必然能够带来最优结果的问题,进行一个变革和飞跃。

在驳斥了那种认为在世界政治经济中合作是没有价值的幻想以后,我们就不得不去面对这样的事实,即合作是很难组织的。一种补助(recourse)的办法很容易滑入宿命论的误区中,这种观点承认破坏性的经济冲突是由于政治分裂的结果。虽然逻辑上看,这一点对那些相信霸权稳定论的人来说是站得住脚的,但是即使霸权稳定论最坚强的支持者也不愿意去接受这个索然无味的合乎规范的说法(Gilpin, 1981)。本书并不忽视在没有霸权的情况下困扰政策协调努力的那些困难,本书认为,没有霸权的合作也是可能的,这种合作可以通过国际机制的作用而得到促进。

在作这种论述时,我将对国际机制的创设和维持作一个区别。第五章试图说明,当共同的利益足够重要,以及其他的条件都满足时,没有霸权,合作也可以出现,国际机制也可以创设。但是这并不意味着机制可以很容易地得到创设,当代国际经济机制很少是通过轻易的途径就创设起来的。我在第六章认为国际机制的维持要比其创设容易,认识这个事实,对我们理解为什么机制受到各国政府的珍视是关键的。机制可能得到维持,也可能持续地培育着合作,即使在有些情况下,出现对该机制当初的创设并不足够有利的条件时也如此。霸权之后的合作是可能的,不仅仅因为共同的利益可能导致机制的创设,而且也因为需要维持既定国际机制的条件不如创设这些机制时的条件那么苛刻和强烈。虽然霸权有助于我们解释当代国际机制的创设问题,但是霸权的衰落并不必然对应性地引起这些机制的毁灭。

本章分析两个关键词语的含义,一个是“合作”,另外一个是“国际机制”。本章将“合作”同“纷争”以及“和谐”区别开来，然后论述国际机制这个概念对我们理解合作和纷争问题的价值。将合作和国际机制概念结合在一起，有助于澄清我们想要解释的东西：规则指导的政策协调模式是怎样出现的，它们自身是怎样维持的，以及它们在世界政治中是怎样衰落的？

和谐、合作与纷争

我们必须将合作与和谐区别开来。和谐是指一种状态，在这种状态中，行为者的政策（追求自身利益而不考虑其他人）能够自动地促进其他行为者目标的实现。关于和谐最经典的例子是古典经济学世界中所假设的竞争性市场，在这个市场中，“看不见的手”使个体追求自身利益的行为自动为整体利益作出贡献。在这种理想化的、不现实的世界中，没有任何人的行动会伤害到其他人，这里不存在经济学家所说的晦涩难懂的“消极外部性”问题。在和谐盛行的地方，合作是不必要的，甚至还是有害的，如果合作意味着某些个体密谋剥削他者的话。亚当·斯密本人就是对那些反对自由贸易的行会和阴谋团体持激烈批评态度的人(Smith, 1776/1976)。因此，合作与和谐状态决不是相同的，我们不应该将两者混淆起来。

合作需要通过谈判的过程（即我们常说的政策协调）将各个独立的个体或组织的行动（并不是处于先在的和谐状态）变得互相一致起来。林德布洛姆把政策协调界定为：

> 如果在一系列决策中出现调整的现象，以使任何一种决策对他人产生的消极后果在一定程度上和一定的次数上得到避免、减少或者抵消，那么这一系列决策就处在协调之中(Lindblom, 1965, p.227)。

通过政策协调过程，当行为者将它们的行为调整到适应其他行为者现行的或可预料的偏好上时，合作就会出现。用更加正规的语言对此作一总结,就是:作为政策协调过程的结果,当一国政府遵从的政策被另外国家的政府视为能够促进它们自己目标的相互认识时,政府间的合作就会发生。

当我们在脑海中树立这种概念时,我们就可以像图 4.1 所显示的那样,对合作、和谐和纷争作出区别。首先,我们要问行为者的政策是否会自动促进其他行为者目标的获得。如果是的话,那就存在和谐,这种情况下不需要对政策进行调整。然而世界政治中的和谐状态是罕见的。卢梭试图解释这种现象,他说明了如果两个国家相互接触的范围很广的话,即使两个国家在它们内部事务"公意"(General Will)的指引下,也会形成冲突,因为所谓各国的"公意",对各国来说并不都是普遍的意愿;每一个国家都会以局部的、自私的利益视角,看待相互之间的行为。即使对斯密来说,确保国家安全的努力,在次序上也压倒增进国家繁荣的措施。在为《航海条例》作辩护时,斯密宣称:"由于防御比财富更为重要,《航海条例》也许是英格兰所有商业规章中最英明的一部分。"(Smith, 1776/1976, p.487)华尔兹在总结这种观点的时候说:"在无政府状态的环境中,是不存在和谐状况的。"(Waltz, 1959, p.182)

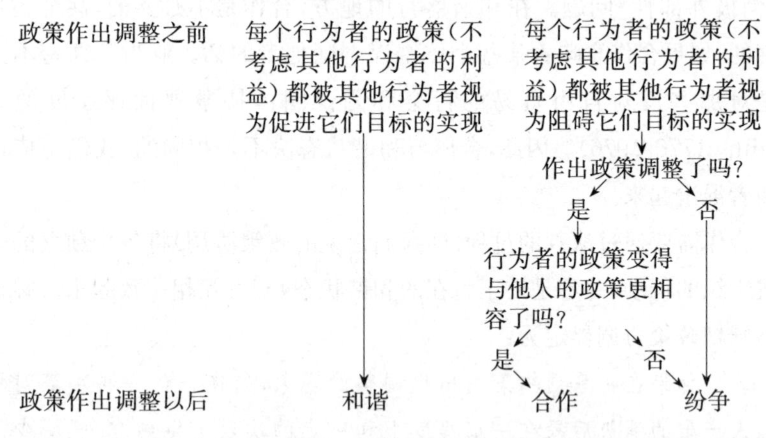

图 4.1　和谐、合作与纷争

然而,这种观点并未告诉我们多少关于合作研究的可靠性知识。因为这个原因,我们需要问这样一个更进一步的问题,即不存在和谐状态的情况会怎样?行为者们(政府或非政府行为者)愿意作出努力,去将它们的政策调整到相互认可的目标上去吗？如果没有作出这些努力，那么就会出现纷争。而纷争是这样一种状态，其中各国政府视彼此的政策为达到它们目标的障碍，并认为各自对政策协调上的限制因素都负有责任。

纷争常常引起行为者采取措施诱导其他行为者改变它们的政策，当这些措施遭遇抵抗时，政策冲突就产生了。然而到目前为止，由于用于政策调整上的努力能够成功地使各种政策变得更加协调和一致，合作还是能够保证的。导致合作的政策协调并不总要牵涉到谈判或协商。林德布洛姆所谓的与“操纵性的”（manipulative）调整相对的“适应性的”（adaptive）调整是会发生的。适应性的调整是指一个国家也许会在不考虑其行动可能对另外一个国家造成影响的情况下，按照其他国家的偏好来改变它的政策，或者服从另一个国家，或者局部地对政策作转变，以免对它的伙伴造成消极的后果。要不然，非谈判的操纵性调整可能会出现，例如一个行为者以一种既成事实的形势来要挟对方（Lindblom, 1965, pp. 33—34，以及第4章）。当然，协商和谈判的确经常会出现，这种情况一般会伴随着其他一些行动，目的在于诱导其他行为者调整其政策以适应自己的目标。每个政府都追求自己所认为的自身利益，但是都希望谈判来给各方带来收益，虽然这种收益并不必然就是平等的。

和谐与合作之间的区别常常并不是很清晰的。然而在世界政治研究中，它们应该得到清晰的界定。和谐是非政治的，在这种情况下，沟通是没有必要的，也不需要施加影响能力。相反，合作是高度政治的，不管怎样，行为模式必须要作出改变，这种改变可能通过积极性的诱因和消极性的诱因而完成。实际上，国际危机的研究，以及博弈论的实验和模拟研究，已经显示在一定的条件下，涉及威胁和惩罚以及承诺和奖赏的战略在获得合作性的结果上，要比那些完全依赖劝说和善良力量以达到合作的例子更加有效（Axelrod, 1981, 1984; Lebow, 1981; Snyder and Diesing, 1977）。

因此合作并不意味着没有冲突，相反，它显然是与冲突混合在一起的，并部分说明要采取成功的努力去克服潜在或现实冲突的必要性。合作只会在行为者认为它们的政策处于实际或潜在冲突的情况下而不是和谐的情况下才会发生。合作不应该被视为没有冲突的状态，而应该被视为对冲突或潜在冲突的反应。没有冲突的凶兆，也就没有必要进行合作了。

在一个自由主义的国际政治经济世界中，友好国家间存在的贸易关系的例子，可能会帮助我们说明这个关键的论点。一个只在乎评估贸易带来的总收益的幼稚研究者，也许会认为这样的贸易关系是和谐的：进口国家的消费者会从便宜的外国商品和相互加强的竞争中得益，而生产商随着其出口市场的扩大，可能持续地利用劳动分工的优势而得益。但是和谐在正常情况下并不会因此而产生，关于贸易议题的纷争可能会流行起来，因为各国政府不愿去减少其政策可能对其他国家产生的消极后果，而是力图在许多方面去增加这些影响的剧烈性。17 世纪和 20 世纪的重商主义政府总是试图操纵对外贸易，再加上战争，在经济上互相打击对方，以取得生产性的资源（Wilson，1957；Hirschman，1945/1980）。各国政府也许都渴望获得像显赫地位之类的"政治物品"（Hirsch，1976），因此也许对有益的合作也会持抵抗态度，如果这种合作给别人带来的收益比自己多的话。然而即使没有权力和由权力地位决定的动机的存在，以及当所有的参与方都能够从自由贸易的累积中得益时，由于政府初始独立行动的结果，纷争也会支配着和谐。

这种现象即使在某些有利的情况下也会发生，因为一些团体或者工业部门随着比较优势变化的发生，被迫承受调整的成本。各国政府对因之而来的保护需求会作出反应，通过多多少少有效的努力，去缓和那些在国内很有政治影响的集团和工业部门所面临的调整负担。然而这种单边的措施几乎总会将调整的成本施加到他国身上，这种情况下纷争就会持续地构成威胁。各国政府进行相互协商是为了减少可能发生的冲突。当国家权力为了某些特定的利益而被用来反对其他国家时，即使存在充分的潜在的共同收益，也不能形成和谐的局面。在世界政治中，和谐在趋向消失：通过实行互补的政策而获得的收益取决于各国之间的合作。

那些看重权力和冲突问题的世界政治研究者们，应该注意这种界定合作概念的方式，因为我的概念并没有把合作归到各个权力平等的国家间关系的虚构世界中去。确切地说，霸权状态下的合作并不是矛盾的。我希望，在与和谐相比较的意义上定义合作，应该使那些带有现实主义理论取向的读者认真地对待世界政治中的合作问题,而不是弃之不顾。然而,对那些也相信霸权稳定论的马克思主义者来说,甚至这样一种关于合作的概念,对当代世界政治经济来说也是没有意义的。从他们的视角看,相互的政策调整不大可能解决困扰着体系的各种矛盾,因为这些矛盾是资本主义固有的,而不是在没有共同政府状况下利己主义的行为者之间面临的协调问题。试图通过国际合作解决这些矛盾仅仅只是将这些议题转移到了一个更深也更加难以驾驭的层面上。因此,马克思主义关于国际政治经济学的分析,绝少例外地避免纠缠在研究什么条件下主要资本主义国家间合作会出现这样的问题上,这是毫不奇怪的。马克思主义者认为,研究主要资本主义强国与处于世界资本主义外围的弱国之间的剥削和冲突关系,更加重要。从列宁的立场上看,研究国际合作的条件而不首先分析资本主义国家之间的矛盾,不承认资本主义国家之间冲突的不可调和性,这是资产阶级学者的错误。

这与其说是一种论证,还不如说是一种信仰的陈述。因为持续的国际宏观经济政策协调从来未被试过,认为这种协调只会加剧体系面临的矛盾纯属猜测性的。而从其证据的匮乏上说,这种主张甚至可以说是很粗糙的。实际上,近年来最富洞察力的一位马克思主义学者海默明确地承认,资本主义国家面临着诸多集体行动问题,它们正在寻找至少暂时成功的可能方法去克服这些集体行动问题。就如他所承认的,资本国际化上的任何成功都可能对社会主义者的宏伟抱负构成严峻的威胁,从最低程度上讲,这种现象的发生至少会将矛盾转移到新的紧张阶段和地步(Hymer, 1972)。因此,就算我们同意本质的问题是由资本主义间的矛盾提出的而不是国家间体系的内在紧张状态引起的,研究在什么条件下国际合作可能会出现之类的问题,也是有意义的。

国际机制与合作

研究合作和纷争的一种方法,是在单位层次分析上强调特定行动的意义。这种方法要求对一大堆被认为是可比较和有意义的数据，根据它们所代表的合作的程度，进行系统的整理。这种研究方法有很多吸引人的地方，但它也有问题。合作和纷争的事例可能太容易就被与它们密不可分的信念和行为的背景孤立开来。本书并不在绝对个体主义的立场上把合作视为一系列互不关联、彼此孤立的行动，而是试图去寻找理解世界政治中合作问题的模式。由此，我们需要研究行为者对未来互动模式的预期，它们对适当的经济安排特性的看法，以及它们认为是合法的政治活动的种类。也就是说，我们需要在国际制度背景下——广义地说就像在第一章所定义的，在惯例和预期的意义上——去分析国际合作。每一种合作或纷争行为都会影响行为者的信念、规则和惯例，这些东西形成未来行动的框架。因此，每一种行动必须作为一系列这些行动、后来的认知和制度的后遗影响加以阐释。

这种论述与格尔兹在探讨文化人类学家应该怎样使用文化的概念去阐释他们所研究的社会的方法是相似的。格尔兹把文化看作是“人们为他们自己创造的意义的网络”(webs of significance)。表面上，这些“意义的网络”是神秘的，研究者必须去阐释它们，然后它们才有意义。对格尔兹来说，文化“是一种人、事、物存在于其中的环境，这种环境中的东西(如社会事件)能够被清晰地描述出来”(Geertz, 1973, p. 14)。要真实地描述发生在巴厘人之间的斗鸡一事，除非人们了解这个事件对巴厘人的文化的含义，否则这种描述是没有意义的。当然还没有一种世界的文化，但是即使在世界政治中，人类也在编织着“意义的网络”，他们发展出隐示的行为标准，有些强调主权原则，将追求自身利益的行为合法化，而其他的行为标准则可能依靠十分不同的原则。任何合作或表面的合作行动，在其含义得到准确的理解之前，都需要在这些相关行动、盛行的期望以及共享的信念的环境中得到解释。

国际机制的概念不仅能够帮助我们描述合作的模式，还能帮助我们解释合作和纷争问题。虽然国际机制自身依赖那些有助于达成国家之间的协议的条件，但是它们也能促进进一步的努力去协调国家间的政策。下面两章关于国际机制功能的论述，说明它们是怎样对各个利己政府的合作倾向产生影响的。要理解国际合作，有必要理解制度和规则是怎样不仅仅反映着世界政治、同时也影响着世界政治的事实。

机制的界定和辨别

当鲁杰在 1975 年将国际机制这个概念引入国际政治文献中时，他把机制定义为“由一群国家接受的一系列相互的预期、规则与规章、计划、组织的能量以及资金的承诺”（Ruggie，1975，p.570）。最近，在一次以国际机制为主题的会议上，形成了一个共同的概念，把国际机制定义为“一系列围绕行为体的预期所汇聚到的一个既定国际关系领域而形成的隐含的明确的原则、规范、规则和决策程序。原则是指对事实、因果关系和诚实的信仰；规范是指以权利和义务方式确立的行为标准；规则是指对行动的专门规定和禁止；决策程序是指流行的决定和执行集体选择政策的习惯”（Krasner，1983，p.2）。

这个概念为我们的分析提供了一个有用的起点，因为它从一般的作为社会制度的机制概念出发，并对这个概念作了进一步的阐述。不过，“规范”这个概念是模棱两可的。简单地从“以权利和义务方式确立的行为标准”这个意义上来理解“规范”这个概念，是重要的。另一种用法，是通过确定一个社会体系中的参与者以道德上的约束而不是从狭隘的自我利益出发，来遵守规范而不是规则和原则，从而将规范同规则和原则区别开来。但是，把规范作为并限定为一个国际机制特征的一部分，将会使基于严格的以自我利益为基础来定义的机制概念在措辞上成为一个矛盾。既然本书把机制主要视为以自我利益为基础，我将坚持把规范的概念简单地作为行为的标准，不管这些规范是否以自我利益为基础而被各方所接受。只是在第七章，当有些机制可能包含以超越自我利益范围的价值为基础，并被各国政府在道德基础上视为义务的规范和原则时，我们才会再次认真地考虑这个问题。

一般来说，机制的原则确定了其成员期望追求的目标。例如，战后贸易和货币机制的原则强调国际经济交往中开放的非歧视模式的价值；核不扩散机制的基本原则强调核武器的扩散是危险的。规范包含某些比较清楚的关于其成员合法和非法行为的禁制性的内容，并在相对普遍的意义上界定成员的责任和义务。例如，关税及贸易总协定（GATT）的规范并不要求其成员立刻实行自由贸易,但是对其成员却包含禁制性的内容,要求它们实行非歧视和互惠,朝更加自由化的贸易方向发展。核不扩散机制基本包括这样的规范,即这个机制中的成员国不应该以促进核扩散的方式来行动。

一个机制中的规则含义,很难同它的规范含义区别开来。两者在概念的边缘地区上是融为一体的。但是规则更具有专门性,它们更加详细地包含其成员特定的权利和义务。规则可能比机制中的原则或者规范更容易受到改变,因为为了获得一些既定的目标,可能需要更多的一系列规则。最后,在同样特性的层次上,规则指的是程序而不是实质性的东西,机制的决策程序提供了执行其原则和改变其规则的方式。

我们举国际货币关系领域中的例子,这些例子对我们理解这个问题可能是有帮助的。第二次世界大战后国际支付平衡机制中最重要的原则是贸易和支付的自由化。这个机制的一个关键规范包含着这样的禁制性内容,即国家不能为了自己本国的好处而用单边的手段来操纵它们的汇率。在 1958 年到 1971 年间,这项规范通过"钉住汇率"以及汇率发生变化时的协商程序得以实现,并通过借助借贷和内部调整等手段,帮助各国政府避免汇率的变化而得到补充。1973 年以后,各国政府赞成同样的规范,虽然在一个浮动汇率体系下,这项规范以更加非正式的方式在执行,可能也并不那么有效。鲁杰认为抽象的自由化原则在战后阶段一直得到很好的维持:"深嵌的自由主义"(embedded liberalism)发挥着持续的作用,反映了国际支付平衡机制连贯性的一个本质内容(Ruggie, 1983b);即使处理调整问题的 1958—1971 年货币体系的特定规则已经被抛弃,非操纵性的规范也一直得到维持。

国际机制的概念是复合的,因为它是在四个不同的内容上来定义的:原则,规范,规则和决策程序。选择这些特性中的一个——特别是原则和规范或者规则和程序——作为机制的限定性特征是颇为吸引人的(Krasner, 1983; Ruggie, 1983b)。然而这种方法会在原则同规则和程序之间导致一种错误的两分法。就如我们已经指出的,规范和规则在概念的边缘地区是很难清晰地作出相互区别的。即使能够说出一种广泛含义背后的隐含规则与一种广为理解的相对专门性的运行原则之间的区别,作这样的概念界定也是困难的。规则和原则都会影响行为者的预期甚至价值观。在一个很强的国际机制中，原则和规则之间的联系极有可能是很紧密的。实际上，正是原则、规范和规则之间的紧密联系，赋予机制以合法性。既然规则、规范和原则是如此紧密地交织在一起，根据规则是否发生变迁，作为判断机制变迁或者机制内部变迁的依据，必然具有武断的成分。

原则、规范、规则和决策程序，对行为都具有禁制的含义(injunctions)：它们限定着特定的行动并禁止其他的行动。它们含有义务和责任，即使这些义务和责任通过一个等级的法律体系是不可强制实施的。因此，从禁制的意义上思考机制，机制的概念就能得到较好的界定。有些禁制是影响深远的，具有极为重要的意义，它们可能发生很少的变化；在另外一个极端上，禁制也许只是技术性的，为了方便的缘故，它们的改变不会带来很大的政治和经济影响。禁制是介于下面两种情况之间的，它们非常明确和具体，以致对禁制的违背在理论上是可以识别的，其发生的变化也是可以观察到的，另外，它们还具有足够的重要性，以致它们的变化对行为者的行为和国际政治经济的特性具有独特的意义。正是这种介于两者中间的禁制含义——其在政治上是重要的但也是具体和明确的，足以使我们确定违背禁制的行为以及禁制所发生的变化——我才将其视为国际机制概念的核心内容。[2]

对国际石油机制及其禁制的简单考察，可能会帮助我们澄清这个观点。1939 年前的国际石油机制是由一小部分国际石油公司控制的，它包括明显的禁制内容，诸如石油公司可以在哪里以及在什么条件下生产石油，它们应该在哪里和怎样销售石油。1928 年的《红线协定》(后文将述及)反映了一种“反竞争的特质”：其基本的原则就是，竞争对体系是具有毁灭性的，而该机制的规范则是公司不应该使用此种方法来解决石油市场上的问题(Turner, 1978, p.30)。这些原则和规范在 1945 年以后都被保留下来，尽管由于英美石油协定(第八章将讨论)的失败，一种具有明显规则含义的政府间的机制还没有建立起来。反对削价的禁制含义在公司行动的惯例中比在正式的规则中得到更多的反映。然而主要行为者的预期和行为惯例强烈地受到这些禁制的影响，从这个意义上讲，它满足了构成一个机制的标准——即使是很弱的机制。但是，随着石油生产国政府变得更加武断和自信，以及随着国内独立石油公司进入国际市场，这些安排崩溃了。20 世纪 60 年代中后期，总的来说，这个议题领域没有机制存在，因为没有任何禁制能够被有影响势力的行为者作为义务来接受。相反，存在一种“类似拔河比赛一样的激烈的斗争”(Hirschman, 1981)，各方都诉诸自助手段。石油输出国组织试图创造一种基于按比例的石油生产规则的生产者机制，而消费国则建立了一个在新的国际能源机构下的紧急石油共享体系，以抵消有选择禁运威胁的影响。

如果我们只对该机制中避免竞争的原则给予注意，我们本会看到连贯性的含义：不管处于支配地位的行为者会做什么，它们总是用各种手段对石油工业进行卡特尔化。但是这样做会使我们忽视主要的观点，也就是所发生的重大的变化。在另一个极端上，我们本来可以将我们的注意力集中在非常专门和特定的安排协议上，例如 20 世纪 50 年代和 60 年代各种各样的联合投资项目或者 1973 年以后由石油输出国组织拟定的控制石油产量的各种条款，在这些例子中我们本应该能够注意到一个持续变动的模式。最重要的一些事件是，旧的卡特尔协议的死亡，60 年代国际大石油公司地位的削弱，以及 70 年代石油生产国政府上升到极具影响的地位，这些重要事件的意义可能被忽视了。所以，我们只有充分注意相对具体的但在政治上具有重要后果意义的禁制性内容，不管我们称它们为规则、规范或者原则也好，这种机制的概念才能帮助我们搞清楚需要解释的那些变化。

就如我们关于货币和石油问题的例子所说明的一样，我们总体上把国际机制的范围视为同议题领域的边界是相关的，因为政府建立机制是为了处理那些如此紧密地联系在一起的问题，这些问题应该需要一同处理。议题领域最好被定义为一些实际上需要通过共同协商或者通过同样的官僚部门紧密协调的手段处理的议题，它们与那些通过单独的或者非协调的方式解决的议题是相对的。由于议题领域取决于行为者的认识和行为而不是实在性事务的固有属性，所以这些议题的边界随着时间而发生缓慢的变化。例如 50 年前，没有海洋方面的议题领域，因为特定的问题都被归在不同的议题中，而这些议题是通过互不相干的方式来处理的，但在那时，却存在一个国际货币的议题领域（Keohane and Nye, 1977，第4章）。20年前，关于纺织品的贸易有自己的国际机制，即《关于纺织品的长期协议》，这项协议使纺织品的贸易与合成纤维的贸易得以区别开来（Aggarwal, 1981）。议题领域通过人类干预模式的变化而被界定和再界定着，国际机制也同样如此。

自助行为和国际机制

国际机制中的禁制内容很少对国际经济交往产生直接的影响：国家机构而不是国际组织，在征收关税和执行配额，干预外汇市场，并通过税收和补贴政策操纵着石油价格。如果我们考虑机制中的原则、规范、规则和决策程序的影响，那么在它们产生影响的范围内，一定能够对国家的控制手段，特别是对国家控制手段的执行产生作用的特定国家间协议施加影响（Aggarwal, 1981）。国际机制必须同这些国际协议区别开来，我们在第六章将会看到，机制的一个主要功能就是促进政府间特定的合作性协议的形成。

表面上看，既然国际机制影响国家的控制能力，那么似乎机制具有至高无上的重要意义，就像美国的联邦法律经常推翻州和地方的法规一样。然而，这在本质上将是一个使人产生误解的结论。在一个组织良好的社会中，行动的单位——古典自由主义思想中的个体——是在一个宪法原则的框架下生活的，这个宪法原则的框架界定了财产权，确定谁可能控制国家，确定国民必须服从政府管制的哪些条件。在美国，这些原则确立了联邦政府在一些政策领域（虽然不是全部）至高无上的地位。但是世界政治是非集中、分散化的而不是等级制的，主权原则的盛行，意味着任何国家都不服从于一个至高无上的政府（Ruggie, 1983a），因此，由它们所构成的国际体系有时被称为是一种“自助的（self-help）体系”（Waltz, 1979）。

主权和自助原则意味着国际机制中的原则和规则必然要比国内社会中的要弱。在一个市民社会中，这些规则“在宪法原则的框架下确定着交换的关系和内容”（North, 1981, p.203）。在世界政治中，国际机制中的原则、规范和规则必然是脆弱的，因为它们有与主权原则和相关的自助规范发生冲突的风险。它们可能会促进合作，但是它们足以依靠的一个组织良好社会中所存在的本质秩序基础，却是不存在的。不与国家这样牢固的依托相联系，国际机制的作用就会飘忽不定。

然而即使主权和自助原则限制了国际机制的信用程度问题，它们也并不会使国际合作因此成为不可能的。正统的理论，是依靠相互间的利益去解释合作形式的，国家利用这些合作的形式作为竞争的工具。根据均势理论，像政治—军事联盟之类的合作性的尝试必然是在自助的体系中形成的（Waltz，1979）。解释合作的行动，是在相互利益能够足够充分地使国家克服它们之间相互猜疑的基础上进行的。但是既然正统的理论是以相互的利益为基础的，它的支持者们拒绝按照这种假设去对体系范围的合作现象作阐释，多少是有一点站不住脚的。为什么世界政治中的相互利益，只被局限在将各种力量结合起来以反对对手的那种利益上，这在逻辑和经验上是没有理由的。就像经济学家们所强调的，为了保证能够从自愿交换的市场中获得充分的收益，或者确保寡头垄断者从通过市场控制和操纵而产生的租金中得到充足的回报，各个行为者之间同样可能存在相互的利益。

国际机制不应该被视为构成一种“超越民族国家之上”的新国际秩序的要素。重要的是，它们应该从行为者自身利益的推动下所达成的一系列协议安排的意义上去理解，因为在国际体系的组成部分中，主权仍然是一种宪法性的原则。这意味着，就如现实主义者所强调的，国际机制很大程度上将由体系中追求自身利益的那些最有力的成员所设计。但是，国际机制同样会影响国家的利益，因为自身利益的含义本身是弹性的，具有很强的主观性。自身利益的认识既取决于行为者对特定行动所产生的可能的结果的预期，也取决于它们本质性的价值观念。国际机制当然能够影响预期以及价值观念。国际机制这个概念既与有差别的权力的重要性联系在一起，也与关于自身利益的一种成熟的观点联系在一起，这一点与持有国际行为主要是由权力和利益决定的观点并不是矛盾的。国际机制的理论既可能融合了现实主义关于权力和利益作用的看法，同时也揭示出某些理论的不足之处，这些理论从如此狭窄的立场上定义利益的概念，以致它们不能考虑到国际制度的地位和作用。

国际机制不仅与自身利益是一致的，而且在一些条件下对有效地追求自身利益来说是必要的。它们促进非集中的国际政治体系的平稳运转，并因此对各个国家具有重要的作用。在一个日益相互依赖的世界政治经济中,国际机制可能对那些希望解决共同问题和追求互补的目标,而又不愿将自己从属于一个等级控制体系的各国政府来说,变得越来越有用。

结　　论

在本章中,我们把国际合作界定为一个过程,在这一过程中,因为政策协调的结果,各国政府实际奉行的政策,被其他政府视为能够促进自己目标的实现。合作涉及到相互的调整,而且,合作也只有在冲突或者潜在的冲突状态中才能得以出现。纷争是与和谐相对的,它会刺激政策调整的需求,它既可能导致合作,也可能导致持续的也许是剧烈的纷争。

既然国际机制反映了一段时间内合作和纷争的模式,那么对它们的重视会使我们注意到长期的行为模式,而不会把合作行动视为孤立的事件。国际机制是由各个层次上的禁制内容组成的,这些禁制内容从原则到规范到具有高度专门性的规则和决策程序不等。通过研究一段时间一项机制的规范和规则的演变,我们可以使用国际机制这个概念去研究世界政治经济中的连续性和变化性问题。

从理论的角度讲,国际机制可以被看作是世界政治的基本特征(例如国际权力配置和国家与非国家行为者的行为)中间的调解性因素(intermediate factors),或者是"干扰性的变量"(intervening variables)。国际机制这个概念有助于我们解释合作和纷争问题,要理解国际机制的影响,并不必然需要对世界政治中的行为者持理想主义的假设。相反,机制中的规范和规则能够对行为施加一种影响,即使它们并不体现共同的理想,但是它们被那些关心自身利益的国家和公司不断用于相互的政策调整过程中。

注　释

1. 就像在第一章所提到的,从历史上来看,霸权常常只是在大规模战争结束后才会兴起。两个主要的现代强国——1815年后的英国和1945年后的美国,可以算是霸权的领导者,这两个强国都是作为世界冲突中的胜利者而出现的。在可预见的将来,霸权是不大可能出现的,我假设任何一场世界大战都会产生这种毁灭性的后果,也就是说没有一个国家可以像现在这样凸现出来,占有对世界经济起支配性作用的地位。对霸权循环的讨论,可参考 Gilpin, 1981,以及 Modelski, 1978, 1982。

2. 有些学者将机制与传统的国际体系概念等同起来。例如,普查拉和霍普金斯认为:"机制存在于国际关系中任何具有可辨别的模式化行为的独立议题领域中。"(Puchala and Hopkins, 1983, p. 63)接受这个概念将会使机制或者体系成为一个多余的词语。反过来说,机制的概念可能被局限在具有真正规范性的内容上,在这种情况下,当机制的规则与政府的自身利益发生冲突时,政府遵从的就是机制的规则而不是追求它们自身的利益。显然,如果作出这样的行动选择,机制的概念将不过是以另一种方式来表达国际关系中的旧式理想主义情结而已,机制的范畴本质上将会成为空洞的。这种两分法提供了一种错误的选择,它要么把机制视为旧模式的一个新标签,要么把机制视为乌托邦;而任何一种选择都将使这个词语变得毫无意义。

第五章
理性选择与功能的解释

对世界政治中一项既定国际合作努力的失败作简单的解释，总是容易办到的。譬如，我们可以说，这是因为牵涉到各国的利益不可调和的缘故。这种说法将意味着纷争即使不是不可避免的，也是各个行为者本质特征和它们之间相对地位造成的自然结果。实际上，根据这种解释，低水平的合作可能仍然是帕累托最优的；也就是说，在行为者既有利益不变的状况下，可能没有一种合作性的解决方案能够使它们的利益变得更好。

这是对纷争现象的一种可能解释。这使人很不舒服地想到伏尔泰笔下的老实人刚第德(Candide)，这位英雄总是宣称，在可怕的灾难来临之前，目前所有的东西总是"所有可能世界中最好的"。我们很难证明，国际政治中的频繁灾难与行为者的利益是不存在固有联系的。但是如果我们只相信这点的话，我们就会陷入宿命论中，最终会处于荒谬的地位，认为像第一次世界大战这样的事件是符合奥地利、德国和俄国的利益的，所有这些利益因为冲突的结果而消失殆尽了。从更普遍的意义上讲，这种观点可能会使我们不合情理地去相信，不管各国政府和跨国行为者可能获得什么样的信息，也不管它们对可能的行动后果的认识如何，或者它们参与的一连串的互动行为是怎么样的，总之，客观的利益决定了世界事件的发展。

这种观点的不合情理性，被最近基于理性假设的演绎理论所进一步强化。博弈论和集体行动的研究强调，那些理性的个体尽管可能从合作中获益，但它们可能不愿意去这样做。因为诸如此类的原因，它们不大可能协调它们的行动以达到它们想要达到的目标,即使它们作为个体是理性的,但是它们所属于的那个集团可能并不必然会作为理性的行为者来行动。显然,根据纷争的事实推断存在冲突的利益,而对这种所谓冲突的利益又没有获得直接的证据,会冒着犯严重错误的风险(Hardin, 1982, p.1);况且,行为者即使在它们的利益是完全一模一样的情况下也可能无法进行合作。例如在莎士比亚的《罗密欧与朱丽叶》中,罗密欧与朱丽叶有着相同的利益——两人结婚,但是约翰从劳伦斯那里将错误的消息传给罗密欧,导致劳伦斯计划的失败和两个情人的悲剧。

尽管存在相互的利益,合作的努力可能失败这个事实重新使我们注意第一章所提到的制度主义者的思想。制度主义的学者们一直强调合作可以通过制度培育起来,这意味着在没有制度的情况下,实际的合作常常比潜在的合作要少。但是,这种观点并不是说合作是不可避免的,或者在制度存在的情况下一定就会持续增加。

制度主义者过去倾向于认为合作甚至超国家权威在不断增加着,但随着他们希望的彻底破灭,他们才发现他们的理论是明显错误的。即使他们想避免过多的乐观主义色彩,他们也一直受到行为者动机模棱两可问题的困扰。而现实主义者至少对他们的假设是很清楚的:作为世界政治中最主要的行为者,国家是理性的、利己主义的。就如我们在第二章看到的,利己主义的假设意味着世界政治中的行为者偏好是基于它们对自己福利的估算而不是对他者的估算。理性的假设声称,行为者是“寻求在一系列连续的有排序的目标中将它们的价值最大化”(Snyder and Diesing, 1977, p.81),这种假设允许现实主义的分析家们对在信息相对稀缺的基础上所产生的国家的行为进行预测。决策者所面临形势结构的知识,为分析者提供了认识国家行动的线索,因为理性的利己主义的领导者将会对由环境决定的激励和限制因素通过各种方法作出反应,以尽可能增加他们国家的财富、安全和权力。我们不需要去研究领导人究竟在想什么,我们可以仅仅通过在办公室中进行“思想实验”,就可能获得必要的信息。就如摩根索在多年前所说的:

> [要理解外交政策]我们需要把自己置于政治家的地位,设身处地地去考虑他们在特定环境下所遇到的某种外交难题,我们要问自

己，政治家可能面临哪些可供选择的途径，……以及在这种既定环境下，政治家可能会选择哪一个理性的解决途径。只有将理性的假设与实际的事实及其后果放在一起做检验，才能赋予国际政治事实以意义，才会使一种政治理论成为可能（Morgenthau，1948/1966，p.5）。

制度主义者关于行为者行为的模型并不是很明确的，因为他们对“自身利益”及其变化持有很复杂的观念。不幸的是，这种模棱两可导致了共同的信仰，因为他们相信合作的可能性，所以他们必须偷用关于行为动机的理想主义（空想）假设。批评者由此会指出，在一些强调制度在促进合作进步意义的论著中，存在理想主义式的假设或者模棱两可的东西，他们因此批驳这些理论实际上是建立在关于人民和国家的错误观念基础上的。

通过采用现实主义关于理性的利己主义的模型，我上面的论证预先提出了制度主义者的这个缺陷。在本章和下一章，我和现实主义者一样假设行为者是理性的、利己主义的。我想指出的是，在这些假设的基础上，并不必然就会得出现实主义那种独有的关于合作的悲观主义论调。我试图显示现实主义关于世界政治的基本假设与制度化的安排协议是有联系的，这些制度化的协议包括规则和原则，它们促进着合作的进步。一旦我们通过这种方式建立起我们的论证，那么我们可以通过放宽关键的理性和利己主义的假设，考虑到有限理性、偏好变化以及移情对国家行为的影响，从而对我们的论证进行改造和修正。

一对一囚徒困境博弈与集体行动问题

对合作困难性的最好描述，不是通过完全冲突的博弈（其中纷争的出现是由于利益的结构所决定的）或者本质上合作性的博弈（其中只有戏剧性的坏运气或者诸如此类的东西阻止着合作），而是通过托马斯·谢林所谓的“混合动机博弈”（mixed motive games）来描述的，这种博弈是由一组

“互相依赖和冲突，以及伙伴和竞争关系”刻画的(Schelling, 1960/1980, p. 89)。在这种博弈状态中，两个博弈者可以通过相互的合作获得收益，但是每一个博弈者都可能从欺骗行为也即背叛行为中获得比其对手更多的收益。[1]

一些混合动机的博弈已经被认定是与世界政治中的现象有关的(Snyder and Diesing, 1977; Snidal, 1981; Oye, 1983b; Stein, 1983)。特别有意义的是众所周知的囚徒困境博弈，因为这个博弈说明了在某种条件下，理性的个体发现它们自己是不能达到一个帕累托最优解决方案的，尽管在它们之间存在一定程度的利益汇聚。不是世界政治或者国际政治经济中的所有形势都可以采取囚徒困境的形式表现出来，但是大部分是如此的，由囚徒困境所提出的问题对本书讨论的合作与纷争问题是关键性的(Taylor, 1976)。

囚徒困境说的是两个合伙犯罪的人被地方检察官隔离审判的故事。每个罪犯都知道如果两个人都拒不坦白的话，地方检察官只有有限的证据判他们很轻的罪行，每个人只能判 30 天监禁。如果每个人都坦白的话，他们每个人将被判一年的刑期。这种可能的情况似乎使两个人都有不坦白的激励机制，除非聪明的检察官许诺，如果一个人坦白而另外一个人抗拒的话，坦白的罪犯将不予起诉，而其同伴因为抗拒则予以 5 年刑期的严惩。

当检察官作出这种许诺时，每个罪犯都认识到，在狭隘的自身利益基础上，不管其同伴做什么，他都应该坦白。如果他的同伴也坦白的话，他的坦白至少可以使自己免于 5 年严厉惩罚，而如果他的同伙拒绝坦白的话，他自己的坦白可以使自己免于获得任何惩罚而不是被判很轻的罪行。由于这种估算的结果，我们就被迫得出这样的结论，两个理性的关心自身利益的个体在这种形势下都将会坦白，从而都会被判刑，而这两个人本来可以通过相互合作(不坦白)以及阻碍检察官行动的方法而不被判刑的。这就导致不与另外一个同伴合作的战略(向检察官坦白)似乎成了博弈者的优势战略。

下面将要提供一个人们熟悉的博弈论中的囚徒困境图式，以及现实生活中举不胜举的例子。如果两个博弈者互相合作的话，那么他们将得

到回报 R；如果两人互相都背叛的话，那么他们将受到惩罚 P；如果一个人背叛而另外一个人合作的话，那么背叛的人因为屈从于诱惑而欺骗其同伙将得到收益 T，而合作的人则因为受骗上当得到收益 S。在这种博弈中，为了确保利用和被利用的机会要一直比相互合作更加糟糕，标准的囚徒困境博弈为合作行为提供的报酬要大于欺骗另一个同伙而能获得的收益的两倍。

囚 徒 困 境

	合　作	背　叛
合　作	R，R(3，3)	S，T(1，4)
背　叛	T，S(4，1)	P，P(2，2)

支付排序：$T > R > P > S$

博弈条件：$R > (S + T)/2$

奥尔森(Olson，1965)阐述的集体行动逻辑，本质上与囚徒困境的逻辑是一样的(Hardin，1982，第 2 章)。在需要集体行动的状态中，合作对获得一种为所有相关成员共同享用的物品是必要的，不管这些成员是否为这种物品的供应作出贡献。当每一个成员为供应这种物品所承担的成本，与总的成本相比非常小的时候，利己的个体可能会作出估算，认为他们如果不作贡献的话会好一点，因为他们的贡献对自己来说是有成本的，而其贡献对这种物品最终被生产出来却只会产生微不足道的影响。因此就像在囚徒困境中一样，对一个利己主义的个体来说，占优势的战略是背叛而不是对这种物品的生产作出贡献。这种估算的结果自然会产生这样一个结论，也就是集体物品将不会被生产出来，或者处于供应不足的状况，尽管事实上这种物品的价值对这个集团来说要大于其付出的成本。

囚徒困境和集体行动问题具有很重要的启发价值。它们警告我们要反对合成推理谬误，这种推理在世界政治会导致我们相信纷争的根源肯定存在于行为者的本性而不存在于它们之间的互动模式中。相反，囚徒困境和集体行动的逻辑都告诉我们华尔兹所说的“第三种设想”的解释力量，这种解释模式将因果关系归因于国际体系的特性而不是国家内部的特性(Waltz, 1959)。囚徒困境和集体行动的逻辑都强调强制力量、承诺以及战略互动等问题,这些问题对世界政治是重要的。也许更重要的是,这些模型特别是囚徒困境模型,将我们的注意力集中到这些方面,也就是即使在行为者相互之间存在共同利益的情况下,世界政治中的信息和沟通的障碍也可能阻碍合作的实现,并导致纷争涌现。

理性选择模型的局限性:
选择、规范缺失和道德

一对一的囚徒困境博弈常常成为描述国际政治的一种标准范式,它说明了为什么纷争是流行的而合作是稀少的原因。有时它还被用来支持这样的论述,即国际制度注定是无效的。但这不是我的看法。在本章和后面的章节中我试图表明,如果我们正确地使用理性选择理论,我们将会看到在发达市场经济国家之间的国际关系中存在大量的合作现象,而且,理性选择理论和集体物品理论会帮助我们说明为什么制度在世界政治中是重要的,甚至对合作的实现是关键性的。然而,在展开这个论述之前,我们得首先检验一下理性选择理论在运用过程中存在的缺陷。

理性的利己主义的假设创造了一个抽象的非现实的分析世界。但是如果我们把这些假设看作是现实,并试图将这个结论以很简单化的方式运用到我们所观察的世界中时,它则有可能对我们产生一些误导。然而作为一种简化的假设,利用它去建构我们自己的理论,它还是有其价值的,因为它以完全的自身利益和理性行为,刻画了一个相对并不复杂的状态,从而为我们的分析提供了基点性的前提,那就是,理性选择理论为我们提供了一系列可以对照经验进行检验的假设性预期。当韦伯提到"为了渗透到真正的因果相互联系的关系中,我们需要建构起非真实非现实的东西"时(Weber, 1905/1949, p. 166, pp. 185—186),他实际上说的就是这种"历史的逻辑分析"途径。基于理性的利己主义假设而建构起来的非真实的预期,有助于一种因果分析,它不会使我们一定要持这样一种观

点，认为理论的假设必然是真实的、现实的。

因此，理性选择模型具有很多的优点，但是不能把它们机械地运用到世界政治中。其假设很容易被人们曲解为是与真实世界相抵触的。从其假设与真实世界相抵触这一点上说，它们的结论将不是令人信服的，甚至具有很强的误导性的。对这种模型有三个重要的可能的曲解值得我们注意。首先，我们可能太容易地去假设，行为者的决定具有一定的自愿意义，因此会冒忽视行为者之间权力不平等性的风险。其次，是将利己主义的假设等同于关于个人在社会中地位的个人主义假设(atomistic assumption)。最后，理性可能会与利己主义混淆起来。所有这三个可能的曲解，使我们需要非常谨慎地将理性选择理论运用到世界政治研究中。

选择和限制

利用理性选择理论研究国际合作，意味着政府以及其他行为者关于是否进行合作的相关决策，被认为似乎是自愿的一样。但是在一个可以使用军事和经济强制手段的世界中，自愿行动的含义从乐观的意义上看似乎也是成问题的。任何对霍布斯在《利维坦》一书中关于"自愿的"协议所作的有争议的阐述进行过思考的人，都会意识到将唯意志论分析运用到政治学研究中所产生的诡辩的危险。霍布斯认为在自然状态中，达成的免于恐惧的契约是具有强制性的，实际上，"甚至在一个国家中，如果我被迫允诺付与赎金而从强盗那里赎身出来，在民法没有为我解约之前，我就必须付与"(Hobbes, 1651/1958，第 14 章，p. 117)。因此在自然状态中(霍布斯断定是一种人人相互拥有主权的状态)，既然我已经理性地作出选择，去保持诺言，我就受到在强迫状态下作出的诺言的束缚。

这种怪论，也就是在受到严格限制的选择下所产生的道德和政治上的义务，并不是实证分析的理性选择理论所固有的。但是如果我们不注意的话，理性选择理论对选择而不是事先存在的限制的重视，是很容易使人误入歧途的。我们可能会想，既然我们的分析方式是唯意志论的，那么分析的过程肯定也是唯意志论的。在分析国际合作的过程中，我对这个问题的态度是，要区别国际机制形成过程中的两个层面：强加的限制因素和决策。像地理之类的环境因素，以及强有力的行为者，都会施加限制因素;机制可能多多少少也是强加的,也就是说,决定加入机制可能多多少少受到强有力的行为者的限制(Young, 1983)。

从正式的意义上讲,我们可以在霍布斯的意义上把机制视为被自愿创立和维持的:各个独立的个体有能力拒绝加入进去。但是如果这些行为者是弱小的,总是在担心受侵略或者经济崩溃的情况下行动,那么大部分人就不会认为它们接受这些机制是完全自愿的行为。在这种状态下,我们在考察它们的选择之前,应该首先强调强加于它们之上的那些不平等的限制因素。更一般地讲,我们需要意识到任何谈判而得的协议都会受到各种行为者面临的不同机会成本选择的影响,也就是说"谁更需要与其他人订立协议"(Harsanyi, 1962/1971; Hirschman, 1945/1980)。世界政治中权力和依附的关系,将因此是决定国际机制特征的最重要因素。行为者的选择将会受到这样的限制,那些最强大的行为者的偏好将具有最大的影响力。因此,在将理性选择理论运用到国际机制的形成和维持的分析中时,我们不得不对协议产生的结构背景给予持续的注意。自愿的选择并不意味着环境是平等的,在解释结果时,事先存在的限制因素也许比选择过程本身更加重要。

如果我们在分析中时时注意关于选择的事先限制因素,我们就能以比较成熟的方式来使用理性选择分析,即不会认为各个行为者在权力上是平等的,也不会认为它们的行动是完全自愿的,不受限制的。我们可以利用理性选择分析去理解那种决定构造国际机制的行为,而在脑海中时时注意,这个构造过程的一个关键部分——一种涉及不同行为主体所面临的不同机会成本的权力关系背景的建立——必须分开来进行考虑。实际上,如果以一种比较成熟的方式使用理性选择理论,理性选择分析应该使我们注意到限制的因素,因为选择必须是在权力以及价值的背景下作出的。一种限制—选择的分析途径使我们注意到这样的问题,即为什么不具有优势的行为者会加入到国际机制中去,即使它们因此可能比其他行为者获得更少的收益。这个问题被那种简单地把某种机制视为具有强加力量的论述忽视了。我们需要理解弱势行为者以及强大的行为者作选择这个问题,即使它们是在一个更严格的限制条件下作出选择的。

在唯意志论的理性选择分析中，每一个行为者都被假设在给定的限制结构下，可以计算出处于一项国际机制中的境遇总比置身于其外好。否则，它本是不会加入进去的。然而，这些行为者背后的给定限制因素以及权力不平等性的重要性，使我们注意自愿谈判协议的结果将并不必然就是完全有利的。没有什么东西可以保证国际机制的形成会产生全面的福利收益。为了加强它们的谈判地位，强有力的行为者可能会在一个新的机制形成之前，向弱小的行为者强加一些限制因素，或者如果后者拒绝按照霸权国家的计划行事的话，就以相反的结果来威胁它们。例如，我们会在第八章看到，在二战期间以及战后的一段时间，美国控制着英国的财政储备水平，牢牢掌握着中东的石油资源。这两个措施使英国更加依靠美国的善意来行动，从而逐步增加了英国抵抗美国计划的机会成本。从自由主义者的经济立场上讲，一种以美元为中心的稳定的国际货币机制以及一种非歧视贸易机制的建立，为每个人都带来了福利的收益。但是英国社会中那些寻求维护帝国特惠制的人(不管是为了帝国的原因还是为了建设社会主义的愿望)却不这么看。即使他们中的一些人同意美国的地位，他们也把遵守这些机制视为令人沮丧的且成本很高的东西，而不是一个有收益的机会(Block，1977；Gardner，1956/1980)。

即使一个国际机制中的成员同意某项机制所作出的安排，那些处于这个机制外面的行为者也可能因为这个机制的建立而受到损害。实际上，一些机制(例如联盟和卡特尔类型的机制)是专门用来向非成员强制施加成本的。虽然将这些成本与机制为其成员所带来的收益进行比较是很难的，也许是不可能的，但是并没有理由使我们必然认为收益会比成本更大。既然这一点常常为人忽视，那么我们应该强调的是：虽然国际机制也许对其创立者来说是有价值的，但是这些机制并不必然就会提高这个世界的福利。就事实而言，机制本身并不就是"善"的东西。

利己主义与道德缺失

利用理性选择分析去研究当代世界政治经济中的合作与纷争问题，存在的第二个主要危险在于，将理性的利己主义的假设等同于将行为者视为人类社会之外的道德缺失的个体。这个假设也是霍布斯式的，我们将会看到这个假设并不是理性选择理论所固有的必然的前提。博弈者互相存在于一个自然状态之中，这种状态的一个明显内容是它们不能去强制执行各个行为者所承担的义务。但是从更广泛的意义上讲，在这种状态下，这些行为者互相很明显地独立着，没有被共同的经验、道德戒律或者与未来可识别的个体进行互动的预期联系在一起。

一对一囚徒困境博弈所得出的很有说服力的结论——背叛是占优势的战略——就是依靠这种个人主义式的假设。博弈者被假设是“支配欲望很强的个体”(Macpherson, 1962; Ruggie, 1983a, p. 277)。从算计的意义上讲它们是理性的：它们试图在不受道德原则和公平标准的影响下将它们预期的效应最大化。然而通过一个共同的社会，由互动的期望联系在一起的利己主义的博弈者们，可能在它们似乎共享道德标准的情况下行动。例如，假设在我们这个例子中有两个囚犯是一个犯罪群体(例如黑手党)中的成员。在这种条件下，我们不会指望他们作出坦白。这种行为并不必然反映他们任何非理性的东西，或者任何道德的原则，所以出现这种行为，是因为在他们的支付结构下，这些行为者作为一个持续存在组织中的共同成员的效应影响的结果。坦白无异于宣判自己的死期，那个坦白的家伙不会有好下场。因此，这些囚犯所面临的一种假想的博弈结构图式将是这样的：

	合　作	背　叛
合　作	R, R(4, 4)	S, T(3, 2)
背　叛	T, S(2, 3)	P, P(1, 1)

这种博弈当然不是囚徒困境博弈了，尽管地方检察官试图把它作为一个囚徒困境博弈来对待。相互的合作而不是告密对两个博弈者来说是占优势的战略，博弈平衡出现在左上角(R, R)上。

理性和道德

即使社会的联系比像黑手党这样的组织内部的联系更少团结性和强制性，但是如果至少有一个博弈者持合乎道德的观点，珍视合作，谴责对他人有害的行动，表面的囚徒困境博弈可能具有不同的支付图式。如果A是一个非常守道德的人，他将会因为在一个试验者的诱惑下进行告密而在良心上感到内疚，备受折磨；而B则是博弈论中假设的不守道德的利己主义者，那么一个假想的囚徒困境博弈支付图式将是这样的：

	B(合作)	*B*(背叛)
A(合作)	*R*, *R*(4, 3)	*S*, *T*(3, 4)
A(背叛)	*T*, *S*(2, 1)	*P*, *P*(1, 2)

在这个博弈中，*A* 的优势战略是合作，而 *B* 的优势战略是背叛，那么结果(*S*, *T*)是任何一个博弈者都不想改变的稳定平衡结果。*A* 宁愿做一个因被对方欺骗受到损失的傻瓜，也不愿做背叛这样的事。

从这个博弈图式自身来讲，博弈者道德之间的差别并没有对理性选择理论提出多大困难。我们可以理解 *A* 的行为是理性的，因为她试图将她的预期效应最大化，虽然她不是自私自利的，然而她却将别人的偏好纳入到自己的效用函数中。利他主义者和那些道德高尚的人可能同最粗俗的实利主义者和彻头彻尾的恶霸一样，都可能是理性的。他们的行为违反的是利己主义的假设，而不是理性这个假设。理性选择的理论家们有时不能认识到这个事实，相反却假设这种行为一定是非理性行为的结果而不是一种非利己主义的偏好函数的结果。例如，那种在康德道德律令基础上对组织作出贡献的行动，促进着个人对于共同的善的认识，哈丁(Hardin, 1982, pp. 117—124)就把这种行为称为"超理性"(extrarational)的。

理性选择分析并不必然意味着人们都是利己主义者。但是使用理性选择的逻辑，一个人还需要作一些关于行为者价值观念和利益的假设，因为确切地讲，如果不考虑到行为者的价值观念和利益，理性选择的逻辑在经验上还是缺乏力量的。任何理性分析都不得不假设一个先在的权力、预期、价值观以及准则的背景，这些因素对利益的决定和估算的作出产生着影响(Field, 1981)。我们可以同假设行为者是"支配欲望很强的个体"一样，去假设行为者受到社会流传下来的价值观念的深深影响，或者假设行为者是根据公平原则来行事的。

重复囚徒困境博弈与小集团中的集体行动问题

在了解理性选择理论这些局限性之后，我们可以再次考虑囚徒困境博弈问题。表面上看，令人信服的结论是上面所说的“背叛是占优势的战略”，这个结论取决于这样一个假设，也就是博弈只进行一次，或者最多也只是在很短的时间中进行。如果这种博弈由同样的博弈者重复进行博弈，也就是说，在重复囚徒困境博弈中，人们一般都认为博弈者可能理性地采取合作的战略（Hardin，1982，p. 145；也见 Taylor，1976，第 5 章）。[2] 这种差别的根本原因是在多次囚徒困境博弈中，背叛行为从长远来说是得不到回报的，因为因此获得的短期收益一般来说将会被紧随其后的远期相互惩罚的代价所超过。当然，要使合作得以发生，未来的回报必须受到珍视。相反，如果博弈者和约翰·凯恩斯一样强调“长远来说我们都是要死的”，那么他们在当前可能宁愿背叛，而不愿通过合作获得更好的结果。合作的激励因素也取决于一个博弈者的对手对打击背叛行为的意愿。当和一个道德高尚的人或者一个懦夫进行博弈时，作为一个恃强凌弱者，其行为可能要为未来付出代价。艾克斯罗德（Axelrod，1981，1984）已经说明，当未来的回报是有足够价值的时候，“一报还一报”（tit for tat）的战略在各种各样的环境下都是很得势的战略，艾克斯罗德揭示出的这种博弈战略从技术意义上讲是很有力和稳定的。采用这种战略的博弈者意味着它一开始就采用合作战略，然后不管其对手在最后一步究竟采用什么战略，它都坚持对背叛行为进行报复，对合作行为给予回报。当两个博弈者都使用“一报还一报”战略时，相互彻底的合作就会出现。艾克斯罗德指出，即使在完全的利己主义者中间，如果有足够多的潜在的合作者在一开始存在，那么合作是能够出现的。

就如我们在第四章所指出的，这种合作不涉及任何形式的谈判和协商，因为相互的调整可能在博弈者不进行直接沟通的情况下发生。然而在本书中，我们把注意力集中在通过谈判而达到的协调上。这种谈判通常不仅仅发生在一个谈判的事件中，也在连续的事件和时间中进行。国际货币、贸易和能源安排问题上的谈判一直在进行着，预计在未来也会无限期地进行。更进一步讲，许多紧密联系的谈判同时进行的事实，增加了博弈中"多次博弈"而不是"一次博弈"的特征。一般来说，与囚徒困境中的博弈者不一样，在世界政治中，各国政府可以改变合作的决定，如果它们发现它们的伙伴违背它们之间的协议的话。这种可能性产生的作用与博弈的重复进行所产生的效果是一样的，因为它减少了进行背叛的激励因素。因此，从这个意义上讲，我们以简单的囚徒困境博弈将国际谈判模式化——我们将在后面看到这样做需要一些可能受到质疑的简化假设——一次博弈的悲观结论也并不一定会在这种国际谈判中发生(Wagner，1983)。

集体行动理论同样能够解释合作问题。奥尔森从他的分析中得出的结论是，试图提供集体(公共)物品的大集团是很难达到这个目标的，因为集团中的每一个成员都存在一种激励因素，不愿承担这类物品的供应责任。但是奥尔森论证说，小集团可能具有特殊的利益，它们可能愿意提供这类物品，或者因为单方面这样去做符合一个行为者的利益，或者因为一群小数量的个体，它们能够相互监管彼此的行为，互相在战略上作出反应，从而能够去提供这类物品。后一种状况与重复囚徒困境博弈状况是类似的：当决定供应这类物品不只是一次而是一段时间内多次进行的时候，这可能有利于合作，因为不这样的话，其同伴可能采取背叛行为从而使自己处于不利地位。在涉及集体物品以及囚徒困境的状态中，战略的互动过程是能够培育合作的。

当代的国际关系为诸多集体行动的困境所困扰，但是这些困境很少是因为小数量的国家卷入而引起的。在全球谈判中，国家的数目不会超过 150 个，而且其中大多数并不占据重要的地位。在发达工业化国家中间，谈判很少依靠超出一些关键国家参与的范围。例如，制度化的经济高峰会议只涉及 7 个国家的首脑，经济合作与发展组织(包括一切发达工业化国家的组织)只有 24 个成员，它们各具有不等的规模和影响。发达工业化国家之间的国际政治和经济谈判只有很少数量的政府介入进来，它们处于高度互动的状态,彼此谨慎地监控着对方的行为,这种关系中并没有很多的行为者,以致一个人的贡献对其他人的贡献倾向不产生重要的影响。即使没有霸主的存在,小数目的强有力的行为者也可能一起完成这个任务。就像我们在第三章看到的,在奥尔森的理论中,并没有排除在少数行为者中间出现的寡头共谋现象,其中每一个行为者都对其他行为者的行为进行相互的监管并作出反应,从而使合作成为可能。

奥尔森还认为,那些建立在分散成员基础上的特定大集团,要能成功地供应公共物品,取决于它们供应作为集团副产品的私人物品。例如,农民加入农场局,可能不仅仅只是负担为获得政府帮助而进行游说的集体物品,它们可能因此而获得廉价的保险,或者加入到一个农场合作体系中去。因此,集体行动的逻辑将导致组织试图将它们所追求的物品进行私有化的倾向。

国际机制经常扮演着同样的作用(Oye, 1983b)。斯耐德尔(Snidal, 1979)已经指出,国际机制提供的收益很少符合经典公共物品的标准,这个标准就是排他的不可能性和供应的相联性(新的消费者对这种物品的额外消费不影响其他人对同样物品的消费)。例如,只有国际能源机构的成员才有权利在紧急共享机制下获得石油,虽然如果国际能源机构成功地制止另外一个生产商的禁运,并阻止世界石油价格的飙升,其他消费者也可能获益。另外,尽管不是国际货币基金组织的成员也能够从该组织稳定汇率或者避免债务崩溃的搭便车行动中得到好处,但是只有该组织的成员才能够从这个基金中借贷。集中体现在关税及贸易总协定中的贸易机制也是按照这样的方式建立起来的,拒绝接受 GATT 规则的国家将不能获得这个机制所提供的收益,即最惠国待遇条款的收益。因此集体物品理论在解释合作必须采取的形式,以及如何避免集体行动困境问题上,与其对纷争问题的解释是具有一样的价值的。

本书使用的理性选择分析,并不强化传统的认为世界政治中的合作非常稀少的观点,我们的分析强调说明的是,即使在完全理性的、从狭隘的自身利益考虑出发的政府之间,合作也是可以获得的,这种分析并不因为对共同的善的理想的关心,或者对一种国际关系模式的意识形态承诺而动摇。也就是说,理性的利己主义者能够得到激励去形成国际机制。

囚徒困境和集体行动的模型有助于说明这一点。我们后面要谈论的经济学中的市场失灵理论，对我们的研究途径也有很大的启发作用，而不是没有关系的。这些以理性假设为基础的理论，都强调在确定的一段时间中，行为者的信誉和国际制度在一些同样的行为者进行重复互动过程中的意义和重要性。

利己主义的合作和国际机制的创设

我们在第三章看到，霸权国家的存在可能有助于国际机制的创立，尽管我们同时也给出一些理由，对霸权是国际机制形成的必要条件提出怀疑。本章通过提供更有力的理论依据，说明合作在没有霸主的情况下也可能发展起来，从而使我们对霸权国家可能帮助创立国际机制这一观点表示更多的怀疑。不管是否存在霸主，国际机制的形成取决于共同的或者互相补充的利益的存在，这些利益要能被政治行为者所意识到，从而使共同的生产联合收益的行动是理性的。一个霸主也许会通过提供合作的报酬和对背叛行为的惩罚，帮助创造共同的利益；当不存在霸主的情况时，如果条件有利的话，同样的报酬和惩罚也会被提供出来，这种结果一定是由相对小数量的行为者所决定的，它们能够监管彼此对规则和惯例的遵守情况，并使其他政府的福利取决于对协议和谅解的持续遵守。

因此，一些行为者之间紧密的互动有助于替代或者补充一个霸主的行动。随着霸权的衰落，一个缓慢的从霸权合作到霸权后合作的转化就可能发生。合作的激励因素将逐步地不仅仅依靠霸主的反应，还依靠其他有一定力量规模的国家的反应。这种转移在实践中也许是很困难的，因为期望可能滞后于现实。但是理性选择分析并不认为这是不可能的。

合作出现所需要的条件，还将取决于既有机制的模式。新的国际机制的创设也许由旧机制所培育出来的相互信任感而得到促进。机制很少是从混乱中出现的，相反它们是互相依靠的。因此，我们应该对机制演变与机制是无中生有的创设问题给予同样多的关注。旧机制运作和新机制创设之间错综复杂的联系,意味着我们要对机制进行一种功能的分析,就如我们在本章后面部分以及第六章所发展出来的分析那样,这种分析不仅对我们理解机制为什么会得到创设和维持,而且对我们理解机制是怎样随着时间演变而发生变化的问题,都是至关重要的。

正如我们所看到的,促进国际机制形成的激励因素从更根本的意义上讲,取决于共享或者共同利益的存在。这些利益可能反映了从有效地利用他人中所能获得的收益——创造和分享租金,就像在原料卡特尔中那样;但是这些利益还可能以行为者提高交换效率的相互愿望为基础。在后者的例子中,"政策空间"(policy space)的密度如何,就是说,不同的议题之间相互紧密联系的程度怎样,是起作用的。形成国际机制的激励因素,在那些紧密的政策空间中要比那些较低的议题密度领域多,这归因于这样一个事实,即在紧密的政策空间中达成诸多临时的特定的协议,彼此之间会互相影响,除非它们是以一系列共同的原则和规则为基础的。在议题密度低的领域,临时的特定的诸多协议可能很充足;而在议题密度高的领域,机制的存在将会减少不断考虑一系列协议对其他行为者产生影响这样一类的成本。每一个新的协议与既有的一系列规则和程序相比较,都可能比协议相互之间的比较更加明显;机制的存在确立了连贯一致的标准。由于这些原因,随着相互依赖的增强和政策空间密度的增加,对国际机制的需求可能会不断增加。

功能的解释与市场失灵理论

利用理性选择途径研究行为问题,将把我们的注意力首先转到行为者面临的激励因素上。在我们对理性进行假设时,当我们问为什么一个行为者会以一种特定方式行为时,就等于在问,这个行为者面临的激励因素是什么?也就是说,这个行为者各种可能行动的机会成本是什么?[3]

机会成本是由行为者的特征和环境的特性决定的。在理性选择分析的框架下,制度影响着选择的背景以及各种可能行动的机会成本。因此,在利用理性选择去分析制度问题时，我们立刻会走向一种功能的论述途径上。根据这种分析框架，“如果理性的人创设和维持制度是为了满足社会需要或者获得社会目标的话，制度就是具有功能作用的”（Simon，1978，p.3）。就像西蒙所论述的，经济的推理过程可以很容易地用功能分析的语言来说明，反之亦然。

一般来说，功能的解释可以从造成影响的意义上对原因进行说明，也就是说，“被解释事物的特征是由其对所要解释事物的影响来决定的”（Cohen，1978，p.278）。例如，投资是通过利润来解释的，就如人们作“石油钻探利润的增加是导致对石油工业投资增加”这样的陈述一样。当然，从短暂的意义上讲，投资是利润的原因，因为利润是源于成功的投资行为的。但是在这种功能解释框架下，因果路径是被颠倒过来的：效果解释原因。而在我们的例子中，这种效果和原因之间的联系是通过理性的假设来规定的，就是说，是预期的利润导致了投资。

社会理论中的功能解释，以及本章所发展出来的关于国际机制的功能解释，一般来说在本质上是“发生于其后者必然是其结果”的推理逻辑。我们观察到这些国际机制，因此我们就把它们的存在视为理所当然的。理性选择理论在分析社会制度问题时，假设制度可以通过考察那些创造和维持制度的行为者所面临的激励因素而得到解释。制度所以存在，是因为它们本应该有理由被期望去增加其创造者的福利的。

虽然如此，像这样的功能解释在运用过程中必须谨慎对待。即使那些制度所扮演的功能存在着问题，它们也可能因为不同的原因而出现。例如，私人产权有助于个体在资本主义条件下协调它们的行为，这个事实并不否定马克思和卢梭所阐述的观点，即私人产权是由人们发明出来用于剥削他人而不是用于与他人进行合作用的（Heymann，1973，p.872）。进一步说，功能的阐述既没有说明既有的国际制度不得不出现的原因，也没有说明那些效率本可能很差的国际制度未能出现的原因。这个观点不能使人信服的一个关键理由，是因为其论述没有考虑那些用作假设的各种可选择的制度是否可能会起到很好的作用。我们从集体行动理论中已经看到，那些将给许多个体带来收益的有价值的制度，并不必然就是能够被创设起来的。因此从逻辑上讲，这是完全可能的，即比现存制度要优越的那些制度，本可以在不同的状态下演化。因此，功能的论证并没有确立这样的看法，认为既有的制度是独一无二的，非常适应维持这些制度的那些行为者的利益。就如西蒙说明的："这类论证可能说明一个扮演显要功能的特定模式的充足性理由，但是它不能说明必要性理由，即不能说明满足同样需求的行为模式在功能上是相等的，并且是无可替代的。"（Simon，1978，p.4）

幸运的是，功能分析为了作因果关系论证，并没有牵强地去判定一系列既有的制度是独一无二的、能够很好适应环境的。例如，有限责任公司是被发明用来促进大规模经济项目的，在阐述这种制度时，我们并不需要说明这是惟一有用的制度。但是功能的论证要能做到自圆其说，一定要提供很好的理由，让人相信一个制度所扮演的功能与它的存在之间的因果联系。从这个角度讲，潜伏在功能解释背后最大的危险，是一种后此推理的谬误，就是制度可能被解释成为它们是因为原本一定能够扮演的功能作用而兴起的，而这些制度实际上可能只是因为很偶然的原因才出现的。

避免这种谬误的一种办法，是要说明被研究的个体是理性的，以及被解释的制度和社会惯例是被设计用来完成预期的效用目的的。在这种办法中，效果能够解释原因。例如，我们可以说，国际能源机构的形成，可以通过它对消费国的石油供应，以及美国主宰联盟的稳固性这类的预期效果来解释。另外一个受欢迎的克服这种逻辑谬误的办法，是要说明这些不能完成专门功能需要的制度和惯例最终是会消失的。达尔文的自然选择理论，以及经济学中关于竞争性经济状况下的边际成本价格理论，依据的就是后一种逻辑。功能障碍的突变，以及那些不能适应边际成本价格走势的公司，终将是要消失的。因此，在我们这个主题研究中所运用的功能的论证，必须依靠理性预期这个前提。除非行为者能够被假设去预期它们行为的效果，不然，效果是不大可能解释原因的，理解国际机制的功能将不会有助于解释它们所以产生的理由。[4]

在发展一种国际机制的功能理论的时候，我将部分地依靠前面探讨的囚徒困境的逻辑和集体行动理论。但是我还将使用当代经济学家们发展出来的"市场失灵"理论。我们将会看到，市场失灵理论在建构我们的理论过程中是有帮助的。不过从事世界政治研究的学者们对这方面的文献还不熟悉，所以这里有必要阐述一下市场失灵理论的一些基本思想。

市场失灵是指这样一种状态，假设行为者和资源的效用函数任其处理的话，市场调节下的互动结果是次优的，也就是说对所有各方都有好处的协议不会产生。阿克洛夫（Akerlof, 1970）在分析"次品市场"（market for lemons）问题时，已经提供了关于这种现象的一个有力的例子。就像阿克洛夫所解释的，拥有旧车（次品）的车主比那些拥有保养良好的旧车的车主，有更强烈的动机将他们的车子出手。因为可能的买主知道他们不能决定一辆旧车是次品，他们将坚持支付少于一辆质量较好旧车真正价值的价格，以备承受可能因为受骗而买到劣质汽车的风险。这样一来的结果就是，那些拥有保养良好旧车的车主将不能以真正的价值出售其旧车，因而可能不愿以市场将要承担的折扣价格出售其旧车。这样一来，相互都有利润的交易将不会发生：由于阿克尔洛夫所说的"质量不确定性"（quality uncertainty）的缘故，那些将以一个给定价格买一辆较好旧车的买主，和那些以特定价格出售其旧车的卖主将不能完成这笔交易。

在市场失灵状态中，问题不在于行为者（假设是理性的效用最大化的追求者）自身的弱点或者缺陷，而在于整个体系的结构和制度（Arrow, 1974）。[5]体系特有的特征所强加的交易成本（包括信息成本），对行为者之间有效的合作制造了障碍。因此，制度的缺陷对协调的失败是要负责任的。为了纠正这些缺陷，有意识的制度创新就是必要的。例如，旧车市场中一个有用的创新，就是在一个社区中拥有很好信誉的汽车交易者的制度。那些拥有很好信誉的车主，将会比那些在报纸上刊登广告的个体车主以更高的价格出售旧车。交易者信誉对买主信心的影响，可能使交换在买主和卖主之间产生，而没有这种制度，交换可能是不会产生的。

关于集体行动理论、囚徒困境以及市场失灵理论的文献，都说明了一种功能的解释途径在发展一种制度理论中的意义。根据这些论证，制度是为了克服那些使相互有益的协议不能达成的缺陷而形成的。它们预期的效果解释了它们形成的原因，不管这些效果是从一个可靠的交易者在出售旧车中所获得的福利收益，还是由于政府在世界政治经济中能够协调它们的行动而获得的收益。

结论

在这一章，我们已经看到理性的利己主义的模型并不必然预言，在无政府状态下，纷争将会盛行于各个独立行为者之间的关系中。相反，这个模型起着很大的作用，不仅仅在于它说明了任何人是否可能被排除在享受通过集体途径提供的收益之外，也在于它揭示了同样的博弈者之间的互动是否能够持续地进行下去。如果利己主义者监管着相互之间的行为，以及它们中间足够多的人愿意在其他人合作的条件下也愿意合作，那么它们就可能会调整彼此的行为，以减少纷争。它们甚至还会创设和维持在本书中被称为机制的制度之类的原则、规范、规则和决策程序。这些机制通过为行为者行为提供指南，来促进未经谈判而达成的调整行为的发生。特别重要的是，我们将在第七章看到，机制可能为挣扎在“有限理性”限制下的行为者提供“粗略的概测规则”。就如第六章所说明的，即使对处在谈判中的符合古典意义上的理性行为者来说，机制在使它们达成相互有益的协议上也是有帮助的。被设计出来的合适的制度，能够帮助利己主义者即使在没有霸权国家存在的情况下也能够进行合作。

因此，理性选择分析在其自身的意义上，能够帮助我们批判现实主义单调的要么霸权不可避免要么就是冲突的陈述。当我们根据理性选择理论，并且以一种谨慎的态度看待国际制度的重要意义，来对现实主义进行重新考察时，我们就能够意识到现实主义的弱点和优点。我们可以清除掉包围在现实主义周围的一些貌似真实的东西，然后重新思考其为我们学者所拥护的观点的逻辑和经验基础。

注　释

1. 为了研究的目的，这里的讨论使用的是博弈论的术语和图式，以说明集体行动问题。然而，重要的是，承认奥兰·扬所说的“操纵性”谈判模型，对于从行为者的立场来研究这个问题也是同样重要的。操纵性的模型强调“战略互动和不完全信息都是存在的”。我们在这一章的后面部分会看到，这两个条件与国际机制所扮演的功能作用都是高度相关的。对操纵性谈判模型的论述，可参考 Young，1975，特别见第 303—318 页；Schelling，1960/1980 以及 1978。

2. 人们经常认为，任何进行很多但却有限次数博弈的囚徒困境博弈，都将与一次博弈一样，导致同样的非合作性解决结果。但是哈丁（Hardin，1982，pp. 145—150）已经给出足够的理由，认为理性的博弈者将不会作出不准确的估算，以致出现这种有悖常理却又违背自己利益的结果。但是，要相信那些现实生活中的博弈者真的会如哈丁所说的这样去做，当然是困难的。

3. 我采用阿尔钦为《国际社会科学百科全书》（1968，p. 404）所撰写的"机会成本"的定义，即"最受重视的机会被遗弃时所具有的价值"。

4. 科恩清楚地指出了功能解释的有效性并不取决于功能学派理论的有效性，后者在人类学研究中，主要是由马林诺夫斯基和拉德克里夫—布朗（Radcliffe-Brown）发展出来的。科恩认为，有目标的（理性选择）和达尔文主义的理论构成了功能解释的两个主要形式，虽然他还论证说，在功能理论中可以确认具有"拉马克（Lamarck）式的进化思想"以及自欺欺人的成分，不过这一点对我来说，是颇让人怀疑的。对功能主义的一些重要的区别，可参考 Nagel，1961，pp. 520—535。从协调人类行动的功能意义上来阐述社会中的规则，这方面的文献见 Heymann，1973。（拉马克，法国生物学家，最先提出生物进化理论，后称拉马克学说。——译者注）

5. 集体物品理论，正如本章前面部分探讨的，与一些市场失灵问题是有关的，这种问题的出现，部分是因为被生产物品的特性和参与生产的行为者数目，这些因素导致了交易成本和信息问题。我们在下一章会探讨这些问题。然而，在"次品市场"这个例子中，即使没有通过集体途径供应的物品的存在，市场失灵也会发生的。

第六章
国际机制的功能理论

第五章讨论了国际机制怎样被创设的问题，该章强调国际机制的价值在于可以克服"政治市场失灵"问题。那么，政治市场为什么会失灵，以及国际机制是怎样克服政治市场失灵问题的呢？本章对此将给予更加详细的研究，这项研究将会有助于我们理解为什么国家常常会遵守机制的规则，以及为什么国际机制在促使它们形成的条件消失以后仍然能够维持下去。因此，本章发展出来的功能理论将会使我们有理由相信，即使美国的霸权领导地位可能在当代一些国际机制的创设过程中起了关键的作用，但是霸权的持续存在对这些机制的持久可行性来说，并不必然就是关键的。

政治市场失灵与科斯定理

像不完善的市场一样，世界政治本质上也存在很大的制度缺陷，这些制度缺陷妨碍了相互有利的合作的出现。我们已经指出，在自助的世界政治体系中，行为者之间的利益冲突是盛行的。从经济学意义上讲，这些冲突部分是因为外部性因素的存在而引起的：行为者并不为自己的行动承担全部的成本或者获得全部的收益。[1]然而科斯(Coase, 1960)在一篇重要的文章中，论证了单单外部性因素的存在并不必然会阻止各个独立的行为者之间有效协调的出现。科斯声称，在一定的条件下，不考虑法律责任的规则，这些行为者之间的谈判能够导致帕累托最优解决方案的出现。

为了说明科斯定理，我们设想一个涂料厂排出的油烟，因为风向的缘故对一家老式洗衣店庭院里晾的衣服造成污染这个例子。这家洗衣店因为外部污染，不能将衣服晾在院里，不得不额外花 20 000 美元装一个室内烘干设备，假设涂料厂的油烟污染给这家洗衣店造成的损害超过其安装室内烘干设备的 20 000 美元，那么，在没有其他可解决途径的情况下，洗衣店将安装这样的设备。不过，我们再假设涂料厂清除油烟污染的成本是 10 000 美元。很明显，这样一来，社会福利将由于清除污染而不是安装室内烘干设备而得到提高，但是，在没有政府强制行为或者存在谈判的情况下，以利己主义为行为动机的涂料厂厂主，不会有任何激励动机去采取清除污染的行动。

人们经常论证说，这种状态的存在需要一个集中化的中央政府权威去提供清洁空气这样的公共物品。因此，如果洗衣商有强制的法律权利要求补偿的话，涂料厂主将会有激励去投资 10 000 美元建一个污染控制设备，以避免 20 000 美元的法院判决。然而，科斯却论证说，即使洗衣商不具有这样的法律行动权利，污染同样将会被有效地清除掉。如果法律，或者一种非集中化的自助体系的存在赋予工厂进行污染的权利，洗衣商可能只要付给工厂主多于 10 000 美元但少于 20 000 美元的钱，去安装一个防烟设备。因为双方这样都能获益，所以会同意这样的谈判结果。

在任何一个例子中，污染的外部性问题都被忽视了。关键的区别不在于经济效率的问题，而在于涂料厂主和洗衣商之间收益的分配问题。在一个自助的体系中，洗衣商将不得不支付给涂料厂主 10 000 到 20 000 美元之间的数额，而涂料厂主却从他排放污染的能力中获得收益。但是如果法律责任的规则基于“谁污染谁赔偿的原则”，那么洗衣商将不要支付一分钱，而工厂主却必须在不能得到任何回报的情况下投资 10 000 美元去建造一个防烟设备。科斯并不对责任规则应该通过公平的原则进行评估这一点提出争议，而是坚持认为，在他的假设条件下，即使责任规则有利于外部性的制造者而不是受害者，有效的安排也是能够达成的。

科斯定理经常被用来说明在没有中央权威的情况下谈判的功效问题,有时它也被专门用于国际关系研究中(Conybeare, 1980)。实际上主权原则确立的责任规则,就是将外部性的负担加于受到他们伤害的那些人身上的。因此,科斯定理可以作这样的阐述,它预测了国际关系中的集体行动问题可以通过谈判和相互调整而得到克服,也就是说,通过我们所定义的合作的途径。由此得出的进一步含义是,我们看到的纷争现象一定是本质上利益冲突的结果而不是协调的问题。换句话说,科斯定理可以被视为将奥尔森有悖常情的集体行动逻辑的意义,或者博弈论所强调的协调问题的重要意义降低到最低程度。然而,这一结论因为两个有力的理由,将是不正确的。

首先,科斯强调他所坚持的结论的三个关键条件。这三个条件是:确立行动责任的法律框架,假设法律框架是由政府的权威来支持的;完全信息状态;零交易成本(包括组织成本和制造补偿性支付的成本)。毫无疑问,这三个条件在世界政治中都不能得到满足。在世界政治中并不存在世界政府,这使财产权和法律责任规则很脆弱;信息代价是很高的,而且还被不同的行为者不平等地掌握着;包括组织成本和决定补偿性支付成本的交易成本常常也是很高的。因此,对科斯定理的倒置,倒似乎更加适合我们所探讨的主题。在不存在科斯所强调的那几个条件时,协调将常常因为集体行动的困境而受到挫折。

其次,最近对科斯定理的批判更有力地说明了它不能被简单地运用到世界政治研究中,这使我们进一步提出关于国际机制功能的意义问题。基于博弈论进行的研究已经说明,在超过两个博弈者的情况下,科斯定理并不必然能够得到证明。在一定的条件下,将不存在稳定的解决方案:形成的任何联盟(至少其中有一个成员)将会差于另一个可能的联盟。其结果是无限的倒退。在博弈论的术语中,博弈的核心是"空"的。当核心是空的时候,零交易成本的假设意味着协议是被阻挠的而不是被促进的,就是说,"在一个零交易成本的世界中,所有联盟内在的不稳定性可能导致公司之间无穷尽的再订约过程"(Aivazian and Callen, 1981, p. 179; Veljanovski, 1982)。

科斯以及对科斯的批判,对通过谈判而达到的国际合作具有什么样的意义呢？首先，它显示科斯定理的头两个条件，即有一个明确的产权和各方在以大致平等的方式下获得低成本信息的法律框架，大致说来将会促进合作性的解决方案的出现。但是降低交易成本的含义更复杂。如果交易成本太高的话，谈判可能不会发生，而如果交易成本太低的话，在一定的条件下，一种无限系列的不稳定的联盟可能形成。

将科斯定理倒置过来，用来分析国际制度，这种分析很大程度上就是对产权、不确定性以及交易成本等问题的反应。没有有意识地设计出来的制度，这类问题将会使世界政治中合作的努力受到挫折，即使在行为者的利益是相互补充的情况下也如此。从自助体系的缺陷来讲（即使从完全自私自利的国家行为体来讲），我们需要国际机制。在这个范围内，当它们满足了这些需要后，国际机制就扮演着建立法律责任模式的功能，提供相对对称的信息，以及解决谈判的成本以使特定协议能够容易作出。机制的发展部分是因为世界政治中的行为者相信，通过这样的安排它们将能够达成相互有益的协议，而不这样做，就很难或者不可能得到。

这就是说机制的建设者们预期机制将促进合作。在这个建构起来的功能的论证框架中，这些预期解释了机制的形成：预期到的机制效应解释了建立这些机制的政府的行动，各国政府相信，在没有一个国际机制框架下达成特定协议的专门努力，与在一个机制框架下达成的协议相比将是收效甚微的。在我们将科斯定理倒置以后，我们可以将我们这种看法的理由归到法律责任（产权）、交易成本和不确定性问题下。我们下面将依次讨论这些问题。

法律责任

既然政府特别注重对它们自主性的维持，那么假设国际制度将其权威施加到其他国家之上就常常是不可能的。这个事实得到国际组织的官员、来自各国政府内部的支持者以及学者们的承认。但是因此认为国际机制，或者构成它们基本要素的国际组织，本质上只是构造世界政治中中央权威的不成功的努力，那将是错误的。国际机制不能构造出像在组织良好的国内社会中那样的稳固的法律责任模式，国际机制的建设者是充分意识到这种局限性的。

当然，世界政治中缺少一种等级的结构，并没有阻止机制发展出零零星星的法律来（Henkin，1979，pp.13—22）。但是国际机制的最主要意义不在于它们正式的法律地位上，因为世界政治中确立起来的任何法律责任和产权模式，都可能被主权国家的行动所推翻。国际机制更像费勒纳（Fellner，1949）在分析寡头垄断公司时所探讨的“准协议”而不像政府。这些准协议在法律上是不可强制实施的，但是就如契约一样，它们有助于以相互有益的方式组织行为者之间的关系（Lowry，1979，p.276）。机制还类似准则，也就是在一个共同体中被视为共同知识的惯例，行为者所以遵守它们，不是因为它们是独一无二的、最好的，而是因为其他人也遵守它们（Hardin，1982；Lewis，1969；Young，1983）。这类安排的共同特点在于，它们被设计出来不是为了执行对协议的集中化实施，而是建立关于其他人行为模式稳定的相互的预期，以及发展使各方将它们的惯例或者行为调整到一个新环境中的有用的关系网。契约、准则以及准协议提供着信息并形成交易成本的模式：违反承诺的成本增加了，而在这种框架下的行动则成本降低了。

当然，这些安排和国际机制常常是脆弱的，与契约和准协议一样，国际机制经常被更改着：它们的规则不断地产生变化，被扭曲，或者发生解体以适应突发的事件。它们很少是自动强制实施的，也不是可以自动生效的。然而事实上，它们常常对谈判和再谈判起着重要作用，就如普查拉所指出的：“对欧洲经济共同体管制规则的强制实施，将导致从超国家到地方层面上的政治分裂现象起伏不定地发生着，并在这条政治分裂线上激起强烈的政治活动。”（Puchala，1975，p.509）

交易成本

如同寡头垄断下产生的准协议一样，国际机制改变着相对的交易成本。特定的协议往往是被禁止的。例如在关税及贸易总协定（GATT）的条款中，除了在特定的情况下以外，是不允许使用歧视性的贸易安排的。由于没有中央集权的政府，国家虽然在执行着行动，但是合法性的缺乏意味着这种措施的成本可能是很高的。例如在GATT的规则中，对使用歧视性贸易措施的报复是正当的。进一步说，通过将禁制性的内容提高到原则和规则的层次，国际机制在各个议题之间建立了沟通渠道。一种特定的歧视性贸易措施再也不成为仅仅只是没有普遍意义的特定条款，相反，它违反了 GATT，并对其他许多议题具有特别重要的含义。从囚徒困境的意义上讲，这种状态已经从一次博弈转换到多次重复博弈上；而从市场失灵的意义上讲，某种可能的谈判交易成本增加了，而其他的成本则降低了。在上面提到的任何一个意义上，结果都是一样的：违反机制原则的动机减少了。所以，国际机制降低合法谈判的交易成本并增加非法谈判的交易成本。

国际机制从更平常的意义上讲，还影响了交易成本，使各国政府一起谈判拟定协议的成本更加低廉。在一个既定的机制框架下，达成协议会变得更加方便。那些常常还包含国际组织的国际经济机制，为会议和秘书人员提供了一个论坛，进而成为达成协议过程中的重要激励因素。国际机制的原则和规则可以被运用到广泛的各种各样的特定议题领域中，它们是有效的：每次当一个新的特定问题兴起时，先期确立的规则和原则使各方没有必要再去围绕它们进行重复的谈判。

因此国际机制使各国政府利用潜在的规模经济的优势。一旦一个机制建立起来以后，处理每一个追加议题的边际成本将比没有机制要更低。就如我们在第五章所看到的，如果一个政策领域不透明的话，建立一个机制就是值得的。在一定程度上，甚至有经济学家所谓的“对规模经济的持续回报”的好处，在这种状态下，每一个追加议题在这个机制下都可能以比先前的议题更加低的成本来进行处理。就如萨缪尔森指出的，在现代经济中，“持续增加的回报是偏离完全竞争状态的最主要例子”(Samuelson, 1967, p.117)。在世界政治中，我们应该可以指望对规模经济的持续回报会导致更加紧密的国际机制。

从规模经济的收益来看，特定的协议倾向于镶嵌于机制之中，这是一点也不奇怪的。例如，在多边贸易回合谈判中，美国、日本和欧洲达成的一项减少某项特定关税的协议，将受到 GATT 的规则和原则的影响，也就是说，受到贸易机制的影响。这个贸易机制相继又套叠在其他一些安排之中，包括货币关系、能源、对外投资、对发展中国家的援助以及其他议题上的安排，它们在发达市场经济国家之间共同构成了一个复杂的相互纠缠在一起的关系模式，而且，它们还与主要国家的军事和安全息息相关。[2]

这种相互套叠的国际机制模式，通过使特定议题的联系或者补偿性支付的安排变得更加容易或者更加困难，在一个议题领域中给予某个行为主体某种好处以换取它在另一个议题领域上的回报，对交易成本产生影响。[3]一个机制下的成串议题，促进这些议题之间形成补偿性支付手段，而如果没有国际机制将这些各种各样的议题相互联系起来，世界政治中的补偿性支付手段和联系将很难形成；在没有一种维持善意行为交换的"价格制度"下，制度的障碍将会阻碍相互有益的谈判协议的达成。

例如，假设各个议题都与其他议题孤立开来，由一国内部不同政府部门来管理。既然补偿性的支付总是意味着一个政府必须在一个领域放弃一些东西以便在另一个领域得到某些东西，那么在一个政府内部，这就必然有一个部门的利益受到损害。在与它们利益相关的议题上，那些从拟议的补偿性支付手段中受损的官僚部门，将不大可能愿意去承担议题相互联系所带来的成本，纵使其他得益的部门声称这样做是基于国家利益的要求也如此。

当然，各个议题并不都由一个不同的政府部门来独立处理。相反，正是各种各样的议题集结在一起，才从功能上组织了政府的各个部门，例如美国的财政部、商业部和能源部。进一步说，政府怎样自我组织以便处理外交政策，是受到议题在国际上怎样组织这个因素的影响的；而不同的国际机制所涉及的议题，常常是由国内不同的政府部门来处理的。由于必要的内部权衡将在各个部门内部而不是各个部门之间发生，交织在同一机制中的那些议题间的补偿性支付和联系因此变得更加容易；但是，属于不同机制内部的那些议题间的联系仍是困难的，因为这些议题与同一机制下的议题是纠缠在一起的。

至此，当议题在国际层面上互相独立地被处理时，从简单的官僚政治的意义上讲，将它们安排在一起处理常常是困难的。加上成员国政府内部出现对这种协调行为的抵抗，协调不同国际组织——GATT、国际货币基金组织（IMF）或国际能源机构（IEA），所有这些国际组织都有不同的成员和不同的运行风格——的政策注定是困难的。相反，在机制内部，因为机制将各个谈判者聚合在一起，共同考虑那些可能处于各个谈判者内部官僚职权范围内的不同议题，从而使补偿性的支付得到促进与改善。GATT 中的谈判，以及关于国际货币体系的审议，总是广泛涉及补偿性支付和议题联系政治问题（Hutton，1975）。在谈判中经常使用的，并且与欧洲共同体和其他一体化理论有关系的“外溢”这一术语，也可以视为对补偿性支付问题的重视。这方面的著作告诉我们，一项一体化的政策安排，能够期望被进一步扩展到其他议题领域之中，使潜在的补偿性支付领域变得更加广泛，从而促使成员间一致意见的达成（Haas，1958）。

我们认为国际机制影响着交易成本。一项潜在协议对其可能的参与者的价值，部分取决于它多大程度上与包含在国际机制中的合法性原则相一致。破坏这些原则的行为，其代价将是高昂的。机制还影响官僚政治中的交易成本，成功的机制通过对议题的组织，使富有成效的议题联系战略（促进与机制原则相一致的协议的产生）得到加强，与此同时，使与机制原则不相一致的具有破坏性的议题联系战略和谈判受到阻止。

不确定性和信息

从市场失灵理论的角度看，机制扮演的信息功能是最为重要的。阿克尔洛夫所谓的“质量的不确定性问题”是次品市场中面临的最关键问题。而即使在具有稳定的平衡状态的纯粹协调博弈中，这也同样是个问题。因此，达成统一的准则就是重要的。但是在简单的协调博弈中，严重的信息问题并不存在于行为者关系的结构之中，因为行为者有强烈的动机去充分表露各自的信息和偏好。在这种博弈中，重要的是怎样去达成某种协议，而究竟选择哪一种可能的协议并不是事关重大的问题（Schelling，1960/1978）。准则是重要的，而准则的形成可能需要巧妙的选择，但是在这一过程中，对信息获取和交换构成严重系统障碍的因素是不存在的（Lewis，1969；Young，1983）。

然而，就如我们在讨论集体行动和囚徒困境问题时所看到的，在博弈论和世界政治中存在的许多状态，既有利益冲突的特点，也有共同利益的特点。在这些状态中，行为者不得不担心被欺骗和出卖这样的问题，就如一个旧车的买主不得不提防买到次品一样。关于市场失灵理论的文献，论述的最根本的问题是，在没有合适的制度安排的情况下，由于不确定性的存在，一些相互有利的谈判协议是不可能达成的。有三个特别重要的因素是协议难以达成的重要根源：不对称信息，道德风险，以及不负责任的行为。

不对称信息

一些行为者可能比其他行为者对一种形势所占有的信息要更多，因此在它们之间产生的谈判结果可能就是不公平的，"局外者"将不愿与"局内者"达成一致的协议（Williamson, 1975, pp. 31—33）。这本质上也是阿克尔洛夫所谓的"质量的不确定问题"。注意，这不仅仅是不充分信息的问题，更是信息在体系层面上存在的偏差模式问题，那些占有更多信息的人（旧车的卖主）和占有更少信息的人（次品或保养良好汽车的潜在买主）在协议达成之前都意识到这个问题的存在。人们对这种形势的认识，即某些人比其他人拥有更多的知识，因此有能力操纵一种关系或者成功地实行欺骗行为，是达成协议的一个障碍。而当这种怀疑情绪根本没有事实根据时，就是说当协议事实上是相互有利的时候，这显然是通过合作提高福利的一大障碍。

这种不对称信息问题仅仅出现在当欺骗行为是可能的时候。在一个由圣人组成的社会中，沟通与交往是公开的，没有人会去利用更优信息占别人的便宜。然而在一个不完善的世界中，信息的不对称性并不会通过行为者之间的沟通就能简单地得到矫正。不是所有的沟通行为都能减少不确定性的存在，因为由于欺骗的缘故，沟通可能导致不对称和不公平的谈判结果。一定要注意，对有效沟通的较好评估，并不会通过旧车的卖主与其顾客之间，或者政府官员之间就达成国际机制而进行的谈判次数来进行。进入一项国际机制所需要的信息，并不仅仅是关于其他政府的资源和正式谈判地位的信息，而且也是关于它们未来地位的准确信息，后者部分也是对将来能否信守承诺的估算问题。就如"次品市场"这个例子所告诉我们的，我们也会在下面部分详细地看到这个问题。这样，一个政府的声誉因此成为说服别国与其达成协议的一项重要资产。国际机制通过提供足以衡量别人表现的行为标准，将这些标准与特定的议题联系在一起，提供公开讨论的论坛，而且还经常借助国际组织，作出评价，来评估别人的声誉。[4]国际机制也许还包括有些国际组织，这些国际组织的秘书官员不仅仅作为协调者，而且还作为公正信息的提供者来行事。这些信息多多少少能够为其成员平等地获取。通过不断提高可获取信息的总体质量水平这一过程，国际机制减少了信息的不对称性，从而降低了环境的不确定性。因为误解和欺骗而导致的协议可能会被避免，相互有利的协议因此就更容易达成。

国际机制为其成员提供信息，因而减少了达成协议过程中存在的风险。但是，一个机制所提供的信息也许并不完全是充分的。一国政府需要得到准确的信息，这些准确信息包括其可能的伙伴对一种特定形势的内部评价，其意图和态度，偏好的强度，以及在相反的未来环境下它们愿意支持一项机制的程度等。政府还需要了解机制的其他参与者是否会按照协议条款所规定的精神去办事，它们是否会分担不可预期的有害变化所带来的结果，以及它们是否可能试图在未来加强机制的力量。

因此，市场失灵理论中的不对称信息和质量不确定性问题的重要性，使我们注意到国际机制和不同国家决策过程中闭合程度差异的重要意义。有些政府比其他政府更热衷于信息的保密工作。例如，美国官员经常抱怨政府像一个漏勺一样向外界泄露信息，这种信息的开放性使美国与其对手相比经常处于一种不利的地位。

公开性确实存在不利的因素。政策实施过程中常常伴随的现实和表面的不一致性，可能导致决策过程比较开放的政府的同伴们，将其视为是不可靠的，因为不管其最高领导人的意图如何，他们都不能完成协议的执行。但是，对世界政治中协议制定问题的思考，会使我们注意到，国内决策过程开放的政府也存在许多优势，这些优势是那些国内官僚结构比较封闭的政府所不具有的。事实上，那些不能够提供关于其详细意图和可靠信息的政府——例如，这些政府的决策过程是对外封闭的，其官员不允许与其外国同行发展诚实的非正式的关系——可能无法信服地使其潜在的伙伴相信它们对预计中的协议安排的承诺。其他国家的观察家们将无法确定这类政府对待正在考虑中的合作性计划的真诚程度和支持程度。

这些潜在的合作伙伴因此就会坚持对可望达成的协议持贬低的态度。就如在"次品市场"这个例子中一样,一些可望能对所有各方都有好处的协议因为质量的不确定性问题而无法达成,这种质量的不确定性问题就是决策过程比较封闭的政府对协议的承诺质量问题。[5]

道德风险

协议可能以改变激励因素这样的方式来鼓励不太合作的行为向合作行为的转变。保险公司都面临着"道德风险"这样的问题。例如,财产保险这样的险种,可能使投保者对其投保的财产漠不关心,从而增加了财产受损的风险(Arrow, 1974)。道德风险问题在国际银行业中表现得也非常明显。一个关键国家的银行巨头的清偿能力,也许对其金融体系甚至整个国际银行体系的稳定都是至关重要的。由此,如果任何一个银行巨头受到威胁,这个国家的中央银行将不得不进行干预。例如,当美洲银行或者花旗银行无法兑现其经营责任时,美联储是不会坐视不管的。然而,央行这种责任行为导致了一种道德风险问题,因为那些银行巨头事实上自动得到了对付灾难性风险结果的保险,而与此同时它们(至少从短期看)却能够获得经营利润。这些银行巨头因为央行对金融市场的责任能力,从而会产生以牺牲央行的利益,被激励去从事追求冒险而不是规避风险的行为(Hirsch, 1977)。

不负责任的行为

有些行为者可能是极不负责任的,它们总是作出无法兑现的承诺。如果环境一直适宜的话,政府或者公司也许会加入它们愿意执行的那些协议;但是如果环境发生逆转的话,它们也许就不会继续坚持它们的承诺。银行经常会碰到这类问题,这使它们有必要确定信用资格的标准。规模巨大的政府为了获得他国对国际协议的支持,也可能面临同样的困难:热心于合作的国家一般来说是那些指望从合作中得到比它们付出更多的国家。这就是市场失灵文献中所讨论的自我选择问题(self-selection)。例如,如果保险费率不能得到适当的调整,那些受到心脏病威胁大的人将比那些有更长寿命预期的人,更为急迫地去参加人寿保险;在旧车市场上，那些购得次品的车主将比那些拥有保养良好汽车的车主更急于将它们的汽车出手（Akerlof, 1970; Arrow, 1974）。在国际政治中，自我选择意味着，在特定类型的行动中，例如，在共享研究和发展方面的信息这个例子中，那些研发能力弱小的国家（收多支少）也许会比研发能力强大的国家拥有更强烈的动机去参与一项研发行动，而事实上它们却并不愿意花钱投资在研究和发展项目上。[6]在这种情况下，如果没有研发能力强大国家的存在，整个研发事业就将会失败。

从旁观者的视角观之，不负责任的行为是公共物品和搭便车问题的一部分；但是，从试图确定是否可以依靠一个可能是潜在的不负责任的伙伴的视角看，这是一个不确定性的问题。不管如何，信息成本和信息不对称问题都可能阻止相互有利的协议的产生。

机制和市场失灵

国际机制帮助国家处理所有上述的问题。由于一项机制的原则和规则缩小了预期行为的领域，不确定性降低了；并且，随着信息能够更加广泛地获取，其分配的不对称性也得到了缓解。机制内部为管制行为者行为而作出的各种安排（下文在分析"对国际机制的遵守"问题时将作出详细阐述）缓解了道德风险问题。在机制的背景下，各种特定议题之间的联系加大了欺骗和不负责任行为的成本，因为这种行为的后果很有可能超越它们所在议题的本身。那些设计管理国际机制的各国官员之间的紧密联系，加强了政府达成互相有利协议的能力，因为由这些参与实际工作的官员之间的持续沟通行为所构成的政府间关系，不管是正式的还是非正式的，本质上都比传统的封闭官僚机构之间的关系更易于信息的交换。总的来说，国际机制通过降低被欺骗的可能性，使合作成为更加明智的选择。无论我们通过博弈论还是通过市场失灵理论来看这个问题，我们的中心结论都是一样的：国际机制可以降低不确定性从而有助于合作。如同广义上定义的国际法一样，它们的功能就是要"使人类行动符合可预测的模式，从而使预计的行动能够在手段和目的之间获得一种理性的关系中前进"（Barkun, 1968, p.154）。

因此，国际机制对各国政府是有用的。国际机制决不会对政府构成威胁,如果这样,机制的存在就很难理解了,国际机制使政府能够获得在没有机制的情况下所不能获得的目标。它们能够做到这点,部分因为它们促进各国政府之间协议的达成。国际机制通过提高破坏他人财产权利行为的预期成本,改变议题群之间的交易成本,以及为其成员提供可靠的信息,促进协议的达成。与庞杂的互不相关的协议间的选择相比较而言,机制相对来说是有效的制度,因为它们的原则、规则和制度,在各个议题之间创造了联系,使行为者有强烈的动机去达成互相有利的协议。在各国多层次互相重合的议题上既有共同利益也有冲突利益的形势下,在外部性问题通过谈判很难但又不是不可能得到解决的形势下,国际机制得到了茁壮的成长。当这些条件存在时,国际机制对国家就是有价值的。

我们已经看到,我们的论证并不相应地认为国际机制必然会增加全球福利。国际机制既可以被用来寻求排他的和地方的利益,也可以用来追求更加广泛的共同的目标。我们也不应该认为,所有潜在的有价值的机制将必然会被制定出来。就如我们所看到的,那些承诺提供全面的可观的收益的机制,可能是很难创制出来的。

对国际机制的遵守

国际机制是分散性的制度。这里所说的分散并不是说机制不具有为成员遵守的机能,而是说对违背机制原则或规则的任何制裁,都不得不由单个的成员来执行(Young, 1979, p. 35)。机制所提供的程序和规则只是把这种制裁协调起来。机制原则和规则的分散型实施既缓慢又不确定。但在许多场合,规则都被遵守。亨金甚至说:"几乎所有的国家都一直遵守几乎所有的国际法原则,并履行几乎所有的义务。"(Henkin, 1979, p. 47)在国际政治经济中,我们发现遵守的例子比比皆是,即使在政府基于自己的短视利益而有破坏规则的冲动时,它们仍然遵守国际机制。例如,尽管美国最终于 1971 年 8 月 15 日单方面地破坏了布雷顿森林体系,但是在此之前的许多年,美国政府一直遵守限制本国行动自由的规则。从总体上看，日本渔民也遵守了北太平洋国际渔业协定（Young，1979，pp.79—88）。我们还可以从商品贸易和航空等领域中找到遵守国际机制的许多例子（Cahn，1980；Jonsson，1981）。

国际遵守的程度也不应被高估。正如我们将要看到的，贸易和金融方面的国际机制在70年代弱化了。美国和欧洲对纺织品、钢材和其他受到威胁的部门加强了保护主义政策（Aggarwal，1983；Verreydt and Waelbroeck，1982；Woolcock，1982）。然而，尽管20世纪70—80年代的经济存在混乱，但这并没有导致各国政府草率地大幅度地削减贸易。事实上，只有在1975年和1982—1983年的严重衰退时期，工业国家的出口总量才出现下降；除此以外的其他年份，出口总额的增长超过了这些国家实际国民生产总值的增长（IMF，1983，表B-1和B-8，pp.170，176）。进一步说，保护主义所采取的方法形同虚设，而许多当代的保护主义政策则被设计得避免与国际协议发生直接的冲突。例如，尽管事实上进口配额不需要冗长的国际谈判，这为进口国和私人公司带来了更多的收益，但美国在制造品上采取的保护主义仍然主要是"自动出口限制"而不是单方面地规定进口配额（Bergsten，1975b）。自动出口限制常受青睐是因为它不在GATT明确禁止之列，从而能规避GATT的限制。然而这种好处的获得，常常是以建立在允许迅速增长的进口的缺口这个代价上的（Yoffie，1983）。当然，世界贸易中的自由主义的确受到了压力，但是这种现象总的看来并不意味着各国政府将国际协议置之不理。虽然政府有时会破坏国际规则，但是它们对国际规则的遵守才是常态。

遵守中的一个困惑是，为什么追求促进自我利益的各国政府在规则与我将称之为"短视的自我利益"相冲突时，它们仍会遵守国际机制的规则。"短视的自我利益"指的是，对于政府来说，当某一特定议题与其他议题孤立开来进行考虑时，政府对可选择行动方案所进行的成本和收益计算；在不考虑特定的成问题的议题领域中的行动将对其他议题领域产生非直接影响的情况下，如果一个行动方案较之其他选择具有最高的预期价值，那么该行动就会给政府带来短视的自我利益。政府经常遵守与其自身短视利益相冲突的规则，这一现象对本章所阐述的现实主义或功能的理论而言是潜在的反常现象，这两种理论都假设世界政治中的行动是理性的利己主义的。为什么一个利己的行为者在某一议题上的行动会与其在这一议题领域中的自身利益不一致呢？如果我们遵守国际机制中的规则，这难道不是与利己主义的假设不相一致吗？

国家利益的模糊定义使得一些现实主义者（例如摩根索）避免涉及这一问题。摩根索注意到联合国系统中专门机构这类功能组织存在的事实，但他自己又认为当国家利益与此类专门机构的运行有冲突时，“国家利益胜过了国际的行动目标”（Morgenthau，1948/1966，p.508）。由此产生了一个问题，即国家利益这个概念是否被短视地定义，而没有考虑到一个行动对其他议题或价值的影响，或从更加长远的意义上讲，没有考虑破坏国际规则和规范对其他国家目标的影响？然而，最关键之处在于如何精确地定义利益，以及国际制度如何影响国家对自我利益的界定。对遵守问题中这些困惑现象的理解，需要我们考察国际机制如何影响理性的、利己的各国政府对自身利益的估算。

对于这个问题的探讨，可以从以下两个不同的但又相互关联的论证途径来进行。一条论证途径是孤立地看待某一机制，考察它相对其他可行性选择而言对政府的价值。对遵守中存在的困惑现象的这类解释，首要强调的是建设国际机制的困难性。由于机制建设起来很难，所以如果对其他方案选择的结果导致既有机制的崩溃，那么遵守机制中的规则才是理性的，因为即使一个不完善的机制也会比任何政治上看来是可行的替代机制要优越。另一个论证途径是把机制置于世界政治中其他机制的背景之下，把每一议题和机制当作议题和机制网络中的一部分。正如重复囚徒困境与一次囚徒困境的结果截然不同一样，把一个机制放在其他机制的背景下进行分析，就能得出与孤立考察这一机制所截然不同的激励结构。

既有机制的价值

我们已经看到，在没有明文条款保证契约得以自上而下强制实施的情况下，即使是完全理性的个体，相互订立协议也是困难的。在世界政治中，国际机制通过降低由于高额交易成本和不确定性带来的障碍，从而有助于促进协议的达成。不过，这些障碍和困难本身，使创设机制的初始步骤变得困难重重。

交易成本和不确定性的重要性，意味着维持机制比建立机制更容易。利益互补是机制出现的必要但非充分条件。国际机制的建立可能需要一个霸权国家的积极努力，例如二战以后建立起来的国际货币基金组织和关税及贸易总协定；在没有霸权国家参与的情况下，突发的严重危机的压力，也会促使机制的产生，例如国际能源机构。但是即使在存在互补利益的情况下，要克服交易成本和不确定性问题也是极为困难的。

然而，一旦一个国际机制被建立起来，它会从其产生的相对高水平和对称的信息中获益，通过这些，还使支持机制的谈判协议更容易达成。我们在第九章将会看到，处于国际货币和贸易机制中心的那些国际组织，在导致它们产生的美国霸权衰落之后仍然存在着。把国际机制看作是提供信息和降低交易成本的实体，而非一个半政府性质的规则制定者，有助于我们理解这种持久性。有效的国际机制促进官方非正式的接触和交流。事实上，它们可能产生跨政府的沟通和友好网络：一个政府的机密文件可能被另一个政府的官员看到；观点相近的官员的联盟的发展，可以达到共同的目标；专业人士的重要讨论能够表明国家政策的预期目标和主张（Neustadt，1970；Keohane and Nye，1974；Keohane，1978）。这些跨政府关系的发展，通过为政策制定者提供关于他们对手可能行动的可靠信息，来增加世界政治中合作的机会。[7]

对这些深植于国际机制中的信息生产行动模式的意义进行评估，能够帮助我们进一步理解为什么 70 年代美国霸权的衰落并没有伴随着合作的立即崩溃。而这是粗糙的未经提炼的霸权稳定论本应该能够预计到的。从历史标准来看，由于战后国际机制的制度化水平是很高的，它们在执行层面的官员之间形成了复杂而广泛的沟通网络，所以我们可以期望在美国霸权的衰落和国际机制的崩溃之间的时间间隔会很长，既存机制存在的惯性相对来说会非常大。

对信息在维持机制中的作用的论证，还可以通过考察与之有类似关系的寡头合作与竞争现象而得到进一步的说明。威廉姆森在组织理论的基础上，认为一个集团成员之间的沟通有助于促进合作，或是他所说的“对集团目标的信守”（Williamson，1965，p. 584）。寡头垄断者之间的合作还会因为以往的合作记录而得到培育。按照这个假设,威廉姆森构造了一个模型,该模型有高水平合作和低水平合作两个平衡点,一旦达到某一平衡点,只有环境发生重大变动时才能使这种平衡有所变化。

> 如果体系是在低水平的信守和沟通层次上运行(例如择优而选的解决方案),在体系转向高水平的信守和沟通运行之前,对环境做根本性的改变是必要的。事实上,驱使体系达成共谋性的解决方案所需要的环境条件,要比体系一旦获得这一地位时需要维持的那种水平要高。同样,相对于将体系保持于低水平运行状态而言,把体系从高水平的平衡状态降为低水平的平衡状态,需要更不利的环境条件。[8](Williamson, 1965, p.592)

和威廉姆森的寡头卖主垄断模型一样,国际机制的维持也是比构造更容易。国际机制的原则、规则、制度和程序,以及与它们相互连结在一起而产生的互动的非正式模式,对于各国政府而言是有益的,因为这些安排使得沟通成为可能,从而降低交易成本并促进信息交流。当国际机制以这样的方式运行时,其所扮演功能的价值就会上升。因此,即使成员间的权力变得更加分散,集体行动问题的解决更加严峻,这些缺点都可能由于国际机制提供的具有促使达成一致的信息效应而得到弥补。

斯丁库姆(Stinchcombe, 1968)在讨论“积淀成本”(sunk costs)[9]问题时也同样提出类似的观点。他写道:“当一个过去的行动产生一项持久可用的资源时,我们就把这项资源视为‘积淀成本’。”积淀成本,例如对于名望和善意的投资,或者我们可以加上对制度(如国际机制)的投资,是无法挽回的,因此“不应该被纳入到对当前理性政策的估算之中”。但是“如果这些积淀成本使得一种传统的行动模式的支出更加便宜,而且如果新的行动模式在不计这些资源的情况下并不更为有利可图,积淀成本的作用就会使传统行动的模式年复一年地存在下去”(Stinchcombe, 1968, pp. 120—121)。从这个意义上讲,国际机制具有积淀成本的意义,这使我们能够理解为什么即使所有的成员宁愿倾向于支持一些不同的原则、规则和制度时,既有的机制仍然能够存续下去的理由。

具有讽刺意味的是,如果机制是不费任何代价就能建造起来的,那么构造这些机制就没有任何意义,因为这时,不付出任何代价也能达成一致的协议。在这种情况下，各国政府会等到特定问题显露出来时，才制定相关的协议去处理这些问题；它们没有必要去构造国际机制以促进协议的达成。准确地说，协议和机制构造的高成本，使它们变得非常重要；而机制建设的高成本有助于既有机制的延续。

议题和机制的网络

在思考遵守问题时，我们应该回想到前文关于机制是如何促使协议达成的问题。某种程度上，各国政府愿意加入各种各样的机制安排，首先是因为它们期望国际机制会加强彼此之间的遵守行为。随着机制创造了对遵守的激励因素，它们还对那些有意加入机制的潜在成员产生了更强的吸引力。我们看到，通过把各种议题联系起来，国际机制创造了一种状态，这种状态非常类似重复的、无止境的囚徒困境博弈，在这种博弈形势下，合作可能是理性的选择，而这种形势与一次囚徒困境博弈下的非合作选择是不同的。在某一既定议题上违背自己的承诺，追寻自己短视的利益，将会相应地影响他人在其他问题上的行动选择。因此对自身长远利益的追求，有利于防止政府只关注自身的短视利益。

正如囚徒困境的例子所告诉我们的，通过议题间的联系而产生的社会压力，为各国政府信守自己的承诺提供了最强有力的理由。也就是说，各个利己的政府可能遵守国际规则，因为如果它们不这样做，其他政府将注意到这种行为并给予这种行为以负面的评价，也许还会采取报复性的行动。有时这种报复行动是具体的并经过机制规则的许可，而有时报复性行动可能更为笼统和分散。

例如，假设 GATT 的一个成员在国内螺帽和螺栓制造商的压力下，要求对这些产品进行进口配额限制。即使该国政府认识到这么做将带来短视的利益，但是它知道，这种违反规则的行动将对它在其他贸易问题上的行动产生消极的影响，譬如在打开国外半导体市场方面。机制的原则和规则由于有助于各个议题的相互联系，从而使追求短视利益行为的吸引力更少。事实上，由于对规则的破坏将导致可能的纷争，从而使政府认识到应该继续参与合作；而如果政府在违反机制规则的同时却又没有产生纷争的风险，那么它就会继续那么去做。

这个假想的例子帮助我们理解,为什么各国政府一旦加入它们认为有利可图的机制,即使在某些遵守的成本大于收益的特定情况下,它们仍然会遵守机制中的规则。然而,有时政府会发现它们所加入的机制对它们不再有什么好处了,那么这时,当机制总体上来看似乎是坏的东西的时候,导致政府遵守机制的激励因素会发生什么样的变化呢?

如果世界政治中只有一个机制,或者各个机制都是互相孤立存在的,那么从理性的角度讲,利己主义的政府将不会遵守机制的各项规则。当各国政府经过估算,认为进入一个机制的机会成本高于其他可行行动的机会成本时,机制将会被它们抛弃。然而,在当代世界政治经济中,各国政府间存在多重的议题和多重的联系,因此它们无不参与到各种机制之中。[10]破坏一个机制的行为不只影响这个机制所调节和管理的议题领域的行为,而且更会影响同属一个网络中的其他机制。对一个理性的政府而言,它破坏一个机制规则的行为的纯收益,一定高于这种行动对其他国际机制产生影响的总成本。在其同伴们因为它破坏某一机制而对其行为进行报复的范围内,该政府会发现它对短视利益的追求受到了抑制。

所有这些促使遵守的激励因素取决于对报复性的关联原则的展望。正如在艾克斯罗德的模拟囚徒困境研究中所展示的,"一报还一报"的战略比惟命是从的战略更能有效地促使合作的出现。我们在前面已经看到,GATT 的条款中包括报复的内容。而 1944 年的布雷顿森林协议提供了另一个相关的例证。在第 7 款中(稀缺货币条款),一个货币过剩的国家如果不愿意补充 IMF 已经耗尽的通货储备,它的出口将受到在 IMF 许可下的歧视(Hirsch, 1967, p. 433)。然而,对具体违反行为的报复并不是维持国际机制的可靠途径。在实践中,GATT 的报复条款仅仅运用了一次,而且这次行动还是无效的(Jackson, 1983)。个别政府认为报复的成本太高了。另外,和集体行动相似的问题也会出现:如果某一国家违反特定的规则对其他国家并无很大的影响,那么报复就不大可能非常严厉,即使该违反行为总的影响是大的。如果国际机制完全依赖于对违反者的具体报复来获得遵守的话,那么这些机制实际上是虚弱的。

一旦政府考虑到先例或者认为它们的声誉处于危险之中,即使在没有具体报复的情况下,各国政府可能仍然有动机去遵守机制中的规则和原则。虽然即使没有强加的惩罚性的东西,政府仍然害怕树立坏的先例,因为自己对规则的违反可能促使其他政府也会去违反规则。也就是说,对规则的破坏会给自己带来个体的利益,但是这种行为也会带来"公害"后果。公害对单个政府效用的影响在有些情况下可能要超过其所得的收益。

从这个意义上说,先例的力量并不是很牢靠的。不论国际法学者宣称违反规则的后果有多么严重,即使最愚蠢的利己主义者,站在自己的立场上也会看到,恰当的比较不是在破坏规则所获得收益与这种行为对每个人造成的成本之间,而是收益与其个人付出的成本之间。集体行动问题在这里又出现了。

集体行动的困境能通过声誉的作用而得到部分的解决。与树立坏的先例引起的成本不同,因为违反规则而得到的坏的声誉的成本,会使违规者付出具体的代价。只要将来会持续出现一系列议题,只要行为者以过去遵守的先例为行动基础,对各自的行为互相监督并且漠视和贬低协议的价值,拥有良好的声誉对于利己主义者而言就是极有价值的,即便利己主义者在集体行为中的地位是如此微不足道以至于它为自身过错所付出的代价极小,情况也是如此。

在本章前面,我们对不确定性的分析说明了声誉对那些即使不重视个人荣誉和自尊的政府来说,都具有非同寻常的重要意义。在不确定性和非集中化的条件下,政府决定和谁、以何种条件达成协议,很大部分取决于它们对参与者信守诺言的意愿和能力的预计。良好的声誉使得政府易于加入可从中受益的国际机制;而那些声誉不佳者则要付出难以达成协议的代价。[11]

在世界政治中,声誉的重要性作为一种激励因素,以促使行为者按照行为标准行事,这一点与无国家社会中的实践极为有趣地相似。在没有中央权威的原始社会中,发展出了一种被人类学家称为"由规则和标准所确定的合适的行动"(Colson, 1974, p. 52)。和国际机制一样,这些规则通过减少模糊性的东西,从而有助于限制利益的冲突——在这种情况下,它们提供信息,表明何种行为类型是具有合法性的。在这类社会中,对违反社会规范和规则的主要惩罚是个人声誉损害的代价问题:"这类社会中犯有公共罪行的人经常就被视为是坏人。”(Colson, 1974, p.53)世界政治中也一样,大众关注的焦点不是行为者在过去的所作所为,而是其在将来可能做什么。也就是说,原始社会中的社会控制体系和国际关系一样,是“向前看”的。这种社会控制依赖于一小群行为者之间紧密而又持续不断的互动,而它们彼此之间的频繁互动,并不是由共同政府强加的正式法律体系来管束的。

即使当自身短视利益提醒自己不要去执行国际机制时,利己的政府出于对声誉的考虑,并且因为害怕报复以及形成坏的先例,它们仍然会遵守国际机制的规则和原则。正如我们在这一部分所看到的,它们可以严格地按照成本和收益的估算原则去行事;每次当它们有破坏国际机制条款的冲动时,它们会考虑这么做对自己声誉的影响,以及遭受报复的可能性和破坏规则可能对整个系统所产生的影响,从而计算这么做所获得的收益是否高于付出的代价。在这种成本—收益分析的影响下,它们常常决定去适应各种规则。理性的利己主义原则使各国政府不仅可以达成协议,而且还能使它们履行协议,哪怕协议可能根本不起什么作用。

结　论

本章使用了理性选择理论和制度的功能理论,以帮助我们理解国际机制的创设、维持及其演变问题。我的分析假设政府对其面对的每一个问题都认真地估算自己的利益,它们不会考虑公共利益或者公意,当然也没有任何理想主义的成分。我试图指出,即使在现实主义和博弈论的有限假设基础上,作出纷争是不可避免而合作是不可能的结论都是不合逻辑的。利己的政府能够在共享利益的基础上,理性地去建立国际机制。政府会遵守机制中的规则,即使这样做可能不符合它们的短视利益。在多事的世界中,这种明显的自我抑制恰恰反映了理性的利己主义。

由于构造国际机制的困难,尽可能地调整现有机制,而不是推倒重来,才是真正理性的行为。因此,机制倾向于不断的演化而不是终结。总体上看，赞同机制原则和规则的各国政府会竭力维持机制，即使这样做需要牺牲短视的自身利益。

国际机制所执行的功能是有价值的，它们降低合法交易的成本，增加非法交易的代价，减少行为的不确定性。国际机制并不否定讨价还价，相反，它们认可那些为某些目标而进行的讨价还价行为。它们最重要的功能在于推进政府之间的谈判，以达成互相有益的协议。机制还通过对各个议题的联系以及自身同这些议题的联系，影响遵守所必需的激励因素，这是因为在某一问题上的行为必然会影响其他人在其他问题上的行为。

政府决定加入机制，部分是在罗尔斯讨论社会契约问题时使用的“无知之幕”(veil of ignorance)背后作出的(Rawls，1971；Sandel，1982)。当然，各国政府比罗尔斯所谓的处于“无知之幕”阴影背后的个人，对协议条款可能给它们带来的好处知道得更多，但毫无疑问，它们与这个阴影背后的个人一样，也不能完全精确地预测未来。国际机制会受到未来许多因素的影响，这些因素包括世界权力关系的变动，新的相互依赖模式可能导致利益的变化，新成员的加入引起国际机制成员的变动等。接受国际机制原则和规则的各国政府承担着未来的义务，而这种成本是它们现在所不能准确估算的。

这些承诺减少了政府行事的灵活性，并且限制了它们以自身短视利益为基础的行动能力。这不仅仅对机制自身，而且对国家的声誉来说可能都是代价高昂的。加入国际借贷网络的福利国家政府认识到，一旦它们成为这类机制的积极参与者，它们就无法预测，根据这类机制的要求它们要出借多少货币给它们的同伴。国际能源机构的成员国根据事先达成的协议框架，同意在危机时为石油严重短缺的成员提供石油。尽管可以预测哪些国家可能成为债权人，哪些国家可能成为债务人，或者国际能源机构的哪些成员可能要求分享石油，但是借贷的数量在将来是无法预测的。显然，各国政府都认识到，要做到违背承诺而又不严重损害声誉是困难的。所以，机制的维持不仅依赖报复的分散化的实施，而且依赖政府对维持良好声誉的渴望。

对人类生活现实和社会科学研究成果的尊重，要求我们承认纯粹最大化的理性假设是不完全符合现实的。尽管，正如我们所看到的，理性的假设对于国际体系层次上的理论构建是非常有用的，但是近期没有任何一项决策研究的结论告诉我们，现代政府是根据纯粹理性的教条来行事的(Snyder and Diesing，1977)。与其他大型的组织相比，政府并非更多地按照古典的利益最大化原则来行事(March and Simon，1958)。因此在下一章，我们通过引入"有限理性"和"满意"原则这两个概念，来调整关于理性的假设。这两个概念在过去的几十年中被广泛用来解释个人尤其是组织如何行为的问题。这两个概念并不否定或轻视人类的智慧，也不是对利己主义假设的挑战，但是对这两个概念的使用，的确导致关于政府如何进行决策和国际合作问题的其他思维方式的产生。

至此，我们一直是从现实主义立场出发，来假设政府都是利己型的。如同纯粹理性假设一样，这在理论上是有用的。它简化了现实，但并非现实的真实反映。政府是由个人组成的，其中一些人具有超越狭隘的自我利益的价值倾向。但是考虑到虚伪是政府在国际关系问题上发表声明的典型特征——宣称为原则而牺牲，但却以追求自身利益为目标——我们应该对放松利己主义假设这一点持警惕的态度。但是在第七章，我们将探讨移情因素对国际合作前景产生深刻影响的可能性问题。即使假设世界政治中的行为者都是狭隘的以自身利益为准绳的利己主义者，国际合作的可能性仍然是可以得到解释的，这一点使我们可以持这样的观点，更宽容的价值观念可以使我们在世界政治经济研究中产生不同的看法。

注　释

1. 对这个概念的一个详细的说明，见 Davis and North，1971，p.16。

2. 这里关于"套叠"(nesting)概念的使用，我要感谢阿格尔威尔的研究成果(Aggarwal，1981)对我的启发。斯耐德尔(Snidal，1981)，以及巴昆(Barkun，1968，p.17)在多年前的研究中也在同样的语境下使用了这个概念。

3. 对"联系"问题的论述，特别见奥伊的成果(Oye，1979，1983b)。也可参见 Stein，1980；Tollison and Willett，1979。

4. 这一点，我是在阅读科尔森就由各个个体组成的无国家社会是怎样达成一致协议的论述中得到启发的。科尔森指出，通过辩论与交谈，使人们可以"根据某人在特定角色上的表现行为，对其形成一个大致的判断；反过来说，这也使人们可以预测其未来的行为"(Colson，1974，p.53)。

5. 1960 年，托马斯·谢林在就突然的核打击问题作分析时，阐述了一个与此相同的观点。设想如果苏联怀疑我们会实施突然的核打击，我们怎样向苏联证明我们不会这样做呢？谢林指出："显然，仅仅告诉苏联'我们不会发动突然的核打击'，这是不够的，……因为人们可以用很多方法，通过对核打击前的有关现象（例如军事力量的部署情况）作真假辨别，确认对手是否实施核打击。"（Schelling，1960，p.247）要对现象的真假进行辨别，需要将更多的信息公开在外部的监管之下，以达到缓解阿克尔洛夫所谓的"质量的不确定性问题"。

6．鲍伯罗和柯德尔发现在国际能源机构的能源研究和发展项目中，存在严重的集体物品问题，从而指出："商业利益和各国之间的争夺严重阻碍了更广泛的国际合作。"（Bobrow and Kudrle，1979，p.170）

7．然而，在政府的最高层次之间，这种跨政府的接触通常还是十分有限的（Russell，1973；Putnam and Bayne，1984）。

8．我要感谢麦考文（Timothy Mckeown）为我介绍了威廉姆森的观点及其对国际关系研究的影响。

9．我要感谢克拉斯纳，他使我注意到这个问题。

10．各国之间存在的多重议题和多重接触是复合相互依赖的两个重要特征（Keohane and Nye，1977）。在由"一报还一报"的互惠行为所刻画的环境下，这两个因素都通过加强政府间的相互接触而促使一致协议的达成，并进而增加各国政府信守承诺的激励动力。复合相互依赖的第三个特征——诉诸武力行为的无效性，也具有同样的作用，因为它保证国家间的博弈不致因为突发暴力行为而中止。

11．海曼对这个问题作出了简洁的概括："由于给所有参与者都带来好处的协调行动通常建立在信任的基础上，所以每一个想参加这种合作计划并且想从中得益的行为者，应该长期并在不同的场合努力树立和维持一种可信赖的形象。"（Heymann，1973，p.822）海曼还指出，只有当个体的行动是公开的，且其他人拥有有效的对违规行动进行报复的能力时，为了声誉而遵守已定的规则才会发生作用。

第七章
有限理性与自我利益的再界定

本书第五和第六章将政府假设为理性的利己主义者，并由此出发，对国际机制所发挥的功能进行了抽象的论述。本章将放宽这个假设。在本章前两部分，我将认为政府无法符合古典理性理论的严苛要求，并探讨这一论述对于国际机制的功能理论所具有的意义。其次，我将拓宽"自我利益"这一概念的内涵，淡化其利己主义色彩，来考察一旦行为者将他国的福祉视为本国利益的一部分时，将如何影响世界政治中的合作。在最后一部分，我将以"移情"为假设前提，并就这一解释的价值，将它与第五和第六章中的利己主义的解释进行比较。

首先，我将重点讨论"有限理性"问题。第六章末尾已指明，古典的理性只是一种理想的假设。将个人，尤其是政府，视为计算能力受到限制的行为主体，这种观点将更为合理。对政府来说，收集信息并作出决策，成本是十分高昂的。也正是由于无法实现零成本的决策计算，国际机制的规则与原则才更具有价值。自觉遵守机制规则，而不必对每一个案都进行成本收益核算，可以大大节省决策成本。

至此，我假定某一决策者的偏好保持不变：每个行为者都担心其他行为者的偏好会发生改变，而对自身则从无此顾虑。但是规则与制度能够对所有行为者的未来行为加以控制。这一点对于集体行为者，尤其是更迭不定的政府来说意义尤其重大。为此，在第二部分，我对每一个行为者的偏好均恒久不变的假设有所放宽，而且，对于领导者和各级官员将怎样利用国际机制来防止其政府偏好在未来发生改变，我也作了相应的分析。

通过对“利己主义”含义的重新估价，本章第三部分更深入了一步。我绝非倒向利他主义的立场，但是我认为确实存在这种可能：即各国政府认为自身的福祉依赖于他国的繁荣。在这种条件下，国际机制的建立将更为容易。[1]为探询以“移情”来解释世界政治的利弊，对于两种显得较为无私的行为——道德主义宣言和表面上看不均衡的交换——我将分别以“利己主义”和“移情”为前提对其加以阐释，以确认何者更具说服力。

有限理性与国际机制

由于其他行为主体和自然力量影响的存在，使第五章和第六章中所描述的完美的理性决策者可能面临诸多不确定性因素，但是除此以外，理性的决策者在这两章还被假定为可零成本地进行计算。然而，这种教科书中常常见到的“个体”，在现实中并不存在。无论多么精明的投机者，或是卓越的科学家，他们的计算能力也都有局限。设想哪位决策者能够利用其全部已知信息，这只不过是夸大人类智慧能力的想法。

在实践中，决策者均受到自身认知能力的局限，而远非受环境的不确定性局限。西蒙以其惯常的清晰文笔阐述了这一点（Simon，1982，p.162）。

> 区分两种理论尤为重要：一种是将所有的条件和限制都归因于理性行为者之外的环境；另一种则认为局限性主要来自于作为信息处理者的行为者本身。后一种关注行为者信息处理能力局限性的理论，我们称之为“有限理性理论”。

从古典意义上来说，受到有限理性制约的行为者无法使用其全部信息，因此也就不能实现信息的充分利用。它们无法将无穷无尽、可供选择的行动方案一一罗列，然后对它们加以评价，并判断出每一种方案的可能后果（Simon，1955/1979a，p.10）。至关重要的是，计算上的困难之处并不仅仅是由于外界环境的复杂性，更主要的是源于行为者认知能力的局限。在这一方面，有限理性的行为主义理论与当前的现实主义大相径庭，后者如第五、六章中讨论过的市场失灵理论，仍然坚持可以实现完全最大化利益这一观点。

> ［在新的新古典理论中］并非因为决策者心理上的特性，而只是作为技术性环境的一部分，才引进信息的限制和成本问题。因此，这些新理论丝毫未能缓解决策者所面临的计算的复杂性问题，它们把决策者视为通过简单的夸张与扩大，而不是通过大致的估算、简化和满意原则来处理复杂的计算问题的。这样一来，它不仅需要计算供需曲线的形状，而且，还要更为精确地额外计算出这一计算活动的成本和收益。对于不确定性及信息传输等许多迄今仍为人所忽视的问题，有人认为这些新理论提供了解决方案，但是，在某种程度上，这只是一种幻象而已(Simon, 1979b, p.504)。

在西蒙的理论中，人们与其说是谋求利益的最大化，不如说是获得“满意”。也就是说，起初他们通过搜寻来节约信息，直至他们找到了高于满意程度的——即所期望的程度——行动步骤为止。随着对新的环境信息的获知，人们的期望程度也在不断变化(Simon, 1972, p.168)。考虑到人类认知能力的局限性，这是一个合理的策略，而绝非非理性的，对于大多数事件的决策来说，这不失为一种最佳的方法。

日常生活中，我们总会感到满意。我们借助多种方式来节约信息，诸如通过对习惯的培养，为重复出现的情况制定规则以简化计算，或是遵守长远看来会产生满意效果的普遍原则。我并不是说要郑重其事地算计各种琐事，诸如在早晨是否刷牙，以正手还是反手击球；或是当人来电话问基欧汉在不在家时是不是对他说实话。相反，除了因为我有一些道德顾忌而可能作出一些诸如撒谎之类的事，一般情况下，我会认为习惯性的刷牙，遵从“犹疑不定时就用正手击球，因为你反手太差”的规则，信守诚实这一普遍原则而不必每次都去计算成本收益，这样会更符合我的利益。我无意否认一些例外情况，例如有时我也会因伏案苦思而忘记洗漱，或者偶尔以反手击球，或者在电话里对某个令人厌烦的推销商撒谎。如果每当面临选择时，我都能对各种方案进行必要的计算，而不耗费任何成本，无疑这将对我更为有利。但是，事实上这是不可能的。由于进行信息处理势必消耗成本，因此避免对类似的琐事进行计算，符合我的长期利益。

哲学领域中的规则功利主义(rule-utilitarianism)学派强调规则对实现普遍幸福的作用,其论述与西蒙对有限理性的分析颇有相似之处。[2]奥斯汀(John. Austin)在一句格言中对规则功利主义下了这样的定义:"规则随功用而变,行为随规则而变。"(Mackie, 1977, p.136)功利主义者坚信,总体而论,与每次依据"首要原则"(first principles)作出的一系列特别决定相比,遵守规则——约翰·密尔称之为"次要原则"(secondary principles)——将带来更佳的结果。[3]人类计算能力的局限性是制定和遵守规则的主要原因。密尔早在西蒙之前,在阐释其功利主义思想时就对有限理性问题进行了大量的论述(Mill, 1861/1951, p.30)。

> 没有人会否认航海技术是以天文学的发展为基础的,因为水手们无法等着去计算航海年历来进行航海。作为理性动物,他们都在预先计算好之后才出海航行。所有的理性动物在驶入生活的海洋中时,头脑中都已对正误之别,以及更为难解的贤愚之分有了定见,只要未雨绸缪仍是人类的本质,这一情况就会被认为将延续始终。

如果说个人是追求大致满意而非最大化利益,那么政府和其他庞大的组织则更是有过之而无不及(Allison, 1971; Steinbruner, 1974; Snyder and Diesing, 1977)。组织的决策程序是很少符合古典理性理论的要求的。从期望程度的意义上讲,组织具有多重目标,它们直到找到满意的行动步骤时才肯罢休。它们宁愿回溯既往,而不愿对未来条件进行系统的预测。它们运用"标准的运作程序及粗略的估测规则"来作出决策并付诸实施(Cyert and March, 1963, p.113; March and Simon, 1958)。

公司行为的理论清楚地表明,满意的原则并未脱离常规,无需对其加以修正,恰恰相反,这种假定实属明智之举。如果一个庞大组织的领导者要求该组织服从古典理性的标准,这将是愚蠢也许近于疯狂之举,必将使该组织陷入瘫痪,除非其下属能够骗过其领导,使他认为该组织已达到了不可能实现的古典理性的标准。这一论断对于政府来说更是如此,因为政府的组成更为庞大,目标也更为多样(而且经常互相矛盾),成败也更难衡量。无论古典现实主义理论家(Morgenthau, 1948/1966)和外交政策的研究者们如何钟爱无限理性的假设,这也只能是一种理想罢了。一个庞大、复杂的政府如果信奉"保留足够多的选择余地"的原则,必将作茧自缚，因为这将造成中级官员无所适从，最高决策者将被琐事缠身而无暇他顾。沉迷于追求政策和行动完全的多变性，将像寻找圣餐和“青春之泉”一样，只是不切实际的幻想。

如果认为政府也受到有限理性的制约，那么，第六章中就国际机制的功能价值所进行的论述，意义又何在呢？请记住，在理性选择的假设下，由于国际机制能够降低交易成本，尤其是它能减少外部环境中的不确定性，从而对政府具有重大价值。机制的存在，能使每一个政府更好地预期对方是否会采取可预见的合作政策。依此理论，政府不再对每一个事件都精打细算，以使其短视的自我利益最大化。放弃这种行为所得到的回报是，它们对他国行为的预期变得更为确定了。

在有限理性的理论下，政府参与和支持国际机制的意愿将会因为以下这样的事实而得到加强，这就是，替代机制的方案不会有想象中的假设古典理性理论是正确的情况下那么有吸引力。行为者在有限理性的事实下无法对每一个问题的所有选择方案都进行成本收益的计算，相反，它们需要简化决策程序，以高效地履行职能。它们所设计的粗略概测规则所导致的结果——不论这些规则是被单方接受的，还是作为国际机制的一部分，与在古典理性行动下的完美结果相比，当然不会更好，而且往往还会逊于后者(除了决策成本因素外)。因此，在单方的粗略概测规则价值与一项机制规则价值的比较中，以及零成本、完美的理性计算的价值与该项机制规则价值的比较中，一般来说，在前项比较中对机制规则价值的肯定要更多。

当我们摒弃古典理性的假设，我们发现并非是国际机制否定了政府进行古典理性计算的能力。真正的障碍是由政府的性质决定的：作为一个庞大、复杂的组织，政府是由人构成的，而每个人解决问题的能力又是有限的。政府面临的选择不是应否服从机制，从而不惜放弃通过不断的计算谋求最优利益的机会，而是究竟要遵守什么样的粗略概测规则。正常说来，单边规则比多边规则更适于个别国家的情况。但是机制规则的优势就在于它能对其他行为者产生约束作用。问题是，约束他人行为这一收益，与接受机制规则而非粗略概测规则的成本相比是否更为有利？

因此，如果我们赞同各国政府均须服从粗略的概测规则，在这种情况下,恪守国际机制的成本将比古典理性成为现实可能性的那种情况要低。机制只是以多边规则代替了单边规则,其优势在于可使其他行为者的合作行为更可预期。国际机制既不会加剧政府间的等级秩序,也不是以自身的规则取代各国的自我计算,相反,它们只是提供一系列粗略的概测规则。

将这一论述与第六章的内容相结合,可以看出我们关于国际机制的概念与常用来刻画国际政治本质的自助体系有着多么大的差异。在一个纯粹的自助体系中,行为者对每一事件都进行利益计算,并保留自身的选择权,直至作出决策。当他国陷入困境中时,理性的反应就是趁机提高要价,以尽可能多地捞取利益,索要金钱、石油或军事支持。这种情况在世界政治中,尤其是在敌对国家之间屡见不鲜。但是国际机制的一个重要特征就是限制强势国家从这种局势中获利的能力(无论多么短暂)。这种限制所带来的好处绝非某些国家的利他主义行为所致,而是因为机制使各国对自身长远利益的计算发生了改变。如果一个政府珍视其在未来与别国达成协议的能力,那么声誉就成为一个关键因素。而在世界政治中,行为者声誉最重要的一方面,就是别国坚信尽管履约将使它短期内处于不利境地,但它仍能够恪守成约。为此,即使从古典意义上所说的理性国家,有时也会加入到机制中来,遵守机制的各项规则。机制通过提供粗略的概测规则,对于一国政府节约决策成本也具有重大价值。如果哪国政府抛弃某项机制,它自身就必须另行建立一套新的规则,以此来指导其官僚体系的运作。粗略的概测规则所提供的便利,以及长远而不是短视地计算自身利益所具有的优点,促使利己主义的各国政府,尤其是那些深受有限理性限制之苦的政府,更加倾向于遵守国际机制的规则。

防止偏好发生变化

在经济领域,偏好或“喜好”通常被认为是一个外生变量(Stigler and Becker, 1977)。但是马奇(March, 1978)指出,理性选择既包含对自身未来偏好的猜测,也包括对现实行为将导致后果的估计。个体总是试图改变自身的未来偏好——不论是通过弗洛伊德式的对欲望和冲动的压抑还是升华,抑或借助于其他手段。

认识到个体会试图影响自身未来的偏好,这使得长于深思的观察者去思考"意志的弱点"这一哲学问题,或者基于人类意志而产生的理论所具有的一些矛盾之处。但是对于政府这样一个其领导人不断变动的集体实体,也许它当前决议的部分意图就是要对未来的选择加以限制,这一点是毫不为奇的。固然,一个政府未来的治理模式——尤其是持有不同信仰主张的政府,并不必然就是现任政府功能的自然延续。但是事实上,在美国这样的国家,对宪法进行修正的确是很难的,部分因为共和国的奠基者们担心执掌权柄的人并非总是道德高尚之士,因此必须对其后继者的胡作非为加以防范。[4]一位美国青年曾经问本杰明·富兰克林:前殖民地时期建立的是什么样的政府?据说富兰克林答道:"共和国——如果你能维持住它的话。"

在政府发展的过程中,一般而言,拥有权力的人都与制宪一事无关。但在一个多元、竞争的体制中,政府中在任的任何党派和团体都可能很快地按照政治规则沦为在野的角色。因此,任何计划周详、忠于职守的民主政府都将面临一个问题:即在它下台之后,如何使其政策继续得以贯彻实施?对此,国内政治中一个常见的办法就是进行大规模、长时段、耗费巨资的项目建设。通过扩大社会计划,一个社会民主政府将创造出新的公众预期和储蓄模式,这样,即使其下届政府更趋于保守,也难以改变其既定政策;如果一届政府力图加强国防力量,从而启动购买军火的长期计划,那么即使下届政府不那么好战,或者更为自负,也很难对国防预算进行削减。

由于这些案例都属于国内政策问题,而与国际协议没有多大关系,因此从理论上讲,具有不同偏好的继任政府都可合法地对这些公共项目加以修改,尽管在实际操作中这是很难或是不可能做到的。然而,一旦国内政策成为国际协议的一部分,再要加以修改就会困难得多,继任政府必须遵守历届政府签订的国际协议,否则就要冒遭到国际报复的风险。

这一问题在发生革命的国家表现最为尖锐。例如尼加拉瓜的桑地诺政府为了维持信誉，被迫承担了前索摩查政权所遗留下来的巨额债务。这与我们的主题——涉及发达市场国家在内的国际机制——是不无关联的。例如，战后初期，美国国内孤立主义势力仍然很强，执政的国际主义者担心继任者可能会减少美国在海外的卷入，为此他们创立了诸多国际机制，部分作用就在于束缚未来孤立主义政府的手脚，使之继续卷入海外事务。拟议中的布里克尔（Bricker）修正案试图修改宪法，要求不仅仅是正式条约，许多国际协议的签订也须得到参议院的同意。这是 20 世纪 50 年代美国保守主义势力试图避免美国过多卷入国际机制的一项重要努力，在当时，美国卷入国际机制的程度是如此之深，甚至连保守派领袖都不得不表示支持。[5]

在本书第三部分对战后国际经济机制的描述中，也能找到这种试图制约未来政府行动的例证。国务院努力通过《英美石油协定》，以确保战后原油进口（见第八章），尽管并未成功，但这种行动的确意在防止未来政府实行石油进口配额。关税及贸易总协定则提供了又一个例子。多边贸易协议的达成促使各国实行关税的双边减让，使得后继政府很难重新提高关税。通过关税及贸易总协定，各国不仅可以影响他国的行为，而且可以限制继任者的行动自由。无独有偶，1971 年以前布雷顿森林体系实行的钉住汇率机制也限制了各国未来政府实行通胀的企图，只要各国在经常账户出现赤字时仍需向国际融资贷款，这种限制就将始终存在。[6]

更为普遍的是，在一段时期内，现任政府为维持开放经济所作的决策，对于继任政府控制国际经贸往来的能力也会产生深远的制约作用。经济合作与发展组织秘书处指出，其代表性成员国的国民生产总值的 20%依赖于进口，一旦某国为刺激需求，谋求凯恩斯主义式的经济增长，从而改变其货币、财政政策，必将导致进口大量增加，造成经常账户的巨额赤字（OECD，1983，p. 19）。但是如果一国政府实行扩张性财政政策和紧缩性货币政策，而国际资本持有者又对该国及其政府抱有信心（由于意识形态或其他原因），这种政策就将导致资本的流入和汇率的升值，就像 1981 年至 1983 年间的美国那样。但是达到一定点之后，不断增长的经常账户赤字可能导致汇率下降，最终诱使政府实行紧缩政策，以避免货币危机。

施行限制政策的保守政府，尽管也会受到开放的世界经济的影响，导致出现不希望看到的资本流入和汇率升值等不利后果，但是对于奉行刺激性经济政策的社会党执政的政府而言，其所受到的制约则更为严峻。当某个新上台的社会党政府舍弃既往的保守政策，而改奉扩张性政策，这种行为将对其币值产生负面影响，随之而来又将导致资本外逃和低水平的私人投资，从而使局面进一步恶化。[7]法国密特朗的社会党政府在 1981 年至 1982 年就面临着这一困境。国际经济的开放性使得一国很难改变其政策，因为任何改变都可能与世界政治经济领域中主要大国的政策不相协调。对此，经济合作与发展组织指出："国际实物和金融之间的联系有力地制约了各国政策可能的差异程度。"(OECD, 1983, p. 19)

马克思主义认为，这种来自国际自由主义的限制具有强烈的不公正性，因为它仅仅有利于资方而不利于工人。马克思主义关于国际政治经济学的理论，强调国际经济自由主义在政治上的不公正性，这也正是其理论的力量之所在。马克思主义理论认识到，那些奉行国际主义政策的政府所追求的开放政策，创造了相互依赖的国际经济和政治模式，这种模式一旦被破坏，代价将极为高昂，从而束缚了后继的社会主义政党或者民族主义政党政府的手脚。[8]即使民众认为社会主义比资本主义更为优越，当国际自由主义大行其道之时，民众将不愿意社会主义政党上台执政，担心因此会造成经济混乱。而且，对资本外逃的担心，也会束缚执政的社会党政府或者社会主义运动的手脚，如同英国工党(Panitch, 1976)，意大利共产党(Putman, 1978)，以及最近法国社会党所面临的局面一样。因此，保守主义的前任政府与其资本主义盟友共同建立的自由主义国际机制，可能有力地阻止了通向社会主义的道路。

社会党政府所面临的问题进一步突出了本节的主题：通过对未来政府的行动自由加以限制，国际机制可以影响其偏好。显然，没有人能保证这就是"好的"，因为这完全取决于个人对未来的偏好。但是从任何现任政府的立场出发，这确实是国际机制的一大功能。每一个现任政府都力图像过去那样，将国家绑在船的桅杆上，捆紧舵柄，让后人无法解开。

移情与国际机制

国际事务的理想主义论者呼吁为了全人类的利益而开展国际合作，其基础即为贝茨所讨论过的"普世主义"价值观(Beitz 1979a，1979b)。在英美外交思想中，理想主义传统源远流长，尤其在美国外交政策中更是曾经风靡一时，直至二战后才被重视自身利益的现实主义所取代(Osgood，1953；Wolfers and Martin，1956)。本书特意采纳现实主义关于利己主义和理性的假设，以期在现实主义的前提下论证合作的可能性。我们的分析将从现实主义的前提出发，也就是说从常被视为不利于合作的条件下，探讨实现合作的可能。

然而，即便是现实主义学者有时也必须承认，并非所有的国际行为都能以利己主义加以解释。例如，汉斯·摩根索曾宣称外交政策的终极目的可能源自法律与道德原则。其论述的独特之处在于，他并非认为理想主义观念对决定目标无足轻重，而是认为权力是外交的必要手段，所谓"即时的目标就是权力"，因此，在外交政策分析中可以将理想因素忽略不计(1948/1966，p. 25；pp. 84—85)。正如许多学者所指出的，这种论调的缺陷在于，权力的形态绝非是单一的，对"权力的追求"也形式各异，其特点部分取决于行为者所追求的终极目标(Wolfers，1962，pp. 81—102)，同时也取决于施加影响时的具体情境(Baldwin，1979)。在论及外交目标时，沃尔弗斯认为国家有时会遵循自我克制的政策，即"视国际团结、法治、诚实或和平高于国家安全和自我保存这样的目标"(Wolfers，1962，p. 93)。他认为尽管国家奉行这一政策的情况会很少，但并非绝无可能(Wolfers，1962，p. 94)。

> 在一个民族主义及爱国主义道德的影响力丝毫没有减退的时代，以自我克制目标为先、国家的自我保存为次的情况可能寥寥无几。但是并不排除存在这种可能性：参与决策的具有影响力的集团会珍视像和平这样的人类共同事业的价值，并对政府施加压力以改

变其外交政策。这可能会导致对国家利益更为适当的解释，对他国福祉的更多关注，为和平事业作出更大妥协，或对权力和暴力的使用施加更多的限制。如果国际主义、人道主义、和平主义理想得以成功实现，国家最终将从中获益还是受损，将取决于具体的环境。但无论何种情况，追求有克制的目标必将成为现实的选择。

沃尔弗斯尤为关注军事和安全问题，因为在这一领域，自我克制的代价可能是丧失国家的独立。在一个国家的独立仍面临严重威胁的时代，奉行自我克制政策的国家寥若晨星，这是不足为奇的。但是，尽管奉行自我克制政策一旦失败，代价异常高昂，但在风险较低的领域，如世界政治经济领域中，自我克制政策仍偶有出现。不管怎样，沃尔弗斯的论述至少使我们认识到利己主义模式绝非放之四海而皆准。我们借用理性的利己主义假设，已经说明了"权力的分裂必然导致纷争"这一逻辑推论的不足之处。这一目的完成之后，我们可以将此暂置一旁。

然而，对利己主义与利他主义作出严格的区分，以此来放宽利己主义的假设，则可能使这一问题困惑难解。利己主义既可以表现为深谋远虑，又可以表现为鼠目寸光。而对利他主义则很难清晰界定，因为表面看来是利他的行为总能被解释为具有利己的目的。人们也许会认为，利他主义者倾向于牺牲自我，而不愿违犯原则或看到他人受难。因此，要确认某一给定行为是属于利他的还是深谋远虑的利己行为，常常是不可能的。这一问题很具有启发性，它反映出了自我利益这一概念的弹性。与其争论利己主义和利他主义之分，我们还不如去探询民众和组织是如何定义"自我利益"的，他们所关注的信仰和价值观是什么？

这里问题的关键在于，行为者怎样看待自身利益与他人利益的关系？利益的相互依赖达到何种程度？对别国福祉的相互依赖又达到何种程度？我们可以设想以下四种不同的情况。

1. 行为者对他国的福祉无动于衷。这是一个纯粹霍布斯式的世界，各行为主体之间彼此毫不相关。但是出于同样的原因，一次囚徒困境博弈并非世界政治的真实反映，而只是现实世界中很少有的一种现象。要知道，国家间的联系始终在不断的发展之中。

2. 行为者只在别国行为会影响自身的情况下才关注他国福祉。我们把这种情况下的利益称为工具性相互依赖(instrumentally interdependent)下的利益。囚徒困境中的利己主义者之间就具有这种利益:每人都考虑自身行动对他人的影响,但并不是出于对他人利益本身的关怀,而是因为担心自身的背叛行为会招致报复。

3. 行为者不仅出于工具性原因而关心他国福祉,而且因为不论别国如何行动,其收益的增长也会促进自身的福祉,反之亦然。在这种情况下,各行为主体间的利益属于情势性相互依赖关系(situationally interdependent)。随着二战后世界经济日益紧密地交织在一起,情势性相互依赖加深了。如果欧洲、日本出现严重的经济衰退,势必减少对美国商品的需求,从而对美国经济产生不利影响。即便不考虑经济崩溃可能导致的政治恶果,巴西的繁荣对美国也是十分重要的,因为一旦巴西经济破产,势必无力偿付美国银行的债务。当今世界,紧密交织的贸易与金融网络反映了经济相互依赖的增强,它可以将福利效果,不论是好是坏,直接由一个社会传送到另一个社会中去。在这种情况下,无论具有利己主义倾向的行为者采取何种行动,它们彼此之间的利益都构成了情势性的相互依赖关系。

4. 最后一种情况为:行为者纯粹为他国的利益而关注其福祉,即使这样做对本国物质利益和安全毫无裨益。例如,富裕国家的许多公共和私人机构为灾民提供的救济,或是大量的外国援助。诚然,许多政府救济是基于狭隘的自身利益的考虑,但若以之解释许多小国如荷兰、瑞典的援助行为则很难服众,而对于解释像牛津饥荒救济委员会(Oxfam)或美国援外合作署(CARE)这样的志愿机构则更为牵强。我们把上述这种情况称为移情性相互依赖(empathetic interdependent)。[9]

本书第五章对深谋远虑的自我利益与短视的自我利益所进行的区分,实际上是以工具性或情势性相互依赖为预设前提的。针对某一特定问题,被利己主义者视为与其行为具有潜在联系的问题的数量与范围,决定了其所具有的远见程度。目光短浅者只注重即时问题,深谋远虑者则还要考虑这样做会对其他利益有何影响。但是,二者在计算时所考虑的都只是自身的福祉。[10]移情问题的提出,则使我们超越了这一区分,去探寻更深层的价值问题。

在世界政治中讨论移情问题似有脱离现实之嫌。时至今日，在一个实现了高速流动、即时通讯、多种跨国关系广泛发展的世界里（Keohane and Nye, 1972），国际团结与民族国家的和谐一致仍不明朗。不过，世界政治中一些新的现象是颇为引人注目的。泰勒指出，在欧洲，对共同体的感情有时会超越功利主义的考虑，“那种希望从合作中获得特定利益的想法，与基于同某个或某些特定伙伴合作的意愿相比，前者有时会退居于次要位置”（Taylor, 1980, p. 373）。此外，在一次欧洲民意调查中，当被问及欧洲内部关系问题时，相当多的人的政策倾向与狭隘的自我利益观是相悖的。例如，1977 年一次民意测验显示，欧共体 9 个成员国中均有 70%以上的被调查者认为，如果其他成员国遭遇严重的经济困难，伙伴国应理所当然地提供帮助；多数人甚至认为本国选出的欧洲议员应以欧洲利益为重，国家利益其次（Inglehart and Rubier, 1978, pp. 78, 82—84）。这种情况是工具性、情势性、移情性相互依赖关系的混合反映。与此相应的是，近年来有人在著作中开始质疑世界政治中国家边界的道德意义问题（Beitz, 1979a, 1979b）。他们认为，可以以一种有限的方式对国家利益加以移情性的解释。当然，即使在这种情况下，自我利益也决不会归于消弭，而是将取决于其他国家福祉的实现，从而导致对自我利益的重新定义。

本书中“利己主义”所涉及的利益概念均为独立的、工具性的或情势性的相互依赖状态下的利益。放宽利己主义的假设意味着承认，世界政治中的国家及其他行为者有可能重新定义其利益，以实现移情性的相互依赖。这种变化将对合作产生深远的影响，国家将更倾向于获取更大的双赢结局——以能够带来更大的总体收益的方式解决国际问题——即使其直接收益可能会有所损失。当他国受益时，它们也将从中获益。共享的利益将因此进一步扩大，从而有可能达成至少相等也许会更多的互利协议。

利己主义与移情：相互竞争的两种解释

在世界政治中，能够以移情来解释的行为领域相对较小，这种解释只适用于那些明显不能以狭义的自我利益来加以解释的行为。在一个假定的自助体系中，移情的作用只能居于次要位置；甚至于那些因移情而采取的行为，也很有可能被解释为具有利己主义目的，而且听起来还颇言之成理。对这两种解释的考察，将显示出各自对与国际机制行为相关的阐述所存在的优劣得失。

在本节中，我们将考虑的两种行为模式，似乎很难从利己主义的立场来加以解释，它们分别是世界政治中覆盖在规则表面上的道德主义面纱，以及曾长期存在的不均衡的交换关系。首先，我将以理性—利己主义模型对它们加以解释，通过这一模型建立起一条论述的主线，以解释以上两种行为。这里将会显示利己主义假设的强大解释力，因为即使乍看上去像是因移情而产生的行为，仍能按利己主义被重新解释。但是，尽管如此，单凭利己主义仍不足以圆满地解释这两种行为。我无意于贬低以自我利益假设为基础的解释模式，相反，我希望考察这一解释到底具有多大的合理性，以及在政治经济的边缘地带是否存在这样一些现象，它们能够以移情性相互依赖为基础，更充分地得以解释。

视规则为道德义务

在现实主义者看来，宣扬道德价值的政府如此频繁地讨论行为者的道德义务，这是很特别的事情。国际机制的规则在这里不仅是作为降低交易成本和减少不确定性的便利手段，而且，如本书所阐释的，同时也是作为产生道德义务的原则和规则来被探讨的。政府首脑宣称将恪守这些原则和规则，而且，认为其他政府也负有遵守协议的道德义务。诚如所见，即使对于纯粹自利的国家，国际机制也有其利用价值。国际机制中的道德准则与国际法紧密相联，但是，其规范性内涵为什么又能得以发展呢？如哈特(Hart, 1961, p.226)所强调的，法律不需要以道德体系为基础，但可以通过长期自我利益的计算或其他原因而得以维持。如果理性利己主义模式能给予国际机制以圆满的解释，那么又如何解释存在于世界政治中的那层道德主义面纱呢？

对此，有人会在利己主义的基础上直截了当地加以回答。正如在第六章中所见的，即使规则并无任何道德效力，仍有可能得到利己主义行为者的遵守。因为违犯规则不仅将破坏一系列互惠安排，而且会背上违约的恶名，损害其在未来订约的能力。这里需要注意的是，如果机制中的这些规则或原则真的具有了道德内容，那么它们将会变得多么地有效！因为背弃协议将为道德所不容，一旦违约将对违约者的声誉造成更大损害，使其受苦于别人的不确定行为，这显然要比只是作为提供促进协调行为的机制要更加有效。由于在有道德义务的情况下的不确定性要更少，集团中的成员比在没有道德义务情况下更易于达成互惠性协议。一位哲学家在讨论合作问题时，和我一样，也是从囚徒困境开始谈起的，最后他总结道："只有谨慎是不够的，对长远自身利益的理性计算本身，并不足以导致互惠协议的达成，即使达成了协议，也将难以维系"(Mackie, 1977, pp. 119—120)，"道德的主要内容——不论其具体形式是什么，就是义务观念的实践价值，或是一种无形的相当虚幻的联系和纽带：它可能是对任何成约都需遵守的普遍要求，也可能是各种特定的义务，如军事荣誉，对组织或对同志的忠诚等等"(Mackie, 1977, p. 119)。

因此，道德可能"报偿"国家集团这个整体，也会"报偿"每个单独的国家。在艾克斯罗德的模型中，遵守道德准则的国家将被视为可资信赖的政治合作者，是可与之达成互惠协议的合作伙伴(Axelord, 1981; 1984)，也就是说，如果一国把一系列原则视为具有道德上的约束力，并公开承诺恪守这些原则，这将对这个国家的声誉起到一种标识作用。如果其行动准则过于被动消极——如逆来顺受，打不还手，骂不还口，那么道德主义者将被利己主义者所利用，并遭到利己主义者剥削和压榨；但是如果采取"一报还一报"的态度，这些行动准则将成为遵行者的珍贵标识。任何一个利己型的政府都可能私自抛弃道德约束，但是一旦"对等报复"的道德准则被广泛接受，那么即使再不情愿，这些国家也必须表现得仿佛它们相信这些准则一样，因为只有这样做才有利于其自身的利益。这种情况下，邪恶将向美德低头。

因此，对于世界政治中公认的道德原则，我们可以从纯粹自我利益的基础上加以解释。也许规则不会真正被视为道德义务，但是它们在公众场合中的确被认为如此。虽然这一解释简明扼要，条理分明，但总给人一种愤世嫉俗的感觉。对于主要市场经济国家中的代议制政府来说，很难对“真实”动机和“公众”动机加以区分。那些道德主义者，如伍德罗·威尔逊和吉米·卡特，有时也会登上权力的顶峰。的确，他们的道德主义对于选民极具吸引力。而且，即便缺少强有力道德原则支持的政府官员，也常常会在道德原则的基础上为其政策辩护，这会促使他们遵从他们所宣扬的道德信仰，以避免让人认为他们在信仰和行动上是不协调的。虔信的行为会产生虔信，正如帕斯卡尔在其著名的打赌游戏中所描述的那样。[11]

不均衡的交换

在某一特定时期，国际机制似乎促进了不均衡的物质交换，即一方所提供的有形资源远多于对方。这种明显的不平等交换，涉及包括我们今天所能利用的各种资源，例如石油和市场准入，过去的马歇尔计划，50 年代大量的贸易安排，以及当前颇为常见的对外援助。当然，它们还可能包括在未来提供这类资源的承诺。

乍看上去，不均衡的交换似乎与理性—利己主义的假设相悖。对此，利己主义理论家通过重新将这种交往解释为均衡交换，以对这种批驳作出有力的反击。他们指出，每一起有形资源的流动都会产生相应无形资源的反馈。这一解释常被证明是正确的（如第八章中所示）。二战后，欧洲、日本以对美国的恭顺来换取经济援助，反映了美国的“影响效果”（Hirschman, 1945/1980）。美国向欧洲输出的商品价值远远高于其自身所得，作为回报，美国则获得了影响力——成为瑙尔（Knorr, 1975, p. 25）所称的美国“庇护型的领导”（patronal leadership）的基础，我们则称之为霸权的领导。受惠国的顺从导致了影响力的回流，施惠—受惠的关系经常能被重新概念化为一种交换关系，其中，无形收益与有形收益交叉流动着。

这一辩驳建立在这样一个假设之上，即互惠是自助体系的内在原则：当资源沿某一方向流动时，在其相反方向上必然存在对等的资源回流。但是，在接受这一前提之前，我们有必要对互惠的概念及其在国际关系中的含义进行更深入的探究。

作为文化的组成因素之一，互惠这样的规范似乎四海皆然，其“两个最低限度的要求是:(1)应该帮助那些帮助过自己的人;(2)不应伤害那些曾帮助过自己的人”(Gouldner, 1960, p.171)。但是在不同的社会,或者是对于同一社会中相同的关系,互惠的表现形式却千差万别。在对“石器时代经济学”的论述中,萨林斯对互惠作了有益的区分,他将互惠分为“消极性”、“对等性”和“普遍性”互惠三类形式(Sahlins, 1972, 第5章, pp.185—220)。

消极性互惠是指通过欺诈或必要时使用暴力,从而牺牲他人利益而实现自身利益最大化。反映在世界政治中,其最极端的表现即为侵略战争。消极性互惠是一种对环境仍不适应时的策略,在这一环境中每个行为者的福祉,至少是部分取决于能够长期确保与他方的自愿式合作。事实上,萨林斯发现,在原始人群中,复杂精巧的制度安排已经得到发展,从而实现了对消极性互惠必要的社会压制(Sahlins, 1972, p.201),这与我们关于国际机制的论述是不谋而合的。

对等性互惠以等价物的即时交换为特征(Sahlins, 1972, pp.194—195)。这种互惠以实现双赢的贸易为基础,较之消极性互惠,它与世界政治经济中的交换关系更为相似。但是其“即时性”特征则又使之与国际机制所促成的交换模式大为不同。实际上,这一差异能帮助我们进一步清晰地认识到机制的作用。国际机制可以被部分地视为一种促成“非即时性”交换的安排。在纯粹的即时交换中,每一方都不必接受任何义务、规则或原则,因为这一交换在任何时候都是对等的,永远不会存在“债务”和“信贷”。一个极端的例子就是1981年美国与伊朗之间达成的一项决议。当时伊朗同意释放被劫为人质的美国外交官,而美国则归还伊朗在美国的金融资产。对此双方(包括英国和阿尔及利亚)作了周密详尽的安排,以保证任何一方在达到目的之后,都不会出尔反尔,欺骗对方。由于美国与伊朗革命政府之间毫无任何可资联系的国际机制,因此只得经过艰苦的谈判,来达成一个非正式安排,以实现对双方都有利的对等性互惠。

但是这种完美的对等性互惠不利于关系的长期发展。萨林斯认为,在原始部落中,“一种不平衡的贸易措施维持着贸易伙伴间的关系,从而驱使着下一次交易的完成”(Sahlins, 1972, p.201)。在世界政治经济中,国际机制部分以义务的形式为偿还债务创造了激励因素，从而使交换关系中暂时的失衡现象为人所接受。机制的作用与信贷市场相似，主要致力于提供信息，以促进协议的达成。如银行为了了解借款方的情况，对“国家风险”进行调查，以了解借方的信誉信息，就属于这种情况；同样，中世纪欧洲证券交易机构以商务通讯的形式，或是通过市场上的信息交流来提供信息。[12]进一步说，与国际机制一样，信贷市场依靠的是制度的声誉，它以既往的表现为依据，不可能在短期内一蹴而就，也不会因承诺或能言善辩而获得。巴格哈特就此指出：“每家银行都清楚，不论它说得如何动情，当它不得不去为其信誉进行‘证明’的时候，其实信誉已经离它而去。……信誉是一种力量，它只能自然生长，而无法人为建立。”(Bagehot, 1873/1962, p.33)国际组织和国家所拥有的声誉也是长期发展的结果，它能迅速地被毁灭，却无法同样迅速地被重建。

与保险合同一样，信贷安排为交易提供了条件，这种交易从长远来看对双方均有益，但并非在任何时段都是均衡的，然而，最终收益必须对等的原则却是贯彻始终的。在萨林斯所说的第三种互惠类型即“普遍性互惠”中，这一原则限制消失了。普遍性互惠的特征是，在交易中，存在着持久的单向物流，萨林斯将之称为“公认的利他主义”(putatively altruistic)：施予而不求回报，对互惠的期望是不确定的、模糊的。接受赠予只是产生了一种“松散的互惠义务，只有在赠予人需要时，以及/或者受赠人有能力时才要求回报。无力酬报并不会引起施惠人停止赠予，因此，在相当长的时期内，资源始终单向流入受惠方”(Sahlins, 1972, pp.193—194)。

在原始社会中，普遍性或近于普遍性的互惠仅仅局限于血缘或地域的集团内部。因此，必须注意的是，我们不可轻率地把世界政治中表面看似单向的收益流动都视为一种真正的普遍性互惠，特别是当利己主义模式对这种单向的收益流动现象具有很强的解释能力时。不过，萨林斯的分类确实扩大了互惠概念的外延，这种分类使我们注意到，对于表面上不均衡的交换现象，可能会有不同的解释，它们可能是有形收益与无形收益之间的一种均衡交换，也可能是现实收益与未来收益之间的均衡交换，如信贷和保险，或者可能是一种不要求任何具体回报的普遍性互惠。

只要表面上看来不均衡的交换能被重新解释为是均衡的，那么我们接着就可以用工具性自我利益来对此加以说明。诚如所见,在以下的交换中,机制具有重要作用:将“服从”制度化,正如在美国霸权下所做的那样;或是提供信息,促成信贷、保险合同的达成。与之相反,普遍性互惠反映了利益的情势性或移情性相互依赖,一方所以能够作出不求回报的施予,或是因为这样做对自身有所帮助,或是因为出于对受赠方福祉的关心。

普遍性互惠并不能代替利己主义模式对不均衡交换的解释,但是它拓宽了我们对自我利益和互惠性的理解,从而对后一种解释作了有益的补充。例如,对于马歇尔计划及 1947 年后美国对欧洲的其他举措,如果仅以普遍性互惠概念来解释显然是不充分的,因为在危机期间,例如苏伊士运河危机期间,美国的确需要盟国的服从。尽管如此,考虑到美国民众广泛认可本国的福祉依赖于欧洲的繁荣和民主化,考虑到美欧政治家之间密切的私人联系,借用情势性或移情性相互依赖来对其进行解释,似乎也合乎情理。而且,在就这种现象的解释中,纯粹的利己主义的交换观还面临着一个难题,就是现在很难判定美国从 1947 年或者 1956 年的事件中所获得的服从是否足以补偿它提供的援助。我们最好将马歇尔计划视为一个交换关系与普遍性互惠的结合体,前者指以物质好处换取现实及未来的服从,后者则是以情势性及移情性相互依赖为基础的。

结论:自我利益与学习

本书第五章和第六章的论述以理性的利己主义假设为基础,在本章中,笔者尝试对理性的利己主义假设进行放宽。我试图说明,与古典的理性利己主义者相比,国际机制对于那些具有有限理性特征的组织,对于那些试图约束其继任者的领导者,以及对于那些彼此之间具有移情情感的国家,可能具有更高的价值。深受有限理性之苦的行为者将珍视机制提供的粗略的概测规则。如果某届政府担心继任者的偏好会发生改变,它就可能会加入到机制中来,以约束未来的政府。最后,如果政府对自我利益的定义包含了移情因素,共享利益的增加将更有可能促使它去构建国际机制。但是,移情要比有限理性更为脆弱和难以捉摸,因为凡是能以移情来加以解释的行为,常常也能依利己主义理论来阐发。

本章对于理性的利己主义模型所依赖的自我利益这一假设的可靠性提出质疑。由于自我利益的概念如此具有弹性,我们必须探究这一假设的含义,而不能简单地视为理所当然。国际机制之所以改变,不是因为国家所宣称的客观利益发生了转移,或是由于权力分配的更动,亦非因为政府面临的制度化条件发生了改变,而是由于人们利益观念的改变——即由于行为者的学习所造成的。对机制进行透彻详尽的分析将显示出这一变化是如何发生的。学习,如哈斯所强调的,包含不断增长的对复杂性的评估,以及对事件之间更为精巧的因果联系的认知,而我们在制定各项政策时,应当对这些因果联系多加关注(Hass, Williams, and Babai 1977, p.324)。学习因素在哈斯看来是至关重要的,因为自我利益在很大程度上是主观的东西,"行为者之间处于变动之中的价值与利益概念,是与其已经变化了的行为相联系的,尽管它并不符合观察者所责难或强加的任何理性模式。没有一成不变的'国家利益',也不存在什么最优的机制"(Hass, 1983, p.57)。

虽然我很赞同哈斯的观点,承认学习的重要性,但是我仍然认为,无论是对限制的结构性分析还是对国际机制的功能性理解,都有必要将行为者的认知现象置于适宜的政治背景之下。这也正是本书对权力和制度问题加以集中论述的理由所在。的确,对国际机制的全面研究将超越"自我利益能重新定义"这一认识,但是本书并未承担起这一任务,理由很简单,那就是如果这样做,我们还需另行展开研究,其宏大艰巨之程度将丝毫不亚于本书。至此,本书的论证已经告一段落,尽管如此,笔者仍要强调的是,对哈斯提出的问题作进一步研究的重要意义。我们在考虑权力分配的限制、合作的潜在利益以及机制对于促成合作的作用之类的问题时,我们应该不断地问自己:行为者是在什么条件下学习的?学习的效果又是如何?

注　释

1. 我们对"国家是世界政治中主要行为体"这一假说进行适当的放宽,至于其意义则不在本章讨论内容之列。但是如果认为这一前提的改变将使国际机制得以产生和维持的可能性更小,则是毫无根据的。跨国组织为追求共同利益而运作,也必须考虑国际制度这一因素;或者甚至可以说,由于它们既不能利用民族主义唤起忠诚,也无法使用强力来达致目标,使得它们更有可能服从机制的规则。

2. 在哲学领域,功利主义是指一种旨在为人类道德行为提供普遍化原则的道德理论。而我所从事的是实证性研究,即对利己主义行为者的行为作出解释,因此无意去发展或批判一种道德理论。对于功利主义与规则功利主义二者的联系,我的同事奥金(Susan Okin)曾给我作过详尽的阐释,但在此我只是略有触及。

3. 麦基认为,甚至行动功利主义者(act-utilitarians)也"正式承认'粗略的概测规则'的作用",因此依一个人是否遵守规则并不足以区别行动功利主义与规则功利主义(Mackie, 1977, p.137)。相反,奈曾向我指出,即便是规则功利主义者有时也会因为重大原因而偏离常规。在此,笔者并非想要在这两种功利主义之间划定一条明确的界限,而是想指出密尔对规则的强调和西蒙的有限理性理论二者之间的相似之处。如果所有的功利主义者都在某种程度上诉诸粗略概测规则的力量,这倒恰恰证明了我的观点,即规则对于政府行为具有虽非决定性的但却十分重要的影响。关于功利主义详尽的哲学解释,请参考 Urmson, 1968。

4. 这一看法,取自 1962 年(也可能是 1963 年)曼斯菲尔德(Harvey. Mansfield, Jr.)在哈佛教授美国政治思想这一课程时所作的一些评论。

5. 布里克尔修正案最终未获通过,发起者所担心的结果终于成为现实,里根总统对于国际货币基金组织的有力支持就反映了这一点。

6. 这种看法的意义不仅仅限于政治经济领域之中。斯通曾说道:"历史证明,我们必须对军备加以控制,并就此达成协议,以永久性冻结发展 MX 系列导弹这样的武器系统。在一个鸽派人士看来,我们今天之所以没有发展反弹道导弹系统(ABM),就是因为在反 ABM 运动中,美国与俄罗斯达成了有利于 ABM 的其他协议。相反,美国原本单方裁撤了研制 B-1 型轰炸机的计划,但是后来又奇迹般地重新启动,原因即在于我们没有以一项限制新型战略轰炸机的军控协议,约束后来政府的行动"(Stone, 1983, p.3)。

7. 对本句须谨慎理解,笔者并不是说所有自称奉行社会主义政策的政府都面临这一问题,奥地利与瑞典都实现了社会民主,但同时在战后也保持了高投资率和增长率。

8. 在我看来,这种不公正性所造成的后果对于发达国家内部的联盟政治来说,不如马克思所认为的那样明显。例如,布劳克宣称:"经济的开放提供了对付工人阶级要求提高工资和进行经济、社会改革的一种手段"(Block, 1977, p.3)。但是这种陈述的问题在于:"工人阶级"和"资本"这样的词语只是理论上的建构,在当代政治经济世界中并不必然就有实际的对应物。在复杂的现代社会中,要发现这种理论和现实的对立性,比试图在马克思主义理论中所要找出的对立性更为困难。人们在不同的利益基础之上,以各异的方式对自身进行政治构建,其中经济因素固然重要,但种族、文化、宗教及其他构成利益基础的因素也同样重要。

9. 在讨论移情性相互依存关系时，我只考虑这样的情况，即行为者对他人之所得报以积极肯定的评价。而在以权力冲突，尤其是军备竞赛为特征的激烈竞争中，情况恰恰相反：一方之所得即为另一方之所失。拥挤效应（crowding effects）及其他消极外部性因素使人们对他人所得持否定态度，这种现象无论是在国内还是世界政治经济中，皆概莫能外（Hirsch, 1976）。这种对他人所得福利的否定态度，将使国际机制的建立更为艰难。还应指出的是，在讨论移情性相互依赖问题时，我假定有关各方均具有相似的价值观，即一方眼中的“收益”，会得到其他各方的认同。然而，假定的移情说可能会成为主导或支配别人的理由，就像曾为19世纪帝国主义正名和辩护的“白人的负担”思想一样。

10. 与深谋远虑的决策行为相比，有限理性可能更有助于解释短视的决策行为，因为计算的高昂代价有可能缩小人们所考虑问题和利益的范围。

11. 尽管未能以理性来证实上帝的存在，但帕斯卡尔（Pascal）仍争辩说，无论怎样，相信上帝都是合乎理性的，因为如果人只有在死后才发现天堂和地狱确实存在，到那时，那些不信仰上帝的人将永远地失去一切；而一生虔信的人所失去的则要少得多。当然，这一论述也可以通过借助博弈论，以虔信作为其最小最大值来加以证实。但是帕斯卡尔的观点进一步发展为：如果一个人虔诚地行动处事，在所有方面都坚守其信仰，最终将会产生真正的信仰（Nannerl. O. Keohane, 1980, p. 278）。

12. 米尔纳（Helen Milner）向我建议，考察信贷市场发展史将对我的研究大有裨益。此种类比研究的确是有道理的。尤伦伯格指出，中世纪证券交易机构中信贷安排的发展降低了交易成本（因为款项往来不必再采取硬币的形式），并且，“在中世纪，关于世界大事的最迅捷的信息通常都是在市场和证券交易机构中获得的”（Ehrenberg, 1928, p. 317）。证券交易机构还提供信用等级评估，不仅提供了借贷方的信息，同时也成为有效的法律责任体系的原始替代品。

第三部分

实践中的霸权与合作

第八章
战后时代的霸权合作

第一章的研究表明，现实主义和制度主义理论都能解释二战之后20年间的世界政治经济秩序，但它们是以完全不同的方式来解释的。制度主义强调共同利益的作用，这种共同利益是由经济相互依赖以及制度的效应所产生的；而现实主义则着重美国霸权的影响。两个视角都是有益的，但都是不完整的，我们需要对现实主义和制度主义理论加以综合。

本书第二部分就是在理论层面寻求这样一种综合。第五章和第六章在理性选择的基础上建立了国际机制的功能理论。这一理论得出一些与第一章中的制度主义学者同样的结论，但其结论是建立在一个不同的基础上的，也就是说是建立在现实主义理论的假定基础上的。在相互依赖的情势下，理性的、以自身利益为取向的行为者，将会把国际机制视为增加它们达成相互有利协议能力的途径。在第七章中，我曾努力表明，如果将理性的假设予以放宽，这种解释就显得更为有理，而且通过对利己主义假设的追问，我们可以获得更深一步的理解。

从这一章开始的第三部分，也是旨在综合现实主义与制度主义的观点，但我在这一部分并不是抽象地阐述这一点，而是应用权力、利益、霸权、合作与国际机制的概念来理解我们这个时代的国际政治经济。第八章将着力说明战后时代霸权与合作的互补性：美国的力量推动合作这个事实，部分是通过建立一种根据美国的利益取向来组织国家间关系的国际机制来实现的。第九章将讨论20世纪60年代中期之后国际经济霸权机制的衰落，同时认为霸权稳定论为理解这个过程提供了一些极有价值的见解。但是这一章的论述还表明，霸权稳定理论，或者任何其他仅仅以权力变化为基础的理论，在解释合作类型的变化上是不够的。正如第二部分的理论所阐述的，如果霸权稳定论可以成立的话，国际机制的维持将比人们预料的要更长。本书的第十章将表明，作为与发达工业国家相关的新的主要国际经济机制——国际能源机构，其所扮演的功能与本书第二部分的论述是一致的，尽管它的运作是处于以世界权力结构为基础的框架之中。

本 章 梗 概

强国总是寻求建立一种有利于其利益和意识形态的国际政治经济秩序。但正如我们所指出的，在世界政治中，拥有行动的资源并不意味着就能将它自动地转化为政策的结果。即使我们在第三章采用了严格限定的新现实主义理论，即霸权能够推动合作，我们也需要回答霸主如何才能将其物质和精神资源转化为体系规则这样一个问题。霸主怎样从自身的立场出发，建立能够推动国际合作的国际机制呢？也就是说，霸权的领导是如何发挥作用的呢？[1]

这个问题是由于现实主义对权力的关注而提出来的，所以我的分析从此处开始。但在解释世界政治经济的变化时，正如在第三章中所讨论的，我更着重于强调权力的经济根源，而非军事力量。具备足够的军事力量保护一种国际政治经济秩序，使其免遭敌对国家的破坏，是成功的霸主应有的前提条件。自二战以来，美国就保持足够的军事力量，对苏联推行"遏制"战略，在其军事力量的后盾下，美国以多元化原则和制订体现美国利益的规则为基础，建立了自由资本主义世界的政治经济秩序。美国在世界政治经济中的领导地位是与北约不可分离的，而在这些年中，双方都互相借助而得到加强。欧洲国家，特别是德国政府，担心美国撤销其保护的承诺而对自己不利，从而被迫尽量顺从美国的愿望。不过，至少在二战后的 20 年左右的时间里，是库珀(Cooper, 1972—1973)称之为"双轨制"体系盛行的时期:在美国与其盟国的关系中,经济事务很少与军事事务明显地联系起来。美国的军事力量是为保护其控制的国际政治经济秩序而发挥作用的;它只是在就经济事务进行讨价还价时作为一种背景而起着重要的作用,但它并未经常直接影响到这种讨价还价的行为。因此,正如第三章所讨论过的,我们在分析中重点考察发达工业化国家的政治经济情况,而不是经常涉及国际安全方面的事务,这样做是有一定理由的。当然,在其他研究中,更详细地分析经济与安全之间的联系当然是极有价值的。

我们将详细探讨战后经济权力资源的特征,以及这些资源的分配和利用是如何随着时间而发生相应的变化。但要回答霸权状态下的合作如何运作这样的问题,我们还必须考虑利益与制度因素。霸权领导地位并非凭空而来,而是建立在国家利益的基础上。霸主总是努力说服其他国家与它的世界秩序观念保持一致,并顺从其领导。美国在战后的霸权领导地位,就是以在北大西洋区域内所达成的大体一致的安排为先决条件的,此后与日本也建立了同样的关系,目的是维持国际资本主义世界,反对社会主义或是半独裁的民族资本主义模式(Block, 1977)。用葛兰西的话来说,这种一致被视为美国的伙伴对其意识形态霸权的接受。次级国家的领导人相信,他们可以从正在建立的体系中获得利益,这种信念又推动他们接受美国的领导。因此,人们认为,在美国与其盟国之间存在高度的互补性。美国旨在通过创建不但能减少不确定性和鼓励合作,而且也能使其伙伴获取特定利益的国际机制来加强这种互补性。

霸权的力量,以及以霸权国的条件建立起来的国际机制共同推动了合作。霸权本身降低了交易成本,减少了不确定性,因为每一个盟国都能与霸权国开展正常的交往,并希望霸权国确保该体系的整体连续性。国际机制是按照霸权国能在其中发挥关键作用的行为标准来建构的,从而确保其合法性。在经贸领域,当盟国的合作是必要时,美国就会按照既定的规则去建设稳定的国际协议安排措施。对于美国而言,这种协议安排措施不但约束其他国家,也约束了美国自身,从而促使弱国愿意追随美国的领导。

美国领导人所建立的霸权机制,并非是仅仅通过指挥比它更弱小的伙伴按照规定的方式行动来实现的。相反,他们必须在双方之间寻求共同利益,而且,在要求伙伴和他们保持一致时,他们本身也必须作一些调整来相互协调。要建立这种制度,他们必须运用其权力资源。在这个过程中,也会遇到许多挫折。正如戴波德所说,在我们日后对现今霸权的回忆中,我们不会产生这个时代是一个霸权领导的愉快时代这样的认识(Diebold, 1983, p.3)。重要的是,不能夸大美国制订和执行规则的容易程度。虽然最终美国成功地实现了其关键的目标,不管是用什么方式完成的。在一种有益的霸权合作的整体模式中,肯定包含着在特定领域中的许多挫折。过分简单地将霸权的概念视为完全的统治或是实行无私的贡献,只会妨碍而非帮助我们理解历史。

虽然卢斯曾预见会出现一个美国的世纪,但这个以开放性和非歧视性为共同前提的霸权合作时期仅仅维持了大约 20 年。这个时期从杜鲁门主义和马歇尔计划出台的 1947 年开始,而在利息平等税(Interest Equalization Tax)出台的 1963 年就已走到了尽头,后者是美国试图保护美元免受其竭力创建的开放世界经济的冲击而做的第一次努力。在石油和贸易问题上,也出现了新的选择性保护主义措施的初步迹象。1959 年美国开始实施强制性石油进口配额,而在 1961 年,美国又推动了《短期纺织品协议》的签订,从而最终导致一系列关于纺织品的限制性协议。当然,在像关税削减这样的问题上,60 年代也存在进一步的自由化迹象。但到了 1971 年,也就是美国不再将美元与黄金挂钩时,很明显,一些本质性的东西已经发生了变化。至于要确定发生变化的准确时间,难免有武断之嫌。在这一章中,我们将着重考察 1947 年以后的 20 年,特别是 50 年代的情况,以发现霸权状态下的合作是如何进行的。不管是在 1963 年到 1971 年之间具体选择哪一个时间,不容置疑的是,美国霸权的一个最重要特征就是它的短暂性。

二战结束时,按照第三章所讨论的构建霸权的每一个关键因素,即从制造业的生产力,从对资本、市场和原材料的控制而言,美国毫无疑问已在世界政治经济体系中处于领先的地位。美国充分利用这些资源,去获得如赫希曼(Hirschman, 1945/1980)所指的"影响力",来为其他国家提供有价值的物品。美国的影响建立在三种主要的利益机制上,而它的盟国正是通过这些以美国为中心的机制来获得收益，并服从美国的领导。

1. 设计一个稳定的国际货币体系以促进国际贸易和金融的自由流通。这意味着美国必须以一种负责的态度来管理国际货币体系，提供充足而非过度的国际资本流动。

2. 提供各种商品的开放市场。美国积极地采取措施削减关税，并且在消除歧视性限制条件上走在前列，尽管它也容忍欧洲国家采取地区性歧视措施，并容许欧洲在美元短缺时期保持暂时的各种壁垒。

3. 保持石油价格的稳定。美国及其石油公司从中东为欧洲和日本提供石油，并且在出现危机情况时用自身的石油来保证供应，如 1956 年到 1957 年所发生的情况那样。

传统上，一般将贸易与货币联系在一起，作为世界政治经济中的两个关键问题。美国的政策制定者相信，他们需要建立一个国际贸易与金融的连贯一致的模式。他们特别认为，基于非歧视原则，建立一种令人满意的国际政治经济的努力，依赖于在国际金融中以稳定的汇率保持货币的可兑换性这样的条件（Gardner，1983）。贸易和金融一向被认为是以美国为中心的世界体系的基石，美国在这些领域竭力寻求建立以正式条约和制度框架为特征的国际机制。至于在石油领域确立必要的机制，依我的猜想，是因为直到 1973 年，美国才开始将稳定的、便宜的能源的获得视为国计民生的大事。

将贸易、金融乃至石油问题集结成一种三角关系，这是并不常见的。但石油多年来一直是国际贸易中最重要的原料，而且它对于二战后西欧和日本的经济恢复和增长特别重要。美国所寻求的开放、非歧视性的货币和贸易体系，依赖于其他资本主义国家的发展和繁荣，而这些国家的发展和繁荣，必然也依赖于能比较容易地以合理的价格从中东进口石油。从物质含义上讲，石油处于美国霸权再分配体系的中心位置。在沙特阿拉伯，以及在海湾地区的其他国家（程度上较小），主要的美国石油公司都从美国与石油生产国之间的特殊关系，以及在美国政府的保护和支持下获得利益。大部分的中东石油并不是流向美国，而是以低于替代品的机会成本价格运往欧洲和日本，这些价格甚至低于美国国内的保护价格。虽然美国没有建立一个正式的国际石油机制，但石油在世界政治经济中具有极端重要的地位。

二战期间以及战后，美国不但努力在金融和贸易领域，而且在石油领域也寻求建立正式的国际机制。三个最初的努力都失败了，至少从短期来看是这样。美国面对国际货币基金组织初期的软弱以及1946年《英国贷款法案》(British Loan)失败的现实，开始实施马歇尔计划，支持欧洲支付联盟(European Payments Union)的建立，并最终以国际货币基金组织为中心重建了国际货币机制。美国通过支持建立关税及贸易总协定来补偿国际贸易组织(ITO)的失败。但是，在石油领域，参议院最初想建立一个多边条约的努力并未成功，反而增加了美国政府对国际石油公司以及它们所控制的国际机制的依赖。正如我们将看到的，国内政治的因素在导致出现此种结果上起了关键的作用。

既然在石油领域并没有建立起有广泛成员加入的国际机制，这个问题对第二部分所提出的理论就构成了挑战。我们在第二部分曾指出，一个霸权国应在政府间的基础上建立国际机制，以便于控制其他国家的行为。但是石油问题上的事例对该说法来说却构成了一个明显例外。美国领导人努力寻求建立那样的机制，但仅仅由于国内石油工业而受到阻碍，这个事实表明，美国政府——至少是其行政机构——的确具有我们理论所预测的那样的动机，但是，因为国内政治因素的介入，使这一问题产生了不同的后果。

本章对历史的讨论是从金融和贸易问题开始的。然后我们将详细考察国际政治经济中与石油有关的5个案例，其中4个包含政治因素在国际上的作用:美国在1943年到1948年之间对阿拉伯石油控制权的争夺，这包括美英在1943年到1945年间达成的石油协定；1949年到1950年的英镑—美元石油问题；1951年到1954年间英美对伊朗的干涉，包括此后伊朗合股公司的形成；以及1956年英法对埃及的入侵失败以后由美国实施的石油紧急提价计划。将这些案例综合起来考虑，就可以发现美国对国际石油的统治既非由于偶然因素，也非漫不经心的结果，而是政府和商界战略计划的精心产物，当然政府在这里经常发挥着领导作用。此外，对石油的控制是美国处理与欧洲关系时的主要政治资源，正如苏伊士运河危机的结果所显示的那样。

美国在石油政治中的霸权依赖于多种权力根源，包括与沙特王国的密切关系，介入中东国家国内政治的能力，对伊朗、沙特阿拉伯以及其他石油生产国的军事和技术援助，在地中海地区占据绝对优势的美国军事力量，以及在国内能保持连续生产多余石油的能力。不过，个中仍有摆脱不掉的阴影，即美国国内石油工业界的政治影响问题，其中某些石油公司反对《英美石油协定》，这正是苏伊士运河危机期间美国发挥霸权作用的主要阻碍力量。要感受石油工业界的影响所产生的最令人沮丧的效果，就是1959年通过并一直保持到1973年的《强制性石油进口计划》，这项计划在保护美国安全的名义下，使美国元气大伤。我们需要了解这项计划的根源，从而理解衰落的种子甚至在美国实力如此之高的时候就已经埋下了。这个石油进口计划就是我们的第五个案例。

金融和贸易领域的霸权合作

在1944年新罕布什尔州布雷顿森林举行的联合国会议上，美国、英国以及它们的盟国同意建立国际货币基金组织和国际复兴开发银行（也就是后来的世界银行）。国际货币基金组织成为新的国际货币机制的核心，它主要是由凯恩斯和怀特（Harry Dexter White）为领导的美英计划者所设计的，目的是促进战后世界的自由贸易和货币支付。美国的领导者希望这种世界经济多边规则的建立——包括正在进行中的国际贸易组织的计划——能使美国不再需要独自提供大量的、连续不断的援助，或经常进行干预，来保持成员国的财政平衡。就好像牛顿所梦想的永动机一样，美国一旦建立了多边机制后，就可以退居幕后，通过市场和国际条约的结合来使金融体系顺利地运转。

然而直到1947年，欧洲经济显然仍很脆弱，难以实现这样的多边主义机制。的确，欧洲经济崩溃的幽灵在1946年到1947年的严冬来临时就出现了。国内重建的问题与全球性美元的严重短缺交织在一起，这威胁着正常的世界贸易，并可能使之瘫痪，当然也就会相应阻碍美国的企业将商品出口到那些急需的国家。美国的官员们担心欧洲经济的萧条会导致出现民族专制资本主义甚至共产主义的可能性，而这都是与美国的计划背道而驰的。

面对这样的危机，杜鲁门政府在1947年改变了在美国贷款基础上使英镑可以迅速实现可兑换的政策，代之以对欧洲提供价值数十亿美元援助的计划，即后来的马歇尔计划。这项援助计划由经济合作署负责实施，它比财政部更倾向于关心欧洲的利益，而后者在1946年处理英国贷款时显得相对固执。这些新的、果断的措施使得新生的国际货币基金组织显得不那么重要，“在马歇尔计划的初期，该组织几乎没有什么兑换行动”(Gardner，1956/1980，p.303)。

这样，美国就从一个被动的、甚至是吝啬的霸权国——具备能力却没有采取努力去为一个自由的和非歧视性的世界经济制订和实施规则——变为一个积极的、相对慷慨好施的国家。坐享其成、不做奉献的霸权似乎是不现实的，美国通过马歇尔计划提供的大量资源，改变了欧洲因为战争而带来的虚弱，这样做也使它自身在操作层面上获得了达到霸权合作的政治杠杆。也就是说，美国可以利用欧洲依赖其援助这一点而获得影响力，从而在创建并维持布雷顿森林体系之后的一系列世界金融体系规则方面发挥领导作用。当然，这些规则必须考虑政治和经济的现实状况。正如我们已看到的，规则既不能仅仅由美国制订，也不会建立了就能被执行。相反，要保持控制制订规则的过程，需要慎重地和连续不断地将干预和协商结合起来。

美国政府不但需要与欧洲国家协商，它还必须说服国会同意拨款，以使它获得发挥影响的手段。在这一点上，斯大林的笨拙政策帮了大忙，因为苏联逐渐增长的政治和军事威胁帮助杜鲁门计划在国会中获得更多的支持。不同学派的历史学家在谈到马歇尔计划时，都强调了冷战的重要性。杜鲁门曾说，作为正式的遏制政策的开端，马歇尔计划和杜鲁门主义是“一枚核桃的两半”(Lafeber，1972，p.53)。而马歇尔计划之后的这种共生关系能够持续下去，是通过朝鲜战争爆发后的重新武装计划来保持的(Block，1977，p.107，pp.242—243，注释91)。

在计划建立一个自由的国际货币机制的同时，美国官员在二战期间也计划建立国际贸易组织，目的是在全球范围内使非歧视性贸易制度化。最早建议成立国际贸易组织是在1943年美英谈判时提出的（Gardner, 1956/1980, pp.103—109），后来美国在其中做了很多推动工作，经过一系列冗长、艰难的谈判，围绕建立国际贸易组织问题的谈判在1948年初的哈瓦那会议上结束。在哈瓦那，分歧主要出现在关于贸易歧视、私人资本的流动以及发展中国家可以在贸易问题上实施多大程度的数量限制这些条款上（Gardner, 1956/1980, pp.361—368）。不过，在1948年3月还是达成了宪章的最后协议。拟议中的国际贸易组织在筹建时规定，不得损害非常敏感的国家主权，但比起传统的法律体系，它更具有弹性和不确定性。就如有的人所指出的，"国际贸易组织法律机制的强制力量几乎完全依赖于一系列逐步升级的规范性压力——从根源上说，也就是对错误的谴责"，而不是采取制裁（Hudec, 1975, p.30）。但国际贸易组织由于一票之差未通过美国参议院的批准，最终不得不宣告流产（Hundec, 1975, pp.53—54）。美国企业反对国际贸易组织缺少对贸易特惠措施和数量限制手段作出新的全面禁止的规定，以及该组织对计划经济国家和国家垄断贸易行为所作出的让步（Brown, 1950, pp.362—375）。1948年4月，美国商业部要求"为了保障世界商业中私人和企业的创造性，必须采取积极的措施"（Brown, 1950, p.370）。而当这种要求未被采纳时，有组织的美国商界利益群体反对成立国际贸易组织。正如戴波德所说，国际贸易组织由于"美国商界不明智地提出的投资法案以及同样一批人的反对"而夭折（Diebold, 1983, p.6）。即使在美国经济占据绝对优势的时期，因为其他国家对美国自由主义的抵抗以及国内意识形态的压力，使实现被其中一个主要设计者称为"世界贸易宪章"的前景破灭了（Wilcox, 1949）。

这样，到40年代末期，二战期间计划建立的货币和贸易机制或者被人忽视，或者未能付诸实施。国际货币基金组织未能积极行动，而国际贸易组织没有建立起来。不过，虽然战争期间所拟议的机制未能按照它们的发明者所期望的那样实施，美国仍能以其他的方式达到它的关键目标。正如我们已经看到的，马歇尔计划向欧洲提供了大量美元以及只有美元才能买到的货物。同时，其他的制度创新也出现了，以达到曾是国际货币基金组织和国际贸易组织目标的非歧视性的自由化制度安排。

在金融领域，在经济合作署的领导下，美国推动建立欧洲支付联盟，该组织最终于1950年夏成立。它的建立是为了解决当时约束贸易发展和阻碍经济复苏的美元短缺问题，通过减少对美元的需求和提高使用稀缺资源的效率，该体系使得马歇尔计划更为完善。欧洲各国政府对美元短缺的最初反应，是在战后的两年内出现的，那时通过相互协商签署了大约200个双边协定，虽然这些措施从直接的易货贸易效率的角度讲是可取的，但这些要求几乎完全实现双边账户平衡的协定扭曲了正常的贸易关系。而一个多边支付联盟的建立，可以通过集中统计每一个国家的赢余和赤字来得到一个单一的数字，从而有助于提高效率。这样的话，如果德国对法国的贸易有一些赢余而对意大利有同样数字的赤字，当法国对意大利有同样的赢余时，在多边支付的基础上，这些账户就可以实现平衡，而按照严格的双边计算，实现平衡就需要扭曲正常的贸易模式(Patterson，1966，pp.75—83)。按照第六章的话来说，欧洲支付联盟在为欧洲国家内部贸易提供经费方面极大地减少了交易成本。

美国倡导成立欧洲支付联盟，是在成功地克服了英国的反对后建立起来的，美国当时甚至表示，即使有些国家不愿加入，美国也愿意为欧洲支付联盟提供所需的美元(Triffin，1957，p.166)。美国之所以对欧洲支付联盟如此热情，部分原因是相对于双边制度安排来说，美国的经济效率在多边制度安排上更具有优势，另一方面，这也可以被视为通过增进欧洲内部的贸易而使欧洲最终加入一个全球性自由经济体系的必经步骤。"欧洲支付联盟是使欧洲从双边主义迈向全面的多边主义这个渐进发展过程的关键因素"(Block，1977，p.100)。虽然这只是一项金融性质的制度安排，但贸易的重要性从与欧洲支付联盟联系在一起实施的贸易自由化法案的通过中可见一斑。该法案是在欧洲经济合作组织的主持下推动实施的，它几乎立即消除了所有欧洲内部有关进口数量贸易方面的限制(Mikesell，1954，p.130)。美国和它的欧洲伙伴都认识到，如果要成功地实现自由化，在贸易和货币支付两个领域必须双管齐下。

但从短期来说，欧洲支付联盟并未推动自由化。相反，它使得对美国出口产品的歧视合法化了，这既有美元短缺的因素，也与欧洲支付联盟在欧洲范围内实施的多边清算措施有关。而且欧洲支付联盟并未担保欧洲体系会像美国所期望的那样融入全球性的多边制度安排。美国财政部对此颇有怨言，认为这会导致出现新的既得利益集团，而它们将会支持维护欧洲支付联盟的连续性，“欧洲将会成为一个很大程度上与美国贸易相隔绝的高通胀的地区”(Block, 1977, p. 101)。在国际货币基金组织内，对欧洲支付联盟的反对也很强烈(Patterson, 1966, pp. 113—119)。但由于反对者自身也缺乏积极的计划，对欧洲支付联盟的悲观主义论者最终并未得势。

事态后来的发展证明了乐观主义者的信心。欧洲支付联盟并未助长通胀，而且当欧洲经济在 50 年代中期逐渐强大而足以实现货币的自由兑换时，欧洲支付联盟也就自然解体了。从整体上来说，正如一位权威人士所坚信的，欧洲支付联盟以及相应的贸易安排，“可能的确促进了实现货币的可兑换性和非歧视贸易”(Patterson, 1966, p. 111)。

马歇尔计划和欧洲支付联盟最值得注意的方面是，美国放弃了它经常强调的互惠要求。马歇尔计划是由许多赠款而非贷款组成的：欧洲国家必须在达成一致的基础上共同向美国提出要求，但它们并不需要回报美国的捐赠。同样，欧洲支付联盟也是建立在对未来信任的基础上，而不是要求获得直接的回报。在 1950 年，欧洲除了良好的信誉以外，的确不能再拿出什么东西来，如果坚持在短期内实行平等的交换，美欧可能就不能达成一致。所以美国从长远着想，牺牲短期利益——既给予经济援助也容忍欧洲对美国产品的歧视——就是为了建立一个稳定和繁荣的国际经济秩序的长远目标。当然，在这个国际秩序中，自由资本主义和美国的影响都将占据主导地位。也许有些美国领导人，如我们在第七章中引用萨林斯所称作的“石器时代经济学家”，可能期望接受无报酬的礼物会在一些接受者中产生“一种扩散的互惠义务”；当然，有些美国领导人也是出于对欧洲境况的同情。不管他们的动机如何，美国的领导人认识到必须承担风险来推动事态进展，但这些风险的程度是受美国政府所掌握的巨大资源限制的。从长远来看，将欧洲对美国军事保护的需要与美元的短缺联系起来，使美国获得了对欧洲政策发展的巨大而持续的影响力。美国能从长远考虑是因为它具有影响未来发展的实力。因此可以说，美国的慷慨是建立在对自身霸权的认识之上的。

重要的是要注意到，美国的许多政策在马歇尔计划推行后所产生的戏剧性效果，伴随着其后欧洲支付联盟的诞生，标志着美国以新的方式着手实现长远的战略目标，而不是对早先政策目标的放弃。正如赫斯和多伊尔所指出的(Hirsch and Doyle，1977，pp.31—32)：

> 美国通过提供大量额外的财政经费和逐步接受贸易和支付的自由化，在1947年到1948年间拯救了而不是放弃了它早先要最终实现多边机制的目标。这样一种政策是可能的，这是因为当时国际政治经济的基本特征，就是建立在霸权基础上的美国的领导地位。正如我们所知，这个战略基本上是成功的：在外来援助下强大起来的欧洲经济，逐步推进了地区的自由化，这又为在50年代末平稳地实现多边机制扫清了道路，在这个过程中，欧洲逐渐实现了货币的可兑换并结束了对美国出口产品的歧视。

即便形势在1947年到1948年期间有所变化，特别是在美国愿意对欧洲复兴实施财政援助，并容忍欧洲对美国出口产品歧视的情况下，我们同样可以看到战略连续性的存在。在美国参议院没有批准国际贸易组织之后，美国政府通过建立关税及贸易总协定寻求实现非歧视和自由化的目标，关税及贸易总协定本来仅仅设想作为国际贸易组织成立前的临时安排。1947年通过协商签署了关税及贸易总协定，作为与国际贸易组织宪章草案的商业政策相联系的一个暂时协议。有所区别的是，在关税及贸易总协定的谈判中更多地反映了大国的意志，而在国际贸易组织的谈判中，则对发展中国家作了不少让步。由于这种暂时的性质，各国政府也仅仅只是“临时地”接受协定的条款，而关税及贸易总协定也没有成为一个正式的国际组织。协定本身既未将关税及贸易总协定作为一个组织，也未谈到成员国的概念(Dam，1970，p.335)。

虽然开局不利，但关税及贸易总协定在50年代中期却取得了巨大的成功，它从一个仅仅为签署国提供“共同行动”的多边协定转变为新的国际贸易机制的中心。由于美国国会对旨在建立自由贸易的国际组织异常敏感，关税及贸易总协定在成功地避免了与其发生纠缠后，仍作为一个非正式的东西存在下来。的确，用大写字母书写缔约国(Contracting Parties)，“仅仅代表一个集体身份，从中很难看到与组织有关的特征来”

(Hundec, 1975, p.46);关税及贸易总协定的运作也并不是建立在中央决策和执行的基础上,而是建立在一种可操作的非正式程序上,该程序建立在由关键参与国对代表性事情的理解上。它们明白所制订规则的意图,即使这些规则本身是含糊不清的。这种对确定性事情的理解"使得关税及贸易总协定的管理者具备了解释该协定法律所需的信心与组织支持,这些法律形成了构成书面文本基础的基本政策与目标"(Hudec, 1975, p.103)。在怀特的领导下,成立了一个小而精的秘书处,除了在涉及国内政治的情况下——例如,最显著的是关于农业贸易的政策,美国一般都非常支持关税及贸易总协定致力于推进自由化的行动。

如果说国际贸易组织的失败反映了建立一项正式国际协议的困难性——这项正式协议需要得到美国的支持才是可能的,关税及贸易总协定的成功则表明了促进霸权合作成功所需要的条件。关税及贸易总协定有一套适当的制度设计,着重于减少不确定性和实施分散化的协调措施,而非集中统一地执行规则,这有助于它避免与其成员国政府的权力机关进行象征性的权威竞争。此外,美国政府官员的足智多谋,美国实力的范围,以及 1947 年后在欧洲牢固建立起来的、以自由主义为取向的政府间所存在的一致的意识形态,都为关税及贸易总协定的成立提供了有益的因素。50 年代关税及贸易总协定的有效运转,说明了霸权合作是如何成功地进行运作的。

美国不但愿意支持欧洲实现贸易自由化的努力,而且也向比较顽固的欧洲国家政府施加压力,使它们在贸易自由化的路上走得更远、更快。美国霸权领导在这方面的一个最显著例子,就是美国从 1949 年起,劝说那些顽固的欧洲伙伴给予日本最惠国待遇。从 1951 年秋开始,日本在美国的支持下,就开始寻求加入关税及贸易总协定。争取的过程是漫长而艰难的:1951 年,英国仍反对日本成为关税及贸易总协定的正式观察员;到 1953 年,英国才同意在不经过投票的情况下,赞成日本加入关税及贸易总协定;1955 年,日本成为协定的缔约国。但是,即使在这个时候,有些占日本出口 40%的成员国仍然引用协定第 35 条,认为关税及贸易总协定的非歧视条款不适用于它们与日本的关系。美国花了 10 年时间才帮助日本说服那些成员国不再引用第 35 条,这项工作直到 60 年代中期才在所有主要的贸易伙伴间顺利完成。

美国的政策建立在将政治与经济结合在一起的考虑上。如果日本要繁荣起来，它就需要与其他工业化国家进行贸易，因此美国的市场必须对日本的出口产品开放。考虑到政治上的必要性，其他国家对日本实施歧视性的限制就会加重美国的负担，因为其他国家不愿进口的货物就不得不由美国市场来消化。作为领导者，既然美国决定将日本保持在美国领导的体系中，它就有强烈的动机对其盟国进行劝说或施以压力，促使它们进行共同协作。所以，就如有的人指出的，“自由世界的利益”是将美国从实施自由化战略中所获的利益与将日本融入欧美政治经济体系两者结合在一起的(Patterson，1966，pp.271—305)。

美国1958年支持欧洲经济共同体的建立，这种行为使它反贸易歧视的态度变得模棱两可起来。欧洲经济共同体的建立当然使得区域内的国家对外来的进口产品(包括美国的产品)采取歧视的态度。不过，考虑到政治上的原因，也由于美国相信欧洲的一体化将会推动其经济增长并有利于世界贸易，美国认可了这一进程。的确，至少到50年代末，人们普遍相信欧洲经济共同体将会有利于降低贸易壁垒，虽然在60年代期间，越来越多的人担心欧共体在实现自由化的同时，可能也会产生同样程度的保护主义与歧视态度(Patterson，1966，pp.181—188)。结果，后来欧共体的政策，特别是在涉及与其他国家的协定方面，产生了大量新的有关歧视待遇的争论，而在70年代与80年代早期，在经济停滞与世界生产与贸易发生结构性变化带来的压力下，这些争论变得越来越激烈。但至少到60年代中期，美国同意欧洲一体化扩大的政策看上去还是成功的，即使这样做在当时看来可能会对经济自由化产生不利影响。

在金融货币领域，50年代末期和60年代早期同样也是取得显要胜利和对未来抱有极大希望的年代。1958年后，基于布雷顿森林体系建立起来的国际货币机制终于像它的创建者所希望的那样开始运作。欧洲货币能正式与美元进行兑换，国际货币基金组织成为国际货币机制中的核心国际组织。美元与黄金以固定的每盎司兑换35美元的比例实现了挂钩，属于该机制的其他国家的货币则以固定兑换率钉住美元；在与国际货币基金组织商议后，兑换率也可以变化，但这种情况很少发生(虽然提出商议的要求经常被绕开)。该机制和以关税及贸易总协定为中心的贸易机制,为世界贸易的增长提供了一个确定性的环境,在这个阶段,世界贸易取得了引人注目的发展。美国的自由化与非歧视贸易待遇的双重目标在金融和贸易领域都取得了成功,而这绝非简单地通过执行布雷顿森林体系所设计的蓝图而获得的,而是通过一种“进两步,退一步”的渐进和非直线的过程获得的。1958年后,国际经济合作在此霸权机制的框架内迅速地得到展开。

石油领域的霸权合作

下面首先要举出的四个有关石油案例的主题,涉及美国行动的效率问题。美国具备如此之多的资源(经济的、政治的和军事的),以至于它能在即使没有建立一个多边机制的情况下也能达到其关键的目标。在石油领域,美国占有绝对的优势,因此它能完全按照自己的方式来推动合作。所以,对寻求财富和权力进行现实主义分析,以及了解霸权在建立规则中的作用,对于理解下面这些案例都是非常重要的。

上面强调的是美国政府权力的重要性,与此相对照的是,也有强调国内政治在这一过程中的重要性的,后者对美国政府起着约束作用并削弱美国领导地位的物质基础。这种不协调的迹象最初的体现就是,美国试图通过《英美石油协定》这样的国际机制来控制中东石油的供应,但并未成功。美国最终于1959年签订了《强制性石油配额协定》,这一措施从长期来看,削弱而不是增强了美国的力量。霸权合作的脆弱性,从它仅仅保持了约20年而非一个世纪来看,一个合适的解释就是:美国国内利益集团不愿从美国长远的战略地位考虑,作出必要的调整或牺牲。

对于现实主义的分析家来说,这种解释毫不奇怪。虽然这里关于石油的案例所说明的道理,与现实主义理论所希望作出的解释只是在程度上有所差别,但是我们在第二部分所探讨的主题,与我们这里讨论的主题并不是毫不相关的。我曾界定过的合作,是在这样一种情况下出现的:合作与霸权能共存，它产生于实际的和潜在的纷争之中，而纷争则根源于国际经济的相互依赖。在石油领域，直到 1974 年，美国仍不依赖相应的国际制度，这一点说明霸权能够代替国际机制发挥作用。但证据表明，尽管在石油领域建立国际机制的压力可能要比在金融和贸易领域小，美国政府早期确有在该领域建立国际机制的打算。美国在 1944 年到 1945 年间曾试图以自己为资深成员国、英国为初级成员国建立一个政府间的石油卡特尔，但由于国内的反对而未能成功。正如我们将在第九章和第十章中看到的，美国在 1973 年到 1974 年的中东危机后试图建立一个石油消费国的机制，这表明美国在石油领域里实力的衰落态势。不过，到那个时候，建立这样的机制已经不可能只按照美国自身的方式进行了。

控制阿拉伯石油(1943—1948 年)

在二战之前，美国就曾为美国石油公司竭力寻求进入在政治上由英法控制的石油产地。根据 1928 年 7 月 31 日签订的《红线协定》，美国企业(与近东开发公司一起)获得了土耳其石油公司 23.75%的股份，并在目前由土耳其、叙利亚和伊拉克控制的地区获得了石油开采特许权。在包括阿拉伯半岛的“红线地区”，协定要求土耳其石油公司(以及后来的伊拉克石油公司)的成员“不能在前奥斯曼帝国的任何区域购买石油或获得特许权”(Anderson, 1981, p.18)。这是 20 年代制订的一系列石油协定的一部分，目的是限制石油的供应，并确保主要的石油公司能联合起来在世界市场上控制石油价格。

30 年代，又有许多重要的石油发现。对于石油市场而言，最重要的发现是在 1930 年的东得克萨斯，但从长远来看，最重要的发现是在 1938 年，加利福尼亚阿拉伯标准石油公司(即后来的阿拉伯美国石油公司)在沙特阿拉伯发现了具有重大商业价值的石油，这个公司是由加利福尼亚标准石油公司和得克萨斯公司共同拥有的附属公司。在 1940 年，这个区域只产出 500 万桶石油，但到 1941 年，有关石油公司和沙特王国都注意到这个地区蕴藏着巨大的石油储备。

当美国成为二战的参战国后，基于战争考虑，如何开发沙特石油立刻成为美国军事家们关注的重要问题。但到 1943 年，出于对未来国内石油短缺的考虑，以及关于沙特巨量石油储备的信息，美国的政府官员将注意力转向这样一个问题：如何确保美国在战后继续在沙特享有石油开采权。首先，美国的疑虑集中在它的亲密盟友英国身上。虽然，“从可得到的英国档案记载中，找不到任何证据表明英国在40年代有排斥美国石油特许权的实际计划”(Anderson, 1981, p.40)，但那时，加利福尼亚阿拉伯标准石油公司的管理者们“相信英国正在想方设法剥夺他们的石油开采权”(Stoff, 1980, p.57)，英国公司在对付美国国务院时又不断采用各种狡猾手段，而沙特阿拉伯的阿布德·阿尔-阿齐兹国王又微妙地煽起美国石油公司的恐惧感，担心如果不追加投资就可能失去在那里的石油开采权。

在加利福尼亚标准石油公司和得克萨斯公司的支持下，经过国务院的倡议，罗斯福总统于1943年2月宣布《租借法案》适用于沙特阿拉伯。加利福尼亚标准石油公司和得克萨斯公司建议：作为对《租借法案》的回报，它们的合资公司——加利福尼亚阿拉伯标准石油公司——将获得一份沙特阿拉伯的石油储备，它提供给美国政府的石油价格将低于世界市场价格。在适用租借法案后，国务院中由经济专家费斯(Herbert Feis)任主席的国际石油政策委员会，建议成立石油储备公司，该公司的目的是获得阿拉伯石油的买卖合同。但是，在国务院作出此建议后，内政部长艾克斯(Harold Ickes)和军方代表(特别是海军)建议石油储备公司通过直接购买所有加利福尼亚阿拉伯标准石油公司的股份来获得这份石油储备。1943年6月末，罗斯福同意了此计划。

在国务院极不情愿的默许下，内政部长和军方代表说服总统建立石油储备公司，以占有大量的阿拉伯石油。这样一个计划肯定会被主要的公司所反对，因为这几乎一点没有考虑它们的利益。石油储备公司的董事会由国务院、内政部、国防部和海军部的代表组成，没有任何私人企业的参与；管理这项储备的权利并未当然地分配给加利福尼亚标准石油公司和得克萨斯公司(虽然它们获得了优先权)，而是给予了那些提出最高报价的公司。正如安德森所评价的：“整个计划的大胆也许反映了战争时代华盛顿的工作方式。”(Anderson, 1981, p.55)

在泽西标准石油公司(即现在的埃克森公司)和索科里公司(Socony-Vacuum，即现在的美孚石油公司)的压力下，内政部长艾克斯与加利福尼亚标准石油公司和得克萨斯公司的总裁进行了谈判，达成了一项临时协议，将加利福尼亚阿拉伯标准石油公司利益的1/3转让给政府。索科里(Socony)公司的布朗(John Brown)表示“他的公司和国外的其他公司并不赞同政府这样的竞争想法”(Anderson, 1981, p.64)。由于艾克斯担心在这个问题的竞争中失利，并危害他的政治地位，他中断了与加利福尼亚标准石油公司和得克萨斯公司的谈判，为了掩盖其真实用意，他声称两家公司没有诚意与政府谈判。[2]后来石油储备公司设法在波斯湾与地中海之间建立了一条政府所有的石油管道，但该计划也被加利福尼亚标准石油公司和得克萨斯公司的竞争对手们所阻拦(Anderson, 1981, pp.78—83, 96—102)。

筹建石油储备公司受阻，使得另一个计划受到重视，国务院在1943年间也曾讨论过这个计划，而且艾克斯也有此想法，即与英国进行谈判来订立一项石油协定。1944年夏天所计划的原始协定的核心，就是关于成立国际石油委员会的规定，它的目的是“就中东不同石油特许权的生产和出口比率作出建议……[以防止]……世界石油市场的无序状况而导致无法控制的竞争性扩张”[3]。这个计划意味着将建立一个英美石油卡特尔，这比欧佩克的产生早了15年。主要的国际企业都支持这个设想，前提是它们获得反托拉斯指控的豁免；如果这项例外条款真的通过，这些企业就将从政府那里获得它们多年来在世界市场上通过非正式的共同行动以及或多或少的秘密协定都没有得到的成果。拟议中的石油协定对于一个由美国所掌握的正式的国际石油机制来说，是一个大胆的计划。该机制被用于剥削更穷、更弱国家的事实——不但是石油生产国也包括石油消费国——提醒我们，合作并不必然是善意的。

由于外交关系委员会成员们的坚持，建立英美石油协定的建议作为一项条约提交给了参议院。但这遇到了强大的利益集团联盟和美国主流意识形态的反对。建立政府间卡特尔的计划“遭到了形形色色的反对：美国国内独立的石油公司的既得利益，司法部的反托拉斯原则，新政反对者的自由放任观念，以及国内长期坚持的不支持一个利益集团反对另一个利益集团的做法”(Anderson, 1981, p.96)。此外，条约陷入了艾克斯和国务院主导力量为石油政策控制权而展开的激烈的官僚斗争中，同时也受到由于石油储备公司计划而引发的争论的困扰。

国内独立石油商的利益受到特别大的威胁。他们担心"这项协定可能使外国便宜的石油进入美国市场"(Krasner, 1978a, p. 204)。虽然政府官员经常对此结果持否定态度,但是石油商的担忧是有道理的:该协定的一个关键目的是缩减在西半球的石油储备损耗,通过开发中东石油资源来供应欧洲市场,甚至包括美国市场。代理石油顾问萨平顿(James Sappington)在 1943 年 12 月 1 日基于安全理由写道:"最大限度地开发中东石油是可取的,这样就能保持该半球的石油供应",他甚至谈到,"如果中东石油进入美国就能使其满足战后对石油进口的需求,结果就是进一步保留了西半球的石油储备"。[4]

对 1944 年草案的反对使得许多人要求对其进行根本的修正,修正方案在 12 月由代表工业界利益的石油工业战争委员会提出。外交关系委员会主席,来自得克萨斯的参议员康纳利反对这一计划,这使得国务院不再考虑该协定。结果只得先与工业界谈判,再与英国协商,以满足工业界的要求。最终产生的协定是在艾克斯领导下进行的,它原本要将国际石油委员会的权力限制在准备报告和估算上,排除美国工业界所发挥的调节作用,并且几乎完全依赖于各方自愿的遵守。结果,国务院对这样的协定不冷不热。国务院有足够的力量可以不顾艾克斯的反对来删除反托拉斯豁免条款,但这种变化意味着主要的国际石油公司的利益将受到损害。所以就该协定进行再次协商已没有意义。到 1944 年末、1945 年初,赞成该协定的艾克斯、国务院以及国际石油大公司之间的不稳定联盟在国内工业界的压力下解散了,只是还残留一个国际公共协定的阴影。这个"孤儿",正如一位国务院官员在艾克斯离职后于 1946 年所记述的,从未得到参议院的批准。[5]

美国没能通过直接由政府拥有的方式确保获得沙特石油,也没能通过英美石油协定来获得对中东石油更广泛的控制权。在国务院的支持下,新的动议提交给了石油公司。1946 年,加利福尼亚标准石油公司和得克萨斯公司在沙特阿拉伯发现了丰富的油田,于是建立了一个合资公司,即现在的阿拉穆科公司(Aramco),并派出熟练的生产小组前往开采。不过,它们也面临着巨大的资金匮乏以及生产出来的石油销往何处的问题。

相反，泽西标准石油公司则长期处于缺乏原油的状况，并且一直担心被排除在世界上具有最富饶且最低廉石油的中东地区之外。在商业保守主义的推动下，1946 年初，加利福尼亚标准石油公司和得克萨斯公司决定邀请泽西公司购买阿拉穆科的一定股份。最终，索科里公司也被邀请加入，泽西公司获得了阿拉穆科 30%的股份，而索科里公司得到了 10%。[6]

不过，为了完成该交易，还需要采取行动来取消 1928 年《红线协定》的限制，该限制规定伊拉克石油公司的合作伙伴只能通过该公司在划定的红线地区生产或购买石油。到 1946 年，伊拉克石油公司的成员包括英伊石油公司(23.75%)，壳牌石油公司(23.75%)，法国石油公司(23.75%)，索科里公司(11.875%)，泽西公司(11.875%)，古勒宾金公司(5%)。加利福尼亚标准石油公司和得克萨斯公司由于不是伊拉克石油公司的成员，并未受约束而能在沙特阿拉伯生产石油，但泽西公司和索科里公司则受到限制。对后者而言，加入阿拉穆科公司就意味着将破坏《红线协定》。

关于泽西公司和索科里公司如何巧妙地瓦解《红线协定》，是国际法律谋略中一个引人入胜的故事。在初期谈判中，壳牌公司向美国公司保证它将加入为伊拉克石油公司制定新的安排措施的行动。泽西公司为抚慰英伊公司，也和它签订了一个协议，答应在 20 年时间内从该公司购买大量伊朗和科威特石油，并在阿巴丹和地中海之间修建一条新的输油管道(从未修过)。法国石油公司和古勒宾金公司的问题最麻烦。不过，对于美国公司来说，幸运的是，二战期间法国石油公司和古勒宾金公司曾在纳粹控制的区域进行生产，从而在 1940 年被一个著名的英国律师认定为“敌对集团成员”，从而使得《红线协定》不再有效。这就为泽西公司和索科里公司于 1946 年主张该协定已经失效，并就取消原来协定的限制性条款重开谈判奠定了充分的基础。[7]

毫不奇怪的是，法国石油公司仍强烈地对此持反对态度。并不仅仅是由于法国的战败而使其被侮辱性地贴上“敌对集团成员”的标签，该公司担心阿拉穆科交易会削减其在伊拉克的石油产量，而法国石油公司在该地区拥有一定利益。因此，它就与泽西公司和索科里公司一起寻求加入阿拉穆科公司。此外，法国政府也表示强烈的抗议，认为美国政府应承担责任,并威胁将在法国本土对泽西公司采取直接的行动以进行报复。[8]

法国石油公司加入阿拉穆科公司的要求由于沙特阿拉伯国王阿布德·阿尔-阿齐兹的反对而受阻,阿齐兹宣布他不会同意将阿拉穆科公司的任何部分出卖给非美国公司(Anderson, 1981, p.155)。不过,由于国务院一直密切地关注着公司间的谈判,因此它认识到法国抗议的严重性。1947年2月,国际贸易政策办公室的副代表保罗·尼采(Paul Nitze)建议在不废除《红线协定》和激怒法国的基础上解决该争议,即让泽西公司将其伊拉克石油公司的利益转让给索科里公司,然后单独加入阿拉穆科公司。[9]但泽西公司和索科里公司拒绝了该建议。

虽然在伊拉克石油公司成员间规定的条件使得《红线协定》无效,但却使法国从伊拉克石油公司的产量中比本来规定的比例获得了更多的石油份额,并使泽西公司和索科里公司答应支持增加伊拉克石油公司的产量。和古勒宾金公司进行的谈判被延长了,据说,古勒宾金公司告诉索科里公司的卡斯,如果他不"尽可能地做成一笔合算的买卖"的话,他自己将为人所不齿。古勒宾金的王牌是他要在伦敦提起诉讼,威胁要把伊拉克石油公司的内幕向公众公开;结果,诉讼在法庭开庭之前在庭外得到解决。[10]

这段插曲反映了有关霸权合作的几个重要问题。首先,虽然从政策的相互调整来说,合作是可以实现的,但这个实现过程并非是一个和谐的过程。合作产生于纷争的现实以及对纷争的预测之中。其次,在这个事件中,合作的困难性部分反映了这样一种状况:即缺乏一致同意的制度,以建立一个足以交涉的框架。实际上,是美国政府和美国公司想瓦解伊拉克石油公司这个旧机制的意愿首先导致了争端。

尽管美国官员在获得其目标的过程中不停地解决越来越多的难题,并且的确遇到了很多麻烦,但是美国最终成功地控制了阿拉伯石油,个中反映的实际上是这样一个事实,即霸权的真实存在。与英国就《英美石油协定》进行谈判时所遇到的困难,比在美国国内进行谈判时遇到的困难小。在《红线协定》问题的谈判中,美国双管齐下,一方面威胁要打破旧的制度安排,一方面承诺将对在重建的中东石油格局中进行合作的伙伴给予补偿,这样,英国、法国以及古勒宾金都被纳入新的协定。虽然并没有形成一个正式的国际机制,但我们所定义的霸权合作出现了。

霸权与合作的相容性再次表明,国际合作并不依赖于国家间完全的平等。强调“国家间的不平等”(Tucker, 1977)并不就是否定政策相互调整的可能性,虽然这可能意味着强国与弱国所作出的调整将是不同的,也是不均衡的。的确,关于战后时期的合作是否建立在预先确立美国统治的基础上是可以争论的。在石油问题上就是这样。在美国公司和美国政府采取近乎粗暴的行动废除了《红线协定》以确保美国在沙特阿拉伯的优势之后,美国就愿意向欧洲保证它将获得充足的石油供应,只要欧洲继续支持美国的领导地位。同样,在财政和商业政策上,美国在通过马歇尔计划为合作提供积极的动力之前,就已经向英国炫耀并展示其优势能力。英国的储备水平只能支持其战时购买,但却不足以保证其战后的财政独立,因此,美国在战时努力说服英国同意取消其在30年代制定的歧视性贸易壁垒(Kolko, 1968, pp. 280—294)。美国在战后继续对英国施加压力,这一点特别显著地表现在1946年的《英国贷款》问题的谈判中(Gardner, 1956/1980, pp. 188—207)。与在石油政策上一样,霸权统治的建立先于经济利益的分配。

在石油问题上,美国政策制定者所遇到的麻烦更多地来自于美国政治和社会的性质,而不是因为其他国家的影响。这并不意味着确保阿拉伯石油供应的最终目标会因为这个因素而失败,相反,这个目标达到了,我要指出的是,美国的国际政策不得不适应美国社会的现实。为了支持海外私人公司的扩张和它们的跨国政治战略,政府所控制的公司的计划,或者国内政府间对生产和价格控制的计划,都被放弃了。在石油领域,霸权合作的特征,特别在没有实现高度制度化的情况下,是在两种因素的影响下形成的:即国家在海外扩张实力和攫取财富的机会,以及国内资本主义和多元政治带来的约束。

英镑—美元石油问题

即使在战争期间,英国政府已预见到在战后会出现外汇的短缺,因此,它在一项石油协定的谈判中坚持:“每个国家在它认为必要的时候,都可以根据其自身的生产能力或者其国民应有的权利,制定消费需求计划。”[11] 1949 年,英国决定采取行动来节省美元开支,即对美国的石油公司采取歧视措施,这实际上违反了英国政府与美国公司在 20 年代和 30 年代达成的协定。英国的这种措施不但影响到美国对英国的出口,而且减少了美国企业在另一些国家的销售,如阿根廷和埃及,这些国家和英国订有用石油换取其他货物的易货协议。此外,在 1949 年春,英国政府要求英国的银行家:

> 不要用英镑余额支付美国所提供的石油,特别是在英镑以外的地区。那些国家,如芬兰、瑞典、挪威以及丹麦,存在严重的美元短缺,它们全部或部分的石油进口,都需要用英镑来结算。这样一来,它们就不能依赖用它们在英国的英镑余额来支付美国公司提供的石油,因而不得不购买英镑石油(larson et al., 1971, p. 706)。

美国公司对此表示抗议,认为英国的行为并不是为了节约美元,而是以损害竞争对手的代价来加强英国公司在世界石油工业中的地位(Brown and Opie, 1953, p. 226; Larson et al., 1971, p. 707; Anderson, 1981,第 6 章)。按此时价格充斥于世界市场上的大量石油,使得众多美国公司不可能将其生产出来的石油全部卖出;这样,美国的所失就是英国企业的所得。而且,美国在东半球石油市场的减少在美国国务院看来,是对美国安全利益的不良征兆。

> 从国外石油的开采特许权,以及炼制、销售设备与美国石油公司需要保持国外石油销售市场的角度来看,这种情况产生了严重的安全、政治和经济问题。如果美国在海外生产石油的公司面临着市场萎缩的状况,它们就必然缩减其生产量。如果美国的公司在英国公司增加其产量的同时被迫减少生产,它们就将处于一种困难的政治和财政地位,而这可能反过来损害美国的国家安全利益。[12]

国务院 12 月的内部备忘录,直接强调了英国政策对美国在沙特阿拉伯地位的影响。

> 损失每年收入的 1/4 可能会使沙特阿拉伯的石油发展处于不利地位,而与此同时,邻近国家却在继续扩大石油生产,这种局面将会危害美国和沙特阿拉伯之间业已存在的独特的合作和友好关系。在制约阿拉伯国家反对西方支持的以色列问题上,沙特阿拉伯的政策

是靠近西方的,但这样的政策可能因为上述情况而受到损害。[13]

并非每一个美国政府官员都将国家利益与阿拉穆科石油公司伙伴的利益看作是紧密联系的。石油以几倍于成本的价格在出售,不过,无论是美国公司还是英国公司,都未认真地考虑过以进一步降低价格来作为对付需求停滞的手段。英国的财政状况比起富裕的美国石油公司的困境,显得更为糟糕。

> 如果英国的美元和其他经济损失保持在目前或计划的水平上,美国的重要利益就很难得到维护。1950 财政年度的 7.1 亿美元和 1953 财政年度的 6 亿多美元损失,在任何人看来,似乎都是不可弥补的。在英镑地区的石油账户上尽量多地节省美元和经济资源,从目前英国的收支平衡、预算情况以及未来经济合作司拨款不确定的前景来说,是绝对必需的。……当各大石油公司仍以 3 至 5 倍于成本的价格出售波斯湾石油,为了使 5 家最大的美国石油公司获得波斯湾的开采特权,从而剥夺所有美国农场主和其他商业公司在第三国进行贸易的机会,将会使英国经济背上沉重的负担,从而使美国的部分对外援助计划归于无效。这对美国的国家利益是个威胁。如果将这些情况公之于众,那将是非常糟糕的。[14]

所以,问题的关键在于选择一种调整的价格。那么,谁来为创造一个更宽松的石油市场承担调整的成本呢?显然,不同的调整模式将伴随着不同的可能性后果。

1. 在大幅度削减价格的情况下,欧洲和其他地区进口石油的价格会大幅度降低。这将推动经济合作司所鼓励的降价政策继续发展。该机构一直对石油降价施加压力,要求将中东被"公司掌握"的每桶石油价格从 1948 年的 1.52 美元降至 1.14 美元(Brown and Opie, 1953, pp. 227—230; Maull, 1980, p. 211)。

2. 美国可以接受更多的石油进口,从而减少世界石油市场上的过剩供应,但代价是减少美国国内的生产。美国独立的企业将承担这种调整的绝大部分代价。

3. 英国可以取消它对美国公司的限制行为。在这种情况下,由于美元的损失不会减少,调整的负担将主要落到英国经济头上。

4. 美国和英国可以共同采取行动迫使其他国家接受调整价格，即要求美国和英国以外的石油购买者“至少以相当于所供应石油成本的美元来支付”。这就是1949年11月索科里公司的法斯特(W. L. Faust)所提计划的核心，他的建议要求建立一种双头垄断的机制，这将为美国和英国石油公司带来丰厚的利益，但对其他国家则不利。正如美国在伦敦的经济事务顾问所指出的：“当然，许多消费者都会反对，但如果美国和英国所有的石油都以这种模式在市场上销售，它们就没有选择余地而只能接受。”保罗・尼茨以类似的语言争辩说：“对于美英两国政府来说，在一种正式或非正式的基础上，是值得努力去调整石油产品的生产和流通的。正常意义上的竞争是不可能的，而且可能是不良竞争。”[15]

5. 英国同意美国公司向英镑地区以外的国家出售石油以获得英镑，但只能以相当于那部分石油的价格兑换为美元，“未兑换的英镑将由美国石油公司从英镑地区购买货物和其他服务”。这种安排措施将消除英国企业对美国企业的歧视，而同时，根据卡尔特克斯公司(加利福尼亚标准石油公司和得克萨斯公司的合资公司)以及支持该计划的美国官员的观点，这项计划不会使英国的美元流失高于英国公司增加其海外石油生产所带来的损失。[16]这是尝试由美英两国企业共同分担调整成本的措施，因为英国企业会丧失由于采取歧视性措施而获得的竞争优势，而调整成本也将由美国非石油生产商分担，因为它们将由于对美国石油公司用美元购买货物的能力实施约束而受到不公平对待。作为一种策略这是明智的，因为这既达到了英国公开宣称的保护其通货储备的目标，同时又采取措施使得英国石油公司比起它们的美国同行来，不会获得因为政府支持而获得的优势。

主要的国家都否决了前三种方案，因为调整的成本可能会落到它们之中。无论是公司还是政府都不想采取第一种方案(降价)来解决石油的过多供应问题。企业不愿采用此种方案的理由是显而易见的；而对于政府来说，英国在1949年并未采取使英镑贬值的方法来鼓励英国公司与美国公司进行廉价竞争。也许英国官员既担心降价对石油公司会产生利润减少的效果，又担心利润的降低对英国国际收支平衡的影响。而美国官员则担心沙特阿拉伯和其他石油生产国对石油降价的前景不满意，从而损害美国与这些国家的关系。第二种解决方案，即由美国进口更多的石油，同样遇到与《英美石油协定》相关的问题，美国国内生产商将对此持反对态度："以第二种方案为基础的解决措施会遇到美国独立石油生产商的强烈反对，这可能阻止美国公司像计划的那样扩大在中东的石油产量。"[17]第三种可能性，即取消所有的限制，但受到英国坚决的反对。

另两种方案可以使主要当事国转移立刻承担调整费用的代价。法斯特建议英美共同管理的计划，这与1944年的《英美石油协定》颇为类似。根据一项最近的报告，该建议对英国政府来说并不具有吸引力，因为就英国而言，"保持一个有活力的英镑地区仍有政治利益"（Kapstein，1983，p.16）。美国也有类似的顾虑，因为这些周边国家很多都是美国的客户，将美元危机部分转移给其他石油消费国意味着增加美国对这些国家进行援助的负担。而且，

> 所指的这些"第三国"由于面临着用美元支付石油价格的一部分，可能也会就它们出口的其他商品提出类似的要求。……如果采取这种价格政策，我们就在国际贸易中加入了一个复杂的因素，而这显然是我们所不愿意的。我们的政策大方向是相反的；比如说，在欧洲一体化问题上，我们的目标是避免对美元清偿的需求。[18]

虽然美国国内行政机构和国会对石油公司所抱有的巨大同情，似乎阻止了政府立刻拒绝法斯特计划，不过，卡尔特克斯公司的建议（第五种解决方案）似乎更为有理，因为它并未牵涉到第三方的纠纷，以及对美国更广泛的国家利益的威胁。因此，到1949年12月，该建议实质上已成为美国谈判立场的基础。

> 在进一步的讨论之后，美国政府向英国建议美国公司应允许将其部分产品卖给第三国时不以英镑计价。美国公司可以允许兑换一定数量的美元，数额相当于英国公司将取代已有的美国生产能力所开销的美元。

按照美国的理解，如果英国接受该建议，则将结束英国公司因为英国政府政策行为而获得的歧视性利益，从而保护美国企业免受英国的不正当竞争。

> 英国公司正以两倍于正常估计的增长速度进行生产扩张，并利

> 用货币和贸易限制措施，而不是以正常的竞争行为（如降价，生产更优质的产品，提高效率等），用多余的石油来取代美国石油。[19]

但英国政府不但没有接受该建议，而且在1949年12月对美国公司的分支机构施加新的限制，要求它们从英镑地区购买石油时，需从英国和英荷公司购买而不能从美国拥有的企业购买（即使这些企业是它们自己集团的成员）。“这样一来，一家美资分支公司从其他美国公司进口石油，仅仅在它所需要的石油数量超过了英镑地区公司所能供应的限度时才可以，泽西石油公司因此在其最重要的东半球市场被挤到了边缘的位置”（Larson et al.，1971，pp. 706—707）。

由于这项措施将损害它们的利益，美国公司一面向美国政府施加压力，要求更积极地代表它们的利益进行干预，同时，要求政府与英国政府进行直接谈判。1950年1月，当时的参议院外交关系委员会主席和作为得克萨斯石油利益的首席发言人康纳利，倡议切断经济合作司的所有对英援助。这项建议并未实行，但经济合作司的确暂停了扩大对英国石油工业的援助计划。[20]同年4月，国务院“向英国政府提交了一份声明，坚持美国公司有在英镑地区的任何地方进行贸易的权利”[21]。在得到国务院支持它们的保证后，一些公司成功地与英国进行了谈判。

> 泽西公司的佩基（Howard Page）在1950年5月与英国财政部达成一个复杂但令人满意的解决方案。英国同意结束汽油的定量配给，泽西公司则承担供应其英国分支机构所需的汽油，并以英镑支付。泽西公司答应不将利润以美元汇回美国，而用英镑继续购买所需的由英国制造的货物和设备。随着一系列在1950年到1951年由佩基所起草的类似协议的签订，这种安排措施实质上就解决了美元石油问题。

在促成这项解决方案的背景因素中，一个关键条件是1950年6月朝鲜战争爆发之后出现的经济繁荣。经济扩张行为很快消除了石油的过剩问题，并提高了英国的国际收支地位。朝鲜战争的爆发，通过刺激重整军备和防止重新出现严重的萧条，消除了由于石油过量供应造成的经济困难，而正是这种过量供应在最初产生了石油美元问题。

英镑—美元石油问题揭示了纷争是如何从相互依赖关系中产生的，

特别是由于政府试图将调整的成本转嫁到其他国家时;它也再次表明这样一个过程,即在政治压力下,纷争可能最终在受到行为者实力以及其偏好强度影响的条件下导致合作的产生。由于英国对既有政策强烈的偏好,从而对美国实力的施展形成有力的制约,这使得这个案例中的霸权合作的结果与《红线协定》事件中的结果相比,更少具有不对称性的特征。正如第二章和第三章曾讨论过的哈桑尼和马奇的理论论述所预期的,仅仅依靠每一方所掌握的有形实力资源,是不可能准确地预测交易结果的。虽然美国能够改变管理阿拉伯石油开采特许权的规则,但在与英国有密切利益的问题上,在英国能首先通过强制性政府行动进行控制的问题上,它也不能那么容易地运用其已有的权力。

这个事件也说明,美国霸权领导地位的特征,还结合了追求狭隘的自我利益和对同盟体制管理的关心。国务院对受到歧视的美国大企业进行援助,但美国政府重建一个自由资本主义世界的政治经济体系的愿望阻止了政府在对石油公司提供支持的问题上走得太远,或者说阻止了美国采纳将调整的成本强加在英国或美国以外国家的方案。英镑—美元石油争端再次说明了这样一个观点:一个霸权国所受到的许多约束并非是因为其缺乏实力,而是由于靠实力才可能建立一个世界秩序的雄心。美国在寻求建立一个其自身的世界体系的过程中,必须不但考虑到其自身行为对其合作伙伴的影响,而且还要顾及到任何双边交易可能对第三方的影响。霸权国编织的相互依赖之网使自身也纠缠于其中了。

伊朗(1951—1954 年):干预与合股

在二战之前以及二战期间,英国控制着伊朗的石油生产地。英伊石油公司完全由英国所拥有和控制,由于垄断了伊朗的石油生产从而获得了巨额利润。到 1950 年,它的净利润超过 3 300 万英镑,相当于当年支付给伊朗政府数额的两倍(Shwadran, 1955, 表 1, pp. 162—163)。在 1950 年,伊朗政府试图与英伊石油公司就特许开采权重开谈判,而美国则试图劝说该公司的官员接受对半开的利润分成方式,这种方式已成为美国石油公司和东道国之间进行利润分成的标准。但英伊石油公司拒绝了,最终在公司与阿里·拉兹玛拉军政府之间达成的协议受到了伊朗议院的强烈反对,从而在 1950 年 12 月未经表决就被撤销。次年 5 月初,民族主义者穆罕默德·穆萨德(Mohammed Mossadegh)成为首相,伊朗颁布法令将英伊石油公司国有化。

在英国政府的支持下,英伊石油公司仍不妥协。起初,美国试图调解这场争端。后来,当伊朗的混乱逐步加剧,以及倾向于苏联的吐戴(Tudeh)党日益强大时,美国中央情报局决定采取行动,计划推翻穆萨德,并帮助在政府中已被剥夺所有影响的伊朗国王重新上台。在由中央情报局提供资金保证的一群暴徒帮助下,伊朗军队免去了穆萨德的职位,并让在这场骚乱中已逃亡意大利的国王重新上台。这次美国所策动的“革命”的结果之一,就是随着国王成为一个绝对君主,伊朗旧的政治制度要么已被摧毁,要么只是仅仅保留具有象征性的重要性(Rubin, 1980, pp. 54—94)。

这次干预仍留下一个问题:如何以伊朗国王政府可接受的条件恢复石油生产。伊朗要求在任何新的安排中必须包括美国的石油公司,完全由英国拥有特许开采权的状况由于伊朗民族主义的发展而在政治上已不可能。于是美国国务院决定建立一个合股公司,美国企业占 40%的股份,英伊石油公司仍持有 40%股份,壳牌石油公司为 14%,法国石油公司为 6%。

与反映美国霸权领导地位的其他事例一样,从许多方面讲,与石油公司的谈判与和外国政府的谈判一样艰难。首先,被邀请参加合股的 5 家主要美国国际公司都声称它们并不愿意这么做,不论它们是否真的如此(因为过量供应的威胁,从而担心垄断性协议的破坏而不能维持石油的高价格),还是它们以此作为从美国政府获得更多的特许权的一种策略。[22] 为了促进公司间达成协议,1953 年 1 月,国务院成功地力劝杜鲁门总统低调处理在一起民事诉讼中对大石油公司即将进行的刑事反托拉斯指控的重要性,而司法部一年后也裁决,加入该合股公司的美国企业并不构成对贸易的非法限制(US Senate, 1974a; Krasner, 1978a, pp. 125—126)。

仅仅涉及 5 家主要美国公司的初期计划在 8 家美国独立公司的坚持下不得不进行改变,后者组成的集团坚持它们应获得伊朗石油开采权 5%的份额。这些企业毫不隐讳它们对获得廉价伊朗原油的渴望。

对于伊朗合股公司的候补成员来说，它们少量的股份证明这是具有极高利润率的投资，而由一家大型会计师事务所所拟订的企业发起书，向有关各方清楚地表明，即使在向英伊石油公司支付了赔偿之后，在这项投机中的利润仍像获得了“印刷钞票的许可证”一样，会源源不断地流来(Stocking, 1970, p. 158，引自 Frankel, 1966, pp. 95—96)。

伊朗事件表明美国政府所拥有手段的多样性。国务院在较晚时才卷入一场英伊之间一开始就无法控制的争端，不过，美国仍能通过政治的干预，以及它与伊朗军方的特殊联系，给伊朗政治带来一次“革命”，然后通过建立一个新的石油合股公司，从而使美国以相对较小的代价为美国公司获得了伊朗石油产量的40%。在这里，政治、军事和经济资源是相互利用的。霸权国一方面将剥夺和控制相结合，另一方面注重合作(和盟国之间进行，不管是长时间的还是权宜之计)，这种情形从来没有像目前这么明显过。这次策略中最精彩的部分就是，美国政府和美国企业获利巨大，不但表现出似乎是在不情愿的情况下卷入该事件的，而且仅仅是为了调解、发展经济和维持公共秩序才这么做的。霸权领导地位从来没有比现在这样获得更多的回报了。

对美国行动自由的限制更多地来自于其自身的石油公司。为了追求其战略目标，美国政府不得不在执行反托拉斯条例上作出让步：企业可以作为政府政策的手段，但这样做不会是“免费的”，国务院不得不将其他独立的石油企业纳入该合股公司。外部力量再次与美国国内相对特殊的力量结合在一起发挥作用。

《石油紧急提价计划》(1956—1957年)

1956年7月，一方面在埃及与美国之间，另一方面在埃及与英法之间出现了一系列争端。7月19日，美国撤销了它对修建阿斯旺大坝提供5 600万美元财政支持的提议；一个星期之后，埃及将苏伊士运河收归国有。这导致了一次国际危机，危机的顶点就是当年10月英、法、以色列对埃及的入侵，但这次入侵在埃及的抵抗、苏联的威胁以及美国的压力下失败了。这次军事行动的一个结果，就是当时作为波斯湾石油进入欧洲主要通道的苏伊士运河顿时被阻塞，从而导致欧洲出现潜在的严重石油短缺（Engler，1961，pp. 260—263；Johnson，1957；Klebanoff，1974，特别见第 119 页）。美国政府对这次危机的反应为霸权合作提供了一个清晰的例证。美国利用其强大的经济和政治资源以及与主要石油公司的联系，成功地解决了石油短缺问题，并在这个过程中达到了自身的政治目标。

在苏伊士运河国有化之后，美国根据 1959 年《国防生产法案》的条款，立刻建立了中东紧急委员会（MEEC），该委员会由 15 家主要的美国石油公司组成。这些公司宣布它们将不会因为一个性质仍不为人所知的危机而制订变通的油轮运输时间表，但它们建立了该委员会的组织结构，并且从政府那里获得不对它们提出反托拉斯指控的保证，从而使它们能相互协调。具体的计划留给这些公司作出，按照国防动员办公室官员的意见，政府的角色在于鼓励各公司达成自愿的协议，并使它们免受反托拉斯诉讼。[23]9 月，在英国、荷兰和法国政府支持下，建立了由主要欧洲石油公司组成的类似委员会——包括壳牌公司、英国石油公司以及法国石油公司（OEEC，1957，p. 21）。

作为对英国、法国和以色列侵略埃及的反应，美国暂停了中东紧急委员会的活动，直到 1956 年 12 月 3 日才再次恢复活动（Engler，1961，pp. 261，307；US Senate，1957，pp. 2543—2548）。11 月，美国政府试图以石油短缺作威胁，促使英法从苏伊士撤军。到 11 月底，美国的行动显然达到了预期的效果，对于美国领导人来说，进一步对欧洲施加压力看起来已无必要，而且可能会削弱大西洋联盟。艾森豪威尔总统下令重新恢复中东紧急委员会的活动，并允许它不但安排油轮运输的时间表，而且与欧洲经济合作组织共同制订安排措施，以便对石油分配作出恰当的安排计划。欧洲经合组织的石油委员会建立了一个石油工业紧急小组（不但包括欧洲的也包括美国的公司），该小组建议石油委员会采取适当程序在欧洲国家间对稀缺的石油供应进行分配。[24]美国坚持由欧洲经合组织而不是美国或各公司来承担在国家间分配石油的责任，提出这个要求的一个理由是为了转移阿拉伯国家对美国的批评，美国担心如果自己在石油分配中发挥更直接的作用会造成更紧张的局势。[25]

不过,美国扮演的远非一个被动的角色。它鼓励欧洲经合组织立刻采取行动按比例分配石油,而中东紧急委员会进一步加大这种压力,在欧洲经合组织未作决定之前,于12月28日决定不与欧洲在石油分配问题上进行合作,这项决定最终在1月7日开始实施。同时,中东紧急委员会同意油轮运输计划,允许从委内瑞拉和美国向欧洲进行更为有效的原油和精炼油运送,以代替从波斯湾绕过好望角进行的长距离石油运送(US Senate, 1957, p.1983)。

在这次危机初期——运河关闭和1月初之间——所面临的问题实质上是一个运输问题:“并非缺乏石油而是缺乏将石油运到欧洲的方法。”(OEEC, 1958, p.33)如果只保持正常的油轮运输,欧洲可能只会获得它预计所需要的60%石油。不过,油轮运输方式的重新安排还是相当容易的。的确,即使在中东紧急委员会重新恢复活动前,国际石油公司已增加了它们从美国运往西欧的石油,从每天平均5万桶上升到每天37万桶,并且通过增加运送加勒比地区的石油和将中东原油从美国运往欧洲的方式,使每天流向欧洲的石油额外增加了22.4万桶(OEEC, 1958, pp.29—34)。

那年1月所面临的更严峻的问题并非油轮的供应而是原油的供应。从美国增加的运量大部分是通过存货解决的,这不能无限期地继续下去。但控制着得克萨斯石油生产的得克萨斯铁路委员会不顾欧洲的危机,在1月拒绝增加可允许的生产量,而且在2月仅仅对产量作了少量的增加。该委员会是为了寻求更高的石油价格——1月初价格的确上涨了12%,而且担心如果过快增加石油供应,会导致市场上石油过量。远离沿海地区的得克萨斯独立石油生产商反对增加石油供应,因为它们的产量由于运输问题受到有效的限制,而且它们可从较高的价格中获利。欧洲需要重质原油用于暖气供应,而美国的生产商担心如果增加输往欧洲的重质原油,它们就会面临过多的汽油供应,从而损害美国的市场。这就是《油气》杂志所说的英国与得克萨斯铁路委员会之间的“跨大西洋争端”,后者要求英国取消汽油的定额,并从美国购买汽油作为对增加得克萨斯石油产量的回报。欧洲各国的外交部门向美国国务院施加压力要求增加产量,而内政部助理部长也要求增加美国的产量;但国家调节机构将这些要求搁置于一边。[26]

最终，艾森豪威尔总统直接介入了此事。下面的对话就是在 1957 年 2 月 6 日举行的总统新闻发布会上进行的。

> *《芝加哥每日新闻》记者迈克加芬（William McGaffin）*：美国在向西欧运送石油问题上仍旧拖拖拉拉，其中一个原因就是得克萨斯铁路委员会的董事会还未同意增加得克萨斯的石油产量。根据最新的报道，英国的石油供应只能维持不到两周的时间了，您打算怎么做？
>
> *艾森豪威尔总统*：是的。总统当然被赋予某种权力，以对国家财富分配的所有领域进行干预。我认为联邦政府不会轻易地扰乱我国的经济，除非它不得不这样做。另一方面，我相信对我国商业关心的人，管理油轮运输线的人，石油生产者以及其他所有机构，包括那些负责财富分配的部门，都应该从我们的长远利益着想。当然，它们需要一个经济上没有麻烦的、健康的欧洲。……目前所有运往欧洲的石油都必须保持在这样一个数量上，即在发挥我们最大能力的情况下，装满我们所运送的每一艘油轮。而如果我们没有这么做，那么我们就必须按照这种方式去采取行动，首先，我要说的是，如果需要的话，我们将把我们的设备和其他东西转移到其他地区。我们必须这么去做（Public Papers of the President，1957，p.124）。

在联邦政府仅仅只是隐含着要采取行动的威胁下，得克萨斯铁路委员会立刻在 3 月增加了它的石油生产量，每日产量比 2 月的数字多了 23.7万桶，与苏伊士运河危机前的水平相比，每日多了 38 万桶。国际大企业纷纷对此表示赞赏，而各独立公司现在也愿意这样去做，因为在当年的头 2 个月，存货减少了，而价格也上升了（*Oil and Gas Journal*，February 25，1957，p.78）。

一旦产量增加，危机很快就烟消云散了。随着更多的墨西哥湾石油的运到，欧洲从 2 月起已不用消耗库存石油，最终度过了一个温暖的冬天；油轮运输计划于 1957 年 4 月 18 日取消，而中东紧急委员会以及它在欧洲的伙伴组织到 5 月也终止了活动（OEEC，1958，p.38）。

《石油紧急提价计划》显示了霸权合作的最高峰。美国不但能制止英国、法国和以色列对埃及的入侵，而且在该事件后，能说服欧洲各国政府在石油分配上作出决定。美国利用自己石油公司的油轮船队以及国内并不使用的石油储备，为欧洲度过冬天提供充足的石油。从1956年12月开始，美国政府与其跨国公司之间，美国与欧洲各公司之间，美国与欧洲政府之间的政策协调就相对比较顺利了。美国掌握着庞大的资源可以用于再分配，因而能将从欧洲获得的敬重向外扩展；作为代价，美国对自己的石油生产安排作出了调整。

不过，这些调整措施遇到了国内石油生产商和它们的政治盟友的反对。正如《英美石油协定》所表现出来的，既非外国政府也不是主要的国际石油公司，而是国内因素构成联邦政府计划的主要障碍。联邦政府的协调政策非常难以实现，以至于不得不作出要采取激烈行动的威胁才能达到想要达到的目标；相比起来，美国与欧洲的协调就容易得多。由此看来，解决相互依赖问题并在国外进行成功的合作，需要政府在国内有果敢的政治行动。

强制性石油进口配额计划(1959—1973年)

美国在1948年到1957年间的原油进口几乎增加了3倍，从而导致国内石油工业界、煤炭生产商以及矿业组织提出保护的要求。1957年，艾森豪威尔政府制定了一个自愿石油进口控制计划，但这很快证明是行不通的。1959年3月，根据1954年的《贸易协议扩展法案》发布了一个总统文告，决定建立一个强制性配额计划，该计划按照一套由内政部石油进口部门制定的更复杂的条例来实施。这项计划直到1973年仍然有效，它将国内石油价格提高到超过世界石油市场价格的水平，从而鼓励美国国内的生产而不鼓励进口，结果1959年到1970年间的进口比起之前的11年，增长非常缓慢。进口石油在1948年占国内总需求的2.4%，1959年占16.5%，而1970年则占21.9%(Bohi and Russell, 1978，表2-1，pp.22—23)。

不过，1970年后，美国国内生产下降，而需求则继续增加。虽然配额计划经常由于例外而有漏洞，但1970年后，这种例外戏剧性地增加了，因为管理者放松了控制以防止出现供应短缺，或者在国内通胀时期出现价格猛涨。到1973年，国内需求的35.5%来自于进口石油。当年4月，强制性石油进口计划被许可证制度取代，进口许可证费用非常便宜，因而“到1973年初，石油进口已恢复到1957年前的状态”(Kalt, 1981, p.8)。

坦率地说，强制性配额计划从保护美国国家安全来说是合理的，但显然，计划提议者的主要动机是保护国内石油工业和煤炭工业，它们的价格不得不与剩余的燃油价格保持一致。国会中对配额计划的拥护者是由西南部独立的石油生产商和东部煤炭利益集团领导的；主要公司分成不同派别(Bauer, Pool, and Dexter, 1963/1968, pp.30—39)。艾森豪威尔总统和他的许多高级官员都对该计划的安全含义表示怀疑。对外经济政策顾问委员会主席兰德尔(Clarence Randell)断言，“基于安全或经济政策的考虑”并不能证明限制石油进口是合理的。

> 表面上，这项计划是建立在国家安全的基础上，但如果需要用国内石油储备来用于战时国防或战后经济的恢复，我并不能断言，利用现存的储备是能达到这个目标的(memo of December 26, 1958，转引自 Barber, 1981, p.247)。

司法部长罗杰斯(William P. Rogers)严厉批评了关于进口配额最终提议所依据的报告。艾森豪威尔本人也对配额可能会耗尽美国国内储备表示担心，并对“美国特殊利益集团几乎以不可抗拒的力量向政府施加压力以获取这类计划的利益的倾向”表示惋惜，因为这与自由贸易的政策是完全冲突的(Barber, 1981, pp.237, 251)。不过行政机关担心那种消极怠慢行为会导致国会的约束，从而使得行政机关相对于总统指令来说，具备更少的选择余地。

强制性石油进口计划是一个特殊利益集团行动的产物，它得到的支持来自于独立的生产商——而不是主要的国际石油公司——和它们的盟友。的确，在该计划的制订和实行中，“几乎每一场争论的解决都有悖于最初的主要石油进口公司的最佳利益”(Bahi and Russell, 1978, p.17)。正如艾森豪威尔和兰德尔所预料的，这项计划的确耗尽了国内石油供应；但评估它对美国国家安全的影响比仅仅断定它“首先耗尽了美国”显然要更为复杂。

在60年代，配额制度防止了进口的迅速增长，而如果没有该制度，石油进口的迅速增长肯定会出现的。波赫和拉塞尔(Bohi and Russell,

1978)估计在自由贸易的状况下，石油进口将占1970年国内消耗量的61%，而实际上1970年的数字是14.6%，1973年是35.5%。因此，和自由贸易比较起来，配额计划意味着，外国石油输入中断的效果，在有配额制时本应比没有配额制时更小；当然也可以这样说，1967年6月阿以战争后，当一些阿拉伯石油生产商实施了一场短暂而无效的禁运时，该计划提高了美国的地位。当1973年阿拉伯国家实施禁运时，配额制意味着，美国所需要的调整范围，以及石油价格所需要的增长幅度，都比在自由贸易状态下少。总而言之，美国并未由于配额制造成的石油进口中断受到太大的影响。

不过，从政治的角度来看，关键问题并不仅仅是美国对进口中断所带来的经济敏感性问题，而是它的脆弱性问题，也就是说，在危机发生后，美国如何才能进行有效的政策调整，从而为其自身和盟友提供充足的石油？(Keohane and Nye, 1977, p.15)对1973年后这个问题的分析，对配额政策并不有利。美国储备的消耗殆尽意味着，在世界石油价格增长10倍的7年时间内，美国原油生产却下降了；进口数量增长超过了10%(IEA, 1982a, p.376)。

与其他可能用于实现能源安全的计划相比，配额计划的代价就更清楚了。据估计，采取对石油消耗征税来取代配额制以保持60年代石油价格平均水平的想法，与采取配额制的结果完全相同，而且如果这样做的话，国内石油的生产量到1969年将减少40%。虽然进口将会急剧增加，但由此相应增加的敏感性，能通过紧急储备和预备生产能力而抵消。全部成本大概与进口配额计划相同，但与此同时我们可以保持更多的储备用于“七年紧缺时期”。因此，利用关税，再加上储备与预备生产能力等手段，可能会更有效地节约成本(Bohi and Russell, 1978, pp.324—328)；这种措施实施起来可能更缓慢地消耗美国的储备，而同时却能使美国保持足够的能力应付外部禁运。

从安全的角度看，强制性石油进口计划并不必然比石油的自由贸易政策更糟糕。在自由贸易条件下，可能会有更多的石油，但并非所有的都可得到利用，个中既有物质的原因也有经济的原因。此外，如果消费主义者在50年代和60年代对“大石油政策”(big oil)的批评能成功地保证更便宜的石油，那么石油的消耗量会上升，而对石油的整体性依赖可能会更高。不过，肯定可以制定比强制性石油进口计划更好的美国石油安全政策，艾森豪威尔总统对此是再明白不过的了。

强制性石油进口计划并不构成一种合作努力，相反，它是对可能需要美国作出更大调整的国际协议的单方面代替。它反映的问题是，即使是处于美国优势的时期，美国国内政治的制约也会阻碍霸权合作。与假定的更好的政策相比，当强制性石油进口计划耗尽美国国内石油供应时，它损害了美国的实力。因此，该计划产生的效果，正如我们在下一章将会看到的，使得在 70 年代保持霸权合作更加困难，而本来这是可以做得更好的，因为美国拥有用于交换以获取敬重的多余资源越来越少，而新的、霸权后的合作模式还要过一段时间才出现。

结　　论

美国在 50 年代的确遵循着一种霸权领导战略。美国并不只是简单地向世界发号施令，它具备多种手段，为其他国家与其政策倾向保持一致提供激励因素。在贸易和金融领域，美国支持建立正式的国际机制，而在石油领域，它则支持更为狭隘的、以公司运作为基础的机制，并在必要的时候采取独立行动。从中短期来说，这项战略是成功的：它所培育的合作有助于实现欧洲和日本的经济和政治复苏，并维持了盟国的团结，而这正是美国政府在冷战期间所追寻的目标。不过，从长期而言，它的成功受到了挫折，因为它既未能够使一种国际机制制度化，而这种机制本来是可能应付对欧洲和日本安全日趋上升的威胁，以及逐渐增加的美国石油进口问题，同时，它也未能为美国实力的运用保持一个强有力的物质基础。

霸权合作的经历促使我们在分析国际政治经济学时考虑三个更普遍的问题：权力与相互依赖之间的关系；维持霸权的问题；以及霸权与国际机制和合作之间联系的性质问题。

关于第一个问题，这 20 年可以被描绘为“复合型相互依赖”的发展时期，这种相互依赖关系涉及发达资本主义国家间逐渐增加的跨国关系，以及政府间关系和跨政府间关系的发展（Keohane and Nye，1977，第2章）。在这些国家间，正如1956—1957年间的石油紧急提价计划所说明的，使用武力已不再作为一种直接而明确的发挥影响的手段，另外，国内政治经济与国际政治经济的联系也更加密切。然而，从这种相互依赖的模式就推论出“权力在国际政治经济中已被摒弃”的结论，是会产生误导作用的。相反，复合型相互依赖，以及美国对西方资本主义政治经济世界相对温和的态度，不但依赖于美国的政治和军事力量，也依赖于它的工业和金融统治。冷战确立了美国领导地位的合法性，但美国执行再分配战略的能力，不但依赖于确保其在多边贸易和金融机制中的中心地位，还依赖于其先前所采取的控制和攫取海外石油供应的措施。正如我们的分析所见，当它正在寻求建立统治地位的时候，比起它后来这种地位已经稳固的时候，就显得不那么乐善好施了。在每一个议题领域，美国霸权领导的再分配阶段——援助，接受贸易歧视，以及向欧洲运送石油——都是随着美国实现对关键权力资源以及相关规则的控制而出现的。

在战争期间，美国的计划者高估了英国的能力，并对英国采取一种强硬态度，以确保美国能在战后体系中按其所想制订规则。美国通过《租借法案》对英国战时储备所施加的限制，以及1946年给予英国贷款中的苛刻条款，都反映了这一目标。只有当1947年英国的虚弱暴露出来时，美国才朝一项再分配政策进行决定性的转变，在这项政策中，美国愿意用有形的物质利益进行交换以获得政治影响。而一旦美国的统治确立，就需要进行适当的政策调整，如果说先前的政策旨在打破贸易壁垒和维护美国对石油资源的控制的话，现在则需要为重建欧洲经济提供支持，暂时容忍对美国出口产品的歧视，并确保美国的盟国以合理的价格获得中东石油，而且在需要的时候，也包括西半球的石油。

以上提出的第二个问题是关于霸权的维持。为了保证长期的成功，一个霸权国的战略必须为其自身的生存不断创造条件。对一项战略的追求必须要能创造力量，否则霸权就将崩溃。因此，任何霸权领导战略必须寻求维护政府影响和领导地位不可或缺的国家资源基础。从这个角度来说，美国外交政策的失败并非由于美国领导人对国际合作的态度，而是由于他们在面临国内政治阻力时不能执行其优先政策。特殊利益集团不但阻碍了国际石油机制的建立，而且阻碍了执行与此密切相关且具有远见的保护性战略，而该政策是战争期间国务院官员们所明了、并有足够的热情去制定和支持的。后来强制性进口配额的规定进一步加快了美国石油资源以及美国在世界政治经济中权力资源的消耗。美国霸权的衰落甚至在其执行霸权领导战略之前的1945年就由于石油协定的无效而出现了预兆。

这样美国就患了一种由于强大而产生的怪病：即不愿调整以适应变化。小国不会奢望自己是否或以多快的速度能够适应外部变化。它们不寻求调整，调整是强加于它们的；强国则能推迟调整。国家越强大，受其他国家的影响就越小，推迟调整的时间就越长。对于16世纪的西班牙来说，美洲黄金的发现带来灾难性的后果；而就19世纪的英国而言，帝国的现实存在致命性地延缓了它对工业衰落作出有效的反应。美国50年代所具有的巨大经济优势，在作为冷战时期西方盟国首领而得到他国服从的基础上，以及它没有介入一项它本来可以施加很大政治压力的国际机制问题，而获得进一步加强；但是，美国的巨大经济优势又使得其国内利益集团积聚起特权。由于所有的霸权国都没有面临必要的外部约束，它们比小国更易于屈从内部特殊利益集团的压力，所以它们特别容易产生僵化的倾向，而这种倾向就是奥尔森最近所强调的导致经济衰落的一个重要根源（Olson，1982；Kindleberger，1983）。

至于最后一个问题，美国的霸权领导战略表明，霸权与合作经常是互补的而非矛盾的。美国的霸权与广泛的合作共存：在二战后的和平时期，各个独立国家间进行的相互政策调整也许到达了一个空前的程度。40年代和50年代建立起来的金融与贸易机制不但依赖于美国的实力，而且也符合相互的利益。从竞争的角度来看，相对于它的贸易伙伴，美国具有如此之大的优势意味着，它能承担重建欧洲的责任，而与此同时不需要经常为这项政策给美国商业带来的后果而担忧，虽然在英镑—美元石油争论期间，对援助欧洲石油工业所施加的限制表明，当竞争者强大时，美国政府就会为美国自己的公司的命运担心。也许美国提供某种集体物品（如货币稳定）的愿望会由于该物品的规模而得到加强，而这又会增加它从这些物品的供应中所获得的绝对价值，即使它没有从“搭便车者”那里得到补偿(Olson and Zeckhauser, 1966)。

不过，战后时期最显著的情况是，美国所提供的许多最重要的物品不完全是集体物品。贷款和供应石油是针对那些经过选择的接受者的，而那些行为方式不为美国所接受的国家则被排除在外。贸易政策的互惠原则说明，那些不遵守关税及贸易总协定规则和不实行自由化措施的国家，将被拒绝按照最优惠的条件享受进入美国巨大市场的待遇。美国所采取的许多行动——提供有形的利益，然后获得对规则模式进行影响的回报——都是按照避免有利于“搭便车者”的方式来安排的。另一个例子就是，1956—1957 年的《石油紧急提价计划》明显地说明，其潜在的接受者必须与美国的中东政策保持一致。

也许在美国的霸权时期，它所提供的最重要的集体物品，就是未来行为模式持续增加的确定性，而这种确定性是由霸权带来的。正如在第二部分所说明的，不确定性减少了世界政治中达成协议的可能；而即时交换经常不能实现，因为一方不得不接受政治或经济“信用”，才能得到它想要的利益，既然没有一种法律体系能够对各个独立大国强制执行要求偿还的决定，那么这些“债务”是否会按时支付就经常是不确定的，因而它们的价值就大打折扣了。霸权一般以两种方式来减少这种不确定性。霸权国可能更愿意达成一个它初期作出牺牲而未来获得收益的协议，因为它希望这样能对其伙伴的未来行为加以相当的控制：如果它们不承担义务，霸权国就会给它们制造麻烦。同时，小国明白霸权国可能会强制执行一种普遍的规则模式，因此，它们可能更愿意同时与霸权国和其他国家打交道，它所以愿意同霸权国打交道，是因为对于霸权国这个规则维持者来说，先例和名声是如此重要，以至于在它看来，欺骗和欺诈战略代价太高；而它之所以也愿意与其他国家打交道，是因为这些国家可能与霸权国站在同一条战线上。因此，霸权国所提供的是煞费苦心地通过多边国际机制而提供的物品：行为标准；有关其他行为者可能的行为模式的信息；以及为各国遵守规则提供激励手段。霸权的效应可能由于国际机制而得到加强，但当霸权完全处于不公正状态时，如在石油问题上，正式的政府间机制就不那么关键了。正如现实主义者所强调的，国际制度的运作是以权力的分配和运用为条件的。不过，如果说霸权能取代国际机制的运作的话，那么接着的推论就是，霸权的衰落可能使得建立国际机制的需求增加。虽然这并非保证说，当政府需要国际机制时，它就会出现，而是指在霸权之后机制作为限制不确定性和增进达成相互获益的协议来说，其潜在的重要性越来越大。

注 释

1. 弗雷德·赫斯和迈克尔·多伊尔将“霸权的领导”(hegemonic leadership)描绘为包含“合作与控制的综合”(Hirsch and Doyle, 1977, p.27)。克劳斯·瑙尔用“庇护型的领导”(patronal leadership)来描绘类似的过程，庇护型领导是指“收益的互惠性交换和庇护国并非靠强制来控制其随从者”为特征的一种类型(Knorr, 1975, p.25)。按他的理解，美国马歇尔计划的建立就是“庇护国的行为”(pp.25—26)。虽然我同意瑙尔论述的实质部分，但我还是倾向于使用赫斯和多伊尔“霸权的领导”这一用语，因为这暗示着强制——虽然它仅仅是作为一种背景因素而存在——也是控制的一部分。“庇护型的领导”看上去掩饰了一个领导者(如二战后的美国)需要统治其他国家和侵占其资源的必要程度。与帝国的规则相比较，“霸权的领导”体现了一种家长式再分配和权威式控制的结合，而这是由单一国家所统治和领导的独立国家体系与众不同的一个特征。

2. 在掩盖他与加利福尼亚阿拉伯标准石油公司谈判崩溃的原因上，艾克斯设法迷惑了一代历史学家，他不但向国会委员会撒谎，而且改变了有关政府和工业界会谈的时间，这甚至包括他稍后出版的“秘密日记”中的不准确叙述。安德森(Anderson, 1981, pp.56—67)根据艾克斯的私人机密日记(未出版)表明，正是艾克斯在索科里公司和其他石油公司的压力下中断了谈判。对此的简短讨论，见Keohane, 1982c。

3. 见 Anderson, 1981, p.95，摘自于 1944 年 11 月 9 日国务院石油部门拉夫特斯(John A. Loftus)所作的备忘录。

4. “关于国务院地位的备忘录”中的折叠式小册子“石油储备公司事务：7/3/43—1/1/44”第一盒，根据石油部门第 59 记录组的记录，国家档案(由 Anderson 引用，1981, p.78, n.27)。1945 年，当时石油部门的首脑拉夫特斯表达过与萨平顿类似的观点，见拉夫特斯备忘录，1945 年 5 月 31 日，国家档案，小数文档 1945—1949 年，第 5849 盒，文档号 841.6363/5—3145。

5. 是安德森(Anderson, 1981)而非米勒(Miller, 1980)或斯塔夫(Stoff, 1980)提到了这一点，原因见 Keohane, 1982c。“孤儿”的提法是出现在 1946 年 2 月威尔考克斯(Clair Wilcox)给克莱顿(Will Clayton)的备忘录中，斯塔夫(Stoff, 1980, p.193)和安德森(Anderson, 1981, p.130)都引用过。

6. 关于是哪个公司提出这个倡议的问题直到安德森的著作出版后才搞清楚。

长期以来,人们一直认为加利福尼亚标准石油公司的高级官员反对该交易,因为沙特的石油将会使该公司迅速扩展,并将其竞争者置于不利的地位——如果后者不能进入沙特阿拉伯的话。而联邦贸易委员会(US Senate, 1952)和参议院下属一个关于多国公司的附属委员会(US Senate, 1975)则声称是泽西公司和索科里公司提出该倡议。布莱尔(Blair, 1976, p. 39)甚至认为,加利福尼亚标准石油公司之所以卖掉其股份,是由于同时控制着泽西公司和索科里公司的洛克菲勒家族将其自身利益置于其他公司利益之上的缘故。安德森的证据表明,是加利福尼亚标准石油公司和得克萨斯公司的高级管理人员为了规避风险而提出该倡议的,这澄清了有关该问题的所有猜测。

7. 该故事的主要部分见 Anderson, 1981,第五章,也可参见 US Senate, 1952; US House of Representative, 1974b,附录 2; US Senate, 1975,第二章,以及 Blair, 1976。关于泽西公司和英伊石油公司之间的草约,见国家档案第 59 记录组,第 4231 盒,文件号:800.6363/1—2847,档案中日期为 1946 年 12 月 20 日的材料附有一封一名泽西公司执行人员给国防部石油部门首脑的秘密信件,表明这份草约是该交易的基本文件。

8. 见 1947 年 1 月 14 日至 20 日驻伦敦大使馆给国务院的公文,第 59 记录组,第 4231 盒,文件号:800.6363/1—1447 以及 800.6363/1—2047。

9. 见 1947 年 2 月 21 日保罗·尼采给克莱顿(Will Clayton)的备忘录(国家档案,第 59 记录组,第 4231 盒,文件号:800.6363/2—2147)。

10. 见 Anderson, 1981, p. 159。1975 年,教会的附属委员会宣称:"虽然埃克森石油公司和美孚石油公司达成了关于伊拉克石油公司的解决方案,但法国从未宽恕美国将法国排除在沙特阿拉伯之外的行为。"(US Senate, 1975, p. 55)不过,没有证据可以证明这个观点,在安德森的论述中也找不到有关的证据。实际上,某些证据显示了恰恰相反的情况。1947 年 3 月 14 日,驻伦敦的大使馆报告说,法国似乎对他们可以从伊拉克石油公司获得比本来更多的石油份额的主意感兴趣(第 59 记录组,第 4231 盒,文件号:841.6363/3—1447)。1947 年 5 月 29 日,驻伦敦大使馆报告了令人满意的情况,说"目前在伊拉克石油公司问题上惟一的麻烦就是主要的合作伙伴与古勒宾金之间的分歧"(第 59 记录组,第 4231 盒,文件号:800.6363/5—2947)。

11. 见石油部门的备忘录,1944 年 10 月,p. 35(国家档案,第 59 记录组,哈利·诺特文件集,第 48 盒)。引自 Anderson, 1981,第 3 章注释 73。

12. 1949 年 4 月 9 日,由国务院经济事务司尼采召集会议所留下的备忘录,名为"讨论关于美元—英镑石油问题的主要方面,以及国务院中利益单位的各种观点"(第 59 记录组,第 4232 盒,文件号:800.6363/4—949)。

13. "工作记录,近东会议",1949 年 12 月 20 日,第 4 页(第 2 盒,石油部门记录,第 59 记录组)。安德森也提到这份工作记录,认为这代表了"国务院对'美元石油'危机持续阶段的基本立场"(Anderson, 1981,第 6 章第 186 页,注释 94)。

14. 财政部国际金融办公室艾迪(George Eddy)的个人备忘录,在 1949 年 12

月 16 日艾迪给国务院小劳布尔斯(Henry Laubouisse, Jr.)的备忘录中提及(第 59 记录组,第 4232 盒,文件号:800.6363/12—1649)。艾迪的个人备忘录不知为何被英国所得,英国人在与美国政府的争论中用到了它。国务院的迈克瑟尔(Raymond Mikesell)也批评了维持石油高价的政策:“我希望为消费者作一些考虑,他们已完全成了被遗忘的人!”(第 59 记录组,第 4232 盒,文件号 841.6363/7—649 CS/RA)。

15. 所有应用数据均来自美国国家档案的公文(第 59 记录组,第 4232 盒):(1)索科里石油公司总裁詹宁斯(B. Brewster Jennings)与国务院幕僚们在 1949 年 12 月 21 日会谈的备忘录(文件号:841.6363/12—2149);(2)美国驻伦敦使馆经济事务顾问布里斯(Don C. Bliss)在 1949 年 12 月 2 日给国务院英国及北欧事务办公室小劳布尔斯的信件(文件号:800.6363/12—249);以及(3)由国务院经济事务司尼采在 1949 年 4 月 9 日召集会议所作的备忘录,可参见注释 12。

16. 引文以及关于这个问题的辩论情况,见丰克豪塞尔(R. Funkhouser)给柴尔兹(Childs)大使的备忘录,名为“目前美英石油谈判的背景”(国家档案,第 59 记录组,第 4232 盒,无文件号,无日期)。这份备忘录似乎成于 1949 年 9 月。

17. 经济事务司尼采于 1949 年 4 月 27 日给国务卿的备忘录(第 59 记录组,第 4232 盒,文件号:800.6363/4—2749)。

18. 国务院金融事务官员罗森森(Rosensen)先生 1949 年 12 月 13 日给英国和北欧事务办公室小劳布尔斯的备忘录(第 59 记录组,第 4232 盒,文件号:800.6363/12—1349)。

19. 此段和前一段引用均来自于 1949 年 12 月 20 日近东会谈的工作文件(第 59 记录组,第 4232 盒,无文件号,第 1—3 页)。

20. 见 Brown 和 Opie, 1953, p.226。在经济合作司内部,石油部门主管勒维(Walter Levy)曾早在 1949 年 2 月就指出,由于经济合作司计划对欧洲企业的炼油设备提供财政支持,美国公司将面临困难。见国家档案,第 59 记录组,第 4232 盒,文件号为 800.6363/2—1048,由小迈克金斯(E. L. McGinnes, Jr.)在 1949 年 2 月 10 日的国际石油政策委员会会议上作的备忘录。

21. 见 Kolko 和 Kolko, 1972, p.461。在 1949 年的一次会议上,索科里公司的一名代表“强调石油公司确信它们将不能再与英国进行贸易,除非国务院对英国保持坚定的立场,并达成相应的解决方案”(国务院会谈备忘录,第 59 记录组,第 4232 盒,文件号:841.6363/12—949, 1949 年 12 月 9 日,第 2 页)。

22. 斯达金对这些公司所表现出来犹豫不决的态度表示怀疑:“为什么它们在这种情况下举棋不定,原因尚不清楚。在石油界不进行重新调整之前,伊朗的石油是不可能再进入世界市场的,而且看起来如果市场中已有的交易者能共同控制这个调整过程的话,那是与它们的利益相符的,而且,它们也愿意在几乎没有风险但却具有高额利润的石油投机中分享好处。”(Stocking 1979, p.157)石油公司举棋不定的行为,说明了一个更加普遍的问题:在任何讨价还价中,战略明确的行为者往往隐藏他们的真实意图,如果这样做会使他们获得某种利益的话。所以,在无法获得参与者的内部机密文件以表明他们在谈判前的真实意图的情况下，很难确信哪一方会作出更多的让步。

23. 见国防动员办公室主任弗莱明（Arthur Flemming）的证词，US Senate，1957，p.12。

24. 见 US House of Representative，1957，pp.111—113；US Senate，1957，p.595。艾森豪威尔于1956年11月30日宣布："石油工业界的协调行动将确保最有效地利用油轮，并最大限度地保证石油生产的供应。"见总统的公开文件，1956，第902页。

25. 对中东紧急委员会与欧洲经合组织之间关系的讨论，见 US Senate，1957，pp.1884—1931，2451—2452，2538—2549，2583—2589。

26. 见 *Oil and Gas Journal*，January 21，1957，p. 74；February 4，1957，p.80；也见 *The Economist*，January 12，1957，pp.113，133。

第九章
霸权机制的不完全衰落

诚如第八章所见，美国的霸权领导培育出了一种不对称的合作模式，在这一模式中，美国既为迎合盟国的需要而调整政策，同时也敦促其盟国作出相应的调整。早在20世纪50年代，这一模式便在正式的国际机制中被加以制度化，以助于规范国际金融关系及制成品贸易；在石油领域，美国及主要跨国石油公司已建立起一套非正式的安排，以维持极为有利可图的高价，并按这一价格向西方和日本出售中东原油。发达国家间的合作部分地反映了美国及其盟友利益的互补性。对于奉行民主政治和资本主义经济制度的欧洲和日本，保持经济飞速发展的渴望，无疑将会促使其加入到这一以美国为中心的体系中来。

这种利益的互补性并非纯系天成。相反，美国领导人一直在积极努力，并做了大量的激励工作，以求确保欧洲、日本共同支持美国在世界政治经济领域所推行的原则。美国政府可以放心大胆地向欧、日提供援助，而无需顾虑这样可能会导致美元弱势，或是使其工业遭受严重挑战。而政治上实行民主制，经济上又同属世界资本主义体系一员的欧洲、日本各国政府，不仅在军事上要依赖美国的保护，在经济问题上它们也认识到：如果它们想从战争的废墟中重新崛起，就必须与美国保持协调一致。

随着美国物质资源在发达国家中所占比重不断下降，其政策也发生了转变，建立于20世纪40、50年代的机制开始衰落。当然，诚如第三章所讨论的，霸权稳定论也已预见到这一情况。对这一过程的分析，将为第三章所提出的两个论点提供论据：即霸权促进了合作，而霸权的衰落则可能会对霸权机制形成压力。

但是,尽管如此,也不能据此就臆断无霸权则无合作。本书第二部分已表明,我们有充分的理论依据相信:依靠一个主导强国制定规则,然后鼓励其他成员遵从,由此实现的霸权合作并非国际合作的惟一可能形式。本章将论及的合作的不完全衰落,证明无霸权状态下的合作同样可能发生。尽管国际机制已然改变,但在其框架内,金融、贸易领域中的一些合作依旧存在。在石油领域,则形成了一种对立双方齐头并进的分支模式,一方为石油输出国组织,另一方则为经济合作与发展组织中的石油进口国,后者以国际能源机构为其中心。在过去 20 年中,国际机制的特征在所有三个领域都发生了变化,某些方面的变动甚至非常剧烈,但是各国力求维持合作的意愿与旧机制的衰落一样引人注目。

总体而论,本章强调了困扰本书的一个关键性问题。诚然,霸权的衰落使得合作益发艰难,但是在不存在霸权的情况下,合作又是如何发生的呢?这着实是一个令人困惑却异常重要的问题。无疑,多边制度也能像霸权那样给人以确定性和信心。事实证明,金融、贸易机制中的重要因素并未随着霸权的衰落而削弱。这表明,国际机制能与后霸权时代相容,而并非注定将随之走向崩溃。本章将详细分析这一主题,以证实虽然霸权稳定论可以帮助我们认识冷战后国际经济机制发生的变化,但是它并不足以解释其原因。如果这一理论是完全错误的,那么我们没有任何理由期望霸权的终结会使合作的前景发生任何改变;如果它是完全正确的,那么后霸权国际机制也不可能出现。这两种观点对于解释“霸权之后”合作如何发生这一问题都毫无用处。笔者认为这一理论是部分正确的,这意味着解决好霸权后合作这一难题对于理解当前世界政治经济,以及政策和理论都是非常重要的。

自 60 年代中期以来直至 80 年代初,国际经济机制发生了许多变化,本章将以批判的眼光评价霸权稳定论对于这些变化所作出的解释。与第三章相比,我将更为详细地阐述国际金融、贸易和石油机制所发生的特殊变化。在这些领域,一些合作形式衰落了,有一些则得以延续下来,同时还出现了一些新的合作形式。作为解释这一问题的突破口,我认为霸权稳定论尚不完善,它仅仅使人们认识到了物质力量的重要性,但却未能解释这些变化发生的普遍原因。合作似乎还取决于预期、交易成本及不确定性等深受国际机制影响的因素。尽管美国霸权已有所衰落，但纷争并未取代合作，二者并行不悖。对于这一现象，仅凭霸权稳定论无法解释，而必须将这种理论对权力的看法与国际机制的功能理论（见第二部分）二者相结合来加以理解。功能理论强调国际制度是如何改变了对利益的理性计算，进而促成独立国家间的双赢谈判；同时这一理论强调保持现有机制比另创新的机制要更为容易。从这一角度来看，美国称霸时期建立的国际机制对于后霸权合作具有无可估量的价值。为此，我们需要理解这些机制的演变过程，以使其适应当前的权力现实。

国际经济机制的变化

60 年代中期，国际金融机制——即监控国际收支及其调节的一系列安排，其规则明晰、稳定而制度化。国际货币基金组织要求其成员国维持官方货币平价，只有在发生“根本性失衡”时，并经与国际货币基金组织磋商之后才允许加以修正。自 1958 年底欧洲主要货币重新恢复事实上的可兑换性起，直至 60 年代英、法、加货币贬值，这些规则都得到了相当严格的遵守。主要货币平价很少发生变化，而且波动幅度很小。至 60 年代中期，压力开始显现：美国领导人一再对黄金外流表示关注，并曾采取多种明智却颇为短暂的权宜之计来改善收支状况，并筹划由各国央行或财政部合作行动以抵消资本流动所带来的不稳定影响。1963 年美国提议的“利息平等税”，就是期望通过削弱美国投资者购买海外证券的动机来保护美元（Bergsten，1975；Cohen，1977；Eckes，1975；Hirsch，1967）。

60 年代中期的贸易机制以关税及贸易总协定为中心，其基本支柱为互惠、贸易自由化及非歧视性原则。1950 年以来世界贸易以远高于世界生产的比率迅猛增长，这也部分反映了该机制的成功。而且关税自由化在持续发展，1962 年，被称之为“肯尼迪回合”的谈判准备工作开始展开，并于 1967 年年中达成协议，对大范围的工业品关税实行实质性的减让。

尽管成果辉煌,但关税及贸易总协定贸易机制于60年代中期已出现混乱迹象。对非法贸易限制的容忍度在提高,正式的贸易诉讼很少得到执行。一位观察家所说的“关税及贸易总协定法律事务的全面崩溃”(Hudec, 1975, p.256)已经开始。

贸易和金融领域的国际机制都实现了高度的制度化,规则明确,成员遍布全球。但石油领域的各种安排却没有那么明确和广泛,因为其规则和实践并非国际协商的产物,而主要是由美国和英国支持的大石油公司制定而成,并为其他弱小的石油生产国所默认,尽管这种默认正变得日益勉强。在全球范围内,没有一个可以调控各国行为的国际性组织。因此,从严格意义上来说,60年代中期是否存在一个国际性石油机制深可质疑。尽管如此,非正式原则、标准、规则和程序依然存在,行为者以之为中心形成其行为预期,因此将这种石油安排称之为机制倒也并不逾界。[1]

在这一机制中,权力关系非常不对称。主要大公司不仅拥有对石油市场和技术的信息优势,而且在生产、运输、销售等环节,它们所拥有的资金、资源和能力也是生产国无可比拟的。当面临国有化和革命的危险时,这些公司便会转向英美政府寻求帮助,80年代期间,机制的脆弱性非常明显。60年代,许多国内公司开始进军国际市场,削弱了绰号“七姐妹”的世界七大石油公司的控制力。随着产油国政治精英日益自信,要求也日益苛刻,其政府也变得更为老练成熟。但在那时,跨国石油公司仍然非常强大,正如特纳所说的:“回顾历史,无论各石油公司存在多么显而易见的弱点,东道国政府也都没有认识到,它们对有关工业生产的复杂知识所知太少,与大公司讨价还价的经验也受到限制,而且对于大公司又非常敬畏。”(Turner, 1978, pp.94—95)在1983年,所有三个国际经济机制都发生了巨大变化,下面我将分别加以详细说明。

国际货币机制

1945年,在布雷顿森林召开的会议制定了国际货币机制的规则。这些规则先是被逐渐扭曲,继而不断遭到破坏,最终被弃之不用。布雷顿森林体系设计的钉住汇率机制,即在美元与黄金之间确立一固定比价,被美国于1971年放弃。而由斯密森研究所于同年12月东拼西凑制定出来的替代体制，则只不过是一件偷工减料的次品，早在 1973 年初便告崩溃。1973 年后，主要货币或货币集团都实行浮动汇率，其币值由市场和政府持续而广泛的干预所共同决定。1976 年，达成了国际货币基金组织协议修正案，但仍未能使国际汇率恢复稳定，或是重建多边的规则制定机制，而只不过是形成了一个对浮动汇率实行“多边监督”的、定义模糊的机制。汇率波动剧烈，即使美元亦难以幸免，而其他货币则更为严重。与 1970 年 6 月前的货币平价相比，美元的有效汇率在 1975 年初几乎下挫 20%，虽然到 1976 年底上扬 10%，但在 1979 年 10 月初再度下跌至 1975 年初时的水平，直至 1983 年才再度上扬超过 1970 年的水平。[2]

尽管调控国际金融关系的清晰明了、定义准确的规范和程序实际上已然消失，但机制的原则却得以延续。首先鲁杰称之为“深嵌的自由主义”原则仍一如既往：便利国际交易的安排已为福利国家所接受，当二者相冲突时，强国必须按国际体系的要求进行调整以使其本国的经济与社会福利目标相一致（Ruggie, 1983b; Hirsch, 1978）。第二，如科恩所说，对国际收支加以调控的机制原则“具有很强的延续性”，当某些国家出现财政赤字时，金融机制对于保持其权利和义务平衡依然发挥着同样的作用（Cohen, 1983, p. 333）。最后，尽管国际社会并未采取有效措施以影响国家政策，但各国政策必须接受国际监督的原则也继续得到了遵循。各国将与国际货币基金组织携手对宏观经济实行多边监督。1982 年各国在凡尔赛就实施监督的具体程序达成协议，并于 1983 年在威廉斯堡加以重申，证明了这些原则所具有的合法性（De Menil, 1983, p. 37; *New York Times*, May 31, 1983）。当然，这些宣言主要是象征性的，但是尽管原则很模糊，也同样可以为各国对别国行动进行判断和监控提供基础。80 年代初，国际金融合作的制度化的确不如以往，规则也不够清晰。金融领域的情况虽然比 1967 年英镑贬值以前更为糟糕，但也没有出现像 1968 年至 1971 年间那样大的混乱与纷争。

贸易机制

经过两轮重要的关税减让谈判（即 1967 年结束的肯尼迪回合以及 1979 年结束的东京回合），至 1983 年，世界各国的关税水平要低于 60 年代中期。但是，贸易事务已不再是简单的关税问题了。正如弗农指出的(Vernon, 1982, p. 503)：

> 随着关税被削减至可接受的程度，越来越多的国家开始采用各种公开或隐蔽形式的公共补贴。诸如此类的问题在70年代变得日益突出。其方式多种多样：例如政府选定其境内某些公司(通常是外国公司)强令其限制进口，增加出口；政府采购行为；以及进口国实施的单边进口配额。

60年代中期至80年代初，贸易机制的效力开始下降。各国政府打着工业政策的旗号对贸易加以控制，范围遍及多种工业制品(Bressand, 1983)。受政府控制的贸易额比重在70年代急剧上升。但是必须承认的是，新兴工业国精明的制造商(Odell, 1980; Yoffie, 1983)或多国公司(Vernon, 1982, p. 482)总能找出办法躲过这种控制。在美国，自由主义力量依然强大，政府一直在谋求抵制保护主义的压力，有时也相当成功(Goldstein, 1983)。尽管如此，绝大多数评论家仍都赞同国际货币基金组织执行总裁的观点，1982年12月，他在关税及贸易总协定一次部长级会议上声称："要求采取保护主义措施的压力在加剧"，而"这些压力将使世界经济面临分裂的危险"(*IMF Survey*, Nov. 29, 1982, p. 369)。

这种压力的程度之大在这次部长会议上已表现得非常明显，会场爆发了激烈的争论，使大会被迫延长两天，才使一项声明得以艰难通过。该声明承认："多边贸易体系受到了严重威胁"，"保护主义对政府的压力成倍增加，违背关税及贸易总协定原则的事件有增无减，关税及贸易总协定的某些功能缺陷却被过分强调"(*GATT Focus*, Dec., 1982, p. 2)。尽管人们都已认识到问题的严重性，各国部长却只是通过了一项支持该机制的普遍声明，并授权进行进一步的研究和协商，仅此而已。

80年代早期，关税及贸易总协定的各成员在相当大程度上，至少在名义上，还是遵循非歧视性、贸易自由化及互惠等原则的。尽管为了照顾不发达国家，对这些原则进行了一定的修改，并于1970年实行了普惠制，然而与这些安排大异其趣的是，关税及贸易总协定诸原则，其中尤其是非歧视性原则，承受了强大的压力。东京回合制定了一些行为规范，准许对那些不遵守规则的国家实行歧视性待遇。所谓的自动出口限制广为蔓延，事实上使受到限制的出口国遭受了歧视性待遇，例如，1981 年美国强迫日本限制对美汽车出口，却对欧洲生产商网开一面。1983 年日本对欧洲40%以上的出口受到限制，而这些措施既违反了关税及贸易总协定正式规则条款，也有悖于关税及贸易总协定的精神（*The Economist*, Nov. 26, 1983, p. 52）。不过，在某些观察家看来，与欧洲共同体相比，美国更倾向于使其采取的保护性措施与关税及贸易总协定的正式条款保持一致（Vernon, 1982, p. 496）。

70 年代初，有些人士，主要是自由主义者，曾警告说贸易机制有可能会发生崩溃——其目的则是为了防止这一结果的发生。现在，尽管贸易机制面临如此压力，这一预言也正日益变得可信，但所幸这一可怕的警示并未成为现实。在 1983 年，两位敏锐的观察家仍可以强调该机制在 42 年来的演变过程（Finlayson and Zacher, 1983），而另一位贸易专业毕业的学生总结道：贸易机制的演变“绝大部分是与其长久以来的标准相一致的”，但“在机制规则、共有的预期、大国对规则的遵从、对外贸商品按部门区别对待等方面”发生的变化则更为明显（Lipson, 1983, p. 268）。因此，贸易模式是一个混合体：它由日益增长的保护主义与基本的自由主义二者共同构成。尽管像 30 年代那样，一些主要的政治利益团体已开始质疑自由主义本身，但这一局面仍如我们在第五章中所讨论过的囚徒困境那样，即人人都认识到了共同利益之所在，却难以通过共同行动以使其实现。如果对自由主义的质疑导致对合作的反对，囚徒困境必将向一种更难合作的局势转变（Oye, 1983b）。

在评价贸易合作时，很容易将其与贸易自由或非歧视待遇相混淆。这就好比要把两个完全不同的现象加以合并一样。自由主义者将二者视为一体——确实这二者经常是共存的——但是它们之间也存在着差异。自由主义者真正追求的是和谐，并且根据比较优势理论，他们认为这是正确无误的。但贸易政治从来不是以和谐为特征的，而是永远存在着利益的冲突以及现实和潜在的纷争。战后各国政府始终在为自身的特殊利益而讨价还价，直至 50 年代末，由于美国不再强求将关税及贸易总协定原则适用于其主要贸易伙伴，如欧洲支付同盟所显示的那样（详见第八章），这种讨价还价才归于沉寂。意见分歧成为 60 年代关税谈判的特点，但最终却达成了引人注目的合作,那时各国确实实现了关税水平的调整。至70年代,冲突再次加剧,但东京谈判却使关税水平降至历史最低点,几乎使关税不再具有真正的经济意义。因此,国际贸易的发展过程为第四章中提出的论点提供了论据,即合作并非源自利益的和谐,而是源于现实和潜在的纷争。

从某种意义上来说,认为世界贸易中的合作是随着保护主义兴起而不断扩大的,这种观点也许有悖常理。让我们以阿格尔威尔曾仔细研究过的国际纺织品和服装贸易机制为例来考虑一下这个问题(Aggarwal, 1981; 1983),这是世界贸易中最重要的单一部门产品规则。1974年,服装纺织业所提供的就业机会占美国和欧洲制造业的10%以上,而它占巴西、希腊成品出口的20%以上,占韩国、葡萄牙、印度商品出口约40%(Aggarwal, 1981, p.8)。70年代,由于主要来自欧洲各国的压力,这一机制保护主义色彩日益浓厚。但是,按阿格尔威尔(Aggarwal, 1983)所描述的,这一在70年代仍很脆弱的机制在80年代却不断发展为一个强大而严格的机制,规则也变得更为严格精确。这意味着在纺织品领域,在保护主义的兴起与合作的衰落之间画等号是错误的。相反,在各主要纺织品及服装进口国之间的政策协调一直在继续,而且与较之日益严重的针对第三世界国家的保护主义相比,这种协调甚至更为有效。合作的目的相对合作这一事实本身发生了更大的变化。对于本书一再强调的观点:"合作未必是善意的",没有什么论据比这一事实更具说服力了。对于第三世界纺织品制造商以及持世界主义观点的自由主义者来说,进口国之间的合作就像寡头公司之间的合作对于小规模的竞争者和热忱的信托人那样令人厌恶。

石油机制

60年代中期至1983年间,所有三个国际机制都发生了变化,而其中尤以石油机制最为显著。在石油机制中,由于产油国开始在日益紧缩的原油市场发挥作用,旧的以公司为中心的机制被破坏,公司间的妥协安排也被清除,经营中的公司被产油国收归国有,丧失了对产油国的控制权(Turner, 1978, p.70)。1960年欧佩克成立,产油国政府于1971年在德黑兰达成协议，导致油价猛涨；1973年10月赎罪日战争爆发之后又将油价提高了3倍，此后逐渐下滑。但1979年伊朗革命又使油价再度翻番，到1980年初，每桶石油价格已超过30美元。在80年代中期，旧的机制被弃而不用，形形色色的政治人物俨然成了主角。权力关系发生了深刻的改变。

但若是有谁认为欧佩克国家从此变成了石油体系的霸主——即有能力制定并推行一系列规则——则未免夸大其词。1979年至1980年，油价猛涨使世界石油供需状况发生重大变化，而欧佩克成员国则已无力继续维持油价，这也清楚地显示出其权力的局限性。1979年到1982年，发达工业国石油消耗量每天减少了700万桶（约17%）。与此同时，非欧佩克国家石油供应则有所增加。此二者与股市变化相结合，使欧佩克石油产量每天下降1 200万桶（几乎40%），致使油价惨跌。1983年国际石油市场关系演变成产销双方“市场—公司—相互调节”的国际拔河比赛，而非由某一方独霸。政治争论的焦点发生转变，但斗争结果却并不明朗。

随着机制的改变，两大集团——产油国与工业国——内部的合作与纷争模式也随之而变。1983年初，为解决油价惨跌和产量下降问题，欧佩克国家达成一项生产配额协议，协调各国产量，确定欧佩克成员国石油日产量不低于1 450万桶——比1982年下降约20%，与1983年冬历史最低产量持平（*World Financial Markets*, March 1983, p.2）。至少，欧佩克此时还不是一个真正的卡特尔组织，因为它始终未对石油产量加以控制。当1973年和1979年两次石油冲击开始时，欧佩克官方价格上涨速度比现货市场缓慢得多。欧佩克非但没有成为油价的领导，反而成了追随者（BIS, 1982, p.42）。其典型表现是：当价格上扬后，需求减少，现货市场却低于欧佩克定价。在这一相对萧条的时期，尽管缺乏有效的产量控制制度，欧佩克本可以通过非正式的向个别生产者施压，以及同时利用消费者认为在未来必将设法维持油价的信心二者相结合的方式，从而使油价得以维系，但是事实却远非如此。

若要在本书写作之时，就贸然判定与欧佩克创建真正的卡特尔的努力相比，它在1983年实行的石油产量控制是否更为有效，恐怕有些失于草率。但是显而易见的是，欧佩克各成员间的合作努力一直在继续，而且相互间都进行了一些调整。产油国间的国际合作肯定比在美国霸权控制之下时要更为频繁。

针对1973年的石油禁运及油价上涨，工业国的第一反应与其说是合作的，不如说是混乱不堪。1973年沙特对荷兰实行经济制裁，其他欧盟国家则纷纷以最快速度与之拉开距离，并将亲以色列政策束之高阁。英、法两国还对其所属石油公司施加压力，企图得到优先石油供给，德国则凭借支付自由市场高价以自保。同时，日本改奉亲阿政策，以博取优先供应，日本政府及公司还游说各大石油公司，以求得平等对待(Stobaugh，1975，pp.188—192)。

1974年初，美国召集主要石油消费国举行了一次会议。下半年，与会16国(引人注目的是法国不在其中)共同加入由美国领导的国际能源机构。该组织负责在未来发生石油危机时监督紧急共享体系的发展，并通过限制各国国内需求和增加自身供给能力等长期措施，协助各国减少对原油进口的依赖。

经过成员国间一系列的讨价还价，国际能源机构终于得以建立。美国重获在石油危机中丧失了的外交主动权和领导地位。紧急共享体系是国际能源机构早期工作的重心所在。如果产油国卡特尔对该组织实行一致有效的禁运，则该体系将使美国从中获益。但是当原油出现普遍短缺，或者因一次无效的禁运导致石油匮乏和油价上涨时(例如在1973年至1974年时的情况)，该体系的有效运作将使完全依靠进口石油的国家直接受益，尤其是那些财力不足、无法哄抬油价以确保供应的国家。一旦发生不测事件，自身具有石油生产能力的国家，如美国、英国、加拿大，将被要求为其他遭受灾难性打击的成员的利益作出某种程度的牺牲。作为回报，贫油国不仅需接受美国的领导，而且在1976年承诺接受每桶原油7美元的“最低售价”。一旦油价惨跌，这一最低限价将保障那些投资于国内石油生产的成员国免于损失(Keohane，1978)。

尽管国际能源机构发挥了一些有益的作用(对此笔者将于第十章详细讨论)，但并未对石油贸易模式产生决定性影响。美国意图将它作为对抗欧佩克的一件利器，但是却由于其他国家的反对很快便土崩瓦解。国际能源机构对能源的勘探和开发也仅仅局限在一个很小的范围之内(Bobrow and Kudrle，1979)。当1979年再次爆发石油冲击，尽管伊朗革命后世界石油总供给的缺口从未超过4%，而当年欧佩克产量也创造历史新高，国际能源机构仍未能阻止油价再次翻番（*OECD Observer*，July 1980，pp. 10—11）。虽然国际能源机构也确实采取一些非正式举措，促进了对出现石油匮乏国家的原油运输，但却从未启动共享体系。正如我们将在第十章中所见，1980年9月两伊战争爆发后，这些非正式的政策协调措施对于投机活动和油价上涨也产生了一定的阻抑作用。通过国际能源机构进行的能源合作确已出现，但却远不如1956年至1957年间的霸权合作那样有效。

就其本质而言，国际能源机构的机制是一种保险性机制。换言之，它的建立并不是为了控制原油市场，而是希望通过建立内部程序来分担石油供给中断的代价，减少个别成员国的风险。风险机制的建立不仅将降低成员国应付危机的脆弱性，同时还可以防止被对方分化瓦解，各个击破，从而提高集团的整体战略地位。在霸权衰落的情况下，人们会期望类似国际能源机构这样具有紧急共享体系的保险机制的诞生。

消费国和产油国的合作机制均将第三世界石油消费国排除在外。这两大集团都试图寻求第三世界石油消费国象征性的支持，并制订了一些有限的方案（如中东产油国对穆斯林国家；委内瑞拉、墨西哥对中美洲国家）以缓解油价上涨的冲击。尽管如此，由于缺乏影响力，第三世界消费国无法使产油国在油价上作出普遍的重大让步，而国际能源机构也不愿因接纳它们而削弱自身的凝聚力。

机制变迁的比较描述

在不同的领域中，机制的变化以及新的合作模式的出现各具特色。在石油领域，旧有的规范和原则被新兴的、渴望占据支配地位的国家集团所摒弃。但是这些国家并未占据绝对优势，也无力重建涵盖整个体系的机制。由于霸权机制的崩溃，在欧佩克和国际能源机构框架内，出现了新的以"分支"模式为基础的合作形式。这一体系从总体上来看更为混乱，但在其中也出现了有限的制度化合作领域。汇率机制中定义明确的规则消失了，政策的相互协调也大不如前。但是"深嵌的自由主义"基本原则并未改变，居于统治地位的国家也未改变。而且金融合作模式的溢出效应对于处理第三世界国家债务危机发挥了作用。在贸易领域，尽管违规之事屡见不鲜,并出现了许多新的歧视性规则,但仍然有许多规则得以延续。新形式的相互调整从自动出口限制的普及,以及纺织品贸易机制的加强中得到体现。尽管这些并未导致贸易的自由化,甚至引向了反面,但依照我们的定义,仍可称之为合作。它们代表了受到国内政治、经济压力限制的国际合作。为应付保护主义的压力,它们作为"次佳"(或者第三、第四"最佳")政策终究使关税及贸易总协定体系免于彻底崩溃的命运。

考虑到各个问题领域的差异,任何理论,如果它试图解释60年代至80年代之间国际经济机制发生的变化,都必须对这一事实作出解释:即为何是石油机制发生了最为重大的变化,而其次才是货币和贸易机制;同时还必须解释似乎存在着一个相当复杂的普遍模式,很明显地横亘于各领域之间。一方面,由于机制规则在许多方面变得模糊,仍旧清晰的规则更频繁地遭到破坏,旧有霸权机制已然式微;但另一方面,非全球性、自由主义取向的政策协调也始终未曾中断,避免了螺旋式崩溃的发生。在某些个案中,这种努力导致了新国际组织的出现。诸如国际能源机构,或者像欧佩克1983年对石油生产的控制,以及70年代中期以后纺织品/服装贸易机制那样,至少促进了在名义上更为强有力的规则得以形成,尽管其目的不太可能像以前那样博得美国自由主义者的击节叫好,甚至就其自身而言也从未取得什么重大成就,但是合作却始终得到了贯彻实施。

对霸权稳定论的评估

针对美国霸权的衰落,以及60年代中期以来世界政治经济领域中国际合作情况的恶化,本章借重历史分析方法和对各问题领域的横向比较来评价二者之间的因果联系。笔者认为尽管不如霸权稳定论所诠释的那样简单直接,但其间似乎存在着某种因果联系。而且在某种程度上,虽然霸权的衰落对于机制具有一定的腐蚀作用,但却被规则对政府所具有的价值所抵消,因为规则限制了博弈者合法战略的选择,从而减少了世界政治经济中的不确定性。随着霸权的衰落,机制更加难以得到应用,但是由于它能够促进国家间互惠性协议的达成，却仍然为各国所必需。霸权稳定论使人们认识到这一困惑的一个重要方面，但却并不完全，权力论的见解必须与注重合作价值及机制功能的理论相结合。

如第三章中所示，通过分析世界权力分配的变化，以此为基础，惟有霸权稳定论，尽管尚显粗糙，对国际机制变化的原因进行了并非老生常谈的解释，这一理论经过修正后并未预言什么。它不应被视为一种理论，而仅仅是一种有助于描述或说明而非解释的观念框架。第三章简单谈及霸权稳定论，我只讨论了其粗糙的基础型力量模型，这一模型以其最为集中的形式，将近期以来国际机制的变化归因于美国权力的衰落。按这一理论的解释，是美国自身的权力导致了其衰落。这种理论过于简单了。由于该理论只依赖于一个变量，即在整个体系层次都发挥作用的行为者之间的权力分配，如果能够兼具正确性和全面性，则不失为一个强有力的理论解释。

将战后国际机制的衰落归因于美国权力的削弱必须符合下述条件：首先，必须表明机制变化的模式与有形权力资源的变化二者之间具有一致性；其次，对于资源变化如何引起机制变迁，必须有可能提出一个合理的解释，亦即必须确认权力衰落和机制变迁的联系不是因该理论之外的其他力量所造成的。例如美国国内政治在 60 年代末 70 年代初对于国际货币机制具有重大影响，同时，不断变化的比较优势模式和国际竞争的压力也使贸易机制发生了改变（Strange，1979；Branson，1980；Cowhey and Long，1983）。

对于 60 年代中期至 80 年代初这一阶段，霸权稳定论正确地认识到：较之于其他大国，美国的经济实力已然下降。第三章显示，美国相对劳动生产率在 1950 年近 3 倍于世界平均水平，而到 1977 年则跌至仅为其 1.5 倍（见本书表 3.1）。据估计，美国国民收入 1976 年占市场经济国家总额的 31%，1960 年时甚至曾高达 45%（Krasner，1982，p.38）。另一统计表明，1960 年至 1980 年，其国民收入由占全世界的 25.9%跌至 21.5%（Oye，1983a，p.8）。[3]表 9.1 显示，同期，在美、欧、日三方国内生产总值的总量中，美国所占比例由 60%降为 40%。但是，显而易见，美国并未沦为一个二流强国："在广泛的领域，它仍旧是世界上最重要的行为体"，尽管"在许多问题领域，由于对任何政治目标和特定经济利益都不存在外来威胁，由此而在美国50年代所引起的松弛懈怠，在70年代已不复存在”(Krasner, 1982a, p.39)。

表9.1 美国国内生产总值在美国、欧共体和日本三方国内生产总值之和中所占比重(%)

系 列	1	2	3
1950年	69.1	—	—
1960年	62.4	58.0	61.6
1970年	55.1	54.3	—
1980年	—	43.3(1979)	40.5

资料来源：各系列所统计出的比值分别来自下列资料：(1)美国国际经济政策理事会系列，1971年，引自Oye等，1983年，表1-1，第8页；(2) *UN Yearbook of National Accounts Statistics*，1980(NY：UN，1982)，表1A，pp. 5—7；(3)World Bank，*World Development Report*，1982，表3，p.115。

但是，我们必须谨记：虽然美国经济实力在50年代至80年代有所下降，但并不意味着未来也将如此。经济实力下降虽与国际机制变迁相关联，也并不意味着二者之间存在着必然的因果联系。对此我们仍需加以论证。但是，在美国能力全面衰落的基础上，我们很难做到这一点。因为这三个问题领域中机制变迁的模式是如此不同，而基于力量基础型模式的霸权稳定论又过于笼统，既未对议题领域加以区分，也无法对事件作出令人信服的解释，因此，“权力即资源”这一理论的应用应视具体领域而定。如果这一理论是正确的，那么在某一领域美国能力衰落的程度与相关机制变迁的程度，二者之间应具有某种可为人们所察觉的联系。

我们很容易就能估算出不同领域中各国实力的转移。1950年，美国国际储备占全球49%，至1960年跌至21%，1976年更降为7%。同期，美国出口额也由18%跌至16%，再至11%。美国在世界原油生产中所占比重也从1950年的53%，降至1960年的30%，1976年则仅为3%(Krasner, 1982, p.38)。但是要理解这些数据的真实意义却要难得多。如奥代尔就曾指出在国际货币领域，仅以国际储备作为权力的标识，将会造成误导(Odell, 1982, p.219)。

如果仅以国际储备为标准,1972年,德、日两国的金融力量都强于美国。然而德、日并未更为积极地利用其增长的金融力量。这并不足为奇,因为它们金融权力的增加要小于其在全球储备总量中所占比例的增长。由于必须广泛持久地依赖美国保持其经济的相对封闭性,它们对货币政策的净影响力被大大削弱。国际货币政策属于宏观政策范畴,汇率涉及国际商品、服务及资本交易的所有部门。……(因此)货币权力应属于普遍权力的一部分,而不仅是其他"话题"中的一个个案。[4]

在贸易领域,衡量一国实力(例如在世界进出口中的份额)必须考虑到这一因素:当事双方在贸易中断或更改合同条款时所面临的相对难度。对于其他条件对等的两国,人们往往会预期拥有较大市场的国家要更占优势,但具体情况如何,则取决于双方的机会成本的高低,而未必总与领土面积成反比。在特定环境下,寻求纺织品或粮食的替代供给要比石油更为容易,而得到花生和香蕉与先期获得事关国计民生的能源和紧缺物资,二者难易程度则不可同日而语(Hirschman, 1945/1980; Keohane and Nye, 1977,第1章)。

表9.2 美国贸易额在美国、欧共体和日本三方贸易总额中所占比重(进口与出口之和)(%)

1950年	33.3
1960年	27.0
1970年	23.5
1980年	22.1

资料来源:*UN Yearbook of International Trade statistics* (NY:UN,1981), Vol. 1,特殊表格B, pp.1080—1087。

表9.3 四次危机爆发年中的石油资源

A. 美国石油平衡

	美国石油进口量在消费总量中的比重(%)	美国额外生产能力占消费总量的比重(%)	美国的地位
1967年	19	25	+6
1973年	35	10	−25

（续表）

	美国石油进口量在消费总量中的比重（%）	美国额外生产能力占消费总量的比重（%）	美国的地位
1979年	48	*	(c. −40)
1980年	43	*	(c. −40)

* 确切数据无法得到，但接近于零。

资料来源：1967年和1973年数据来自Darmstadter and Landsberg，1975，pp.30—31；1979年数据来自IEA，1981，p.309；1980年数据来自IEA，1982a，p.376。

B. 净石油进口量占总体石油需求的比重（%）

	美国	欧共体	日本	美国对欧共体的依赖度	美国对日本的依赖度
1967年	9	50	62	0.18	0.15
1973年	12	60	80	0.28	0.20
1979年	22	46	75	0.48	0.29
1980年	19	43	69	0.44	0.28

资料来源：1967年和1973年的数据取自Waltz，1979，附录X，p.221；1979年数据取自IEA，1981，pp.66，190，309；1980年数据取自IEA，1982a，pp.93，227，376。

有鉴于此，凡是任何声称能够“证实”霸权稳定论的发现，我们都需谨慎对待。因此，货币、贸易和能源领域机制衰落的速度与衡量美国在各领域的能力所使用的标准之间，是否存在某种关联（无论这一关联是多么微妙）？这一问题很值得研究。在每一领域，我将美国的能力与其他主要工业国，即欧共体（包括70年代时所有9个成员国）和日本，作了比较。鉴于奥代尔提出的批评意见，在货币领域，我不仅以表9.1国内生产总值为依据，而且以美元在世界资本市场中的作用作为另一衡量标准，从而与资本市场在霸权中所具有的重要作用相呼应（见第三章）。在贸易领域，表9.2综合考虑了进口与出口两个因素，表9.4显示出互为对方出口市场的美国、欧共体、日本三强之间的相对重要性，这些直接关系到各方讨价还价的能力。因为关闭市场阻止对方进口是贸易谈判中的重要砝码,出口则反映了一国在世界经济中的竞争力。美国在石油领域的权力不仅与产油国相关,还必须与其他工业国相比较才能作出决定。对于前者,我用美国原油进口量以及国内生产能力超额量之间的关系来说明。对于后者,我重点关注进口原油在能源需求中所占的比重,因为这显示出美、欧、日三方对进口的相对依赖程度。

国际机制所发生的变化与这些数据都表明:美国物质资源层面的相对衰落的模式,因问题领域及衡量标准不同而相差甚远。如表 9.1 所示,在美、欧、日三方国内生产总值总量中,美国所占比重由 50 年代的约 2/3,降至 80 年代不足 50%,但美元仍是世界信贷和交易结算的主要货币,而且在 1983 年美国依然能相对容易地为流动账户赤字提供巨额融资,这使以美元计价的欧洲货币债务的比重在 70 年代保持相对稳定。1970 年,欧洲货币债务中 81%以美元计价,1973 年降为 74%,1976 年回升至 80%,1979 年再降为 72%,到 1982 年则再度回升至 80%左右。如果换一种衡量方式,我们仍然可以得出相同的结论:1976 年至 1983 年间,55%的国际债券的发行是以美元计价的,而在 1982 年曾达到 64%的历史最高点。[5]

但是如表 9.2 所示,在贸易领域美国却从未占据过统治地位。尽管其贸易份额本身基点很低,与国内生产总值的下降幅度相比,美国在世界贸易中占据的份额也下降了约 31%。[6]在石油领域,美国的基础则要雄厚得多,但是 1967 年其下滑速度又远远超过货币和贸易领域。1967 年至 1980 年间,美国对石油进口的依赖程度比欧洲、日本约提高了一倍。美国对石油市场控制力的减弱,以及借此对欧、日施加影响的能力的下降,映射出权力资源的根本性转移。

在某种程度上,这些数据并未反映出欧共体内部贸易政策日趋一致这一趋势,从而有可能低估贸易领域中发生的变化。阿格尔威尔(Aggarwal, 1981)的研究说明这一趋势使 1977 年重新开始的“多边协议”谈判与众不同。随着欧盟各国政策日趋一致,它们在纺织品贸易中所控制的权力(市场份额)便超过了美国。不仅纺织品贸易是这样,而且在更多的领域中都出现了这一趋势:澄清这一问题的方法就是将美国、欧共体、日本三方相互出口额作为其各自贸易总量的一部分进行比较,运用这种方法,衡量1981年的情况,如表9.4所示,我们将有一些有趣的发现。

表9.4 1981年美国、欧共体和日本之间的贸易关系

	贸易额(10亿)	在出口总额中所占比例(%)	在总产值中所占比例(%)(1980年)
美对日	21.6	9.2	0.84
日对美	39.0	25.7	3.38
美对欧	52.4	22.4	2.03
欧对美	38.5	12.8	1.44
日对欧	18.8	12.4	1.63
欧对日	6.3	2.1	0.23

资料来源:French Institute for International Relations, 1982, pp. 309, 316—317.在其所发表的资料中只有1981年的统计数据。

表9.4反映了为人所熟知的日本对美国市场的依赖性,但更令人吃惊的是,美国对欧洲市场的相对依赖程度竟然如此之高。在总产量上欧洲高于美国,1981年出口额几乎高出30%,总体而论,欧洲对美国市场的依赖程度要小,欧洲对日本的依赖也比日本对欧洲的依赖程度低得多。目前,这三大贸易单元之间不对称的相互依赖对欧洲有利。尽管这一政治优势的代价可能导致经济上的缺陷,这反映在欧洲出口商品在其他发达工业国市场中竞争力有所下降。但只要欧洲继续坚持其贸易政策的一致性,这种情况就仍将继续下去。事实上,这一政治优势和经济弱点的结合,连同常用来解释这一事实的欧洲社会的特性一起,对欧洲的保护主义作了说明。

总体来说,这些数据论证了我们对霸权稳定论作适当区别的合理性。权力转移在石油领域最为明显,尤其是考虑到美国与产油国之间以及美、欧之间的关系变化,则更是如此。正如该理论所预言的,机制的变迁在石油领域也最为迅速。在货币领域,权力转移的混合模式——依国内生产总值衡量可以说变化相当迅速,但若考虑到美元在资本市场的作用,则不那么醒目——与国际货币机制模糊的变迁二者并行不悖。霸权稳定论预期战后贸易机制将反映出主要集团在世界贸易中所占份额的变更情况,并平稳地、不疾不徐地走向衰落。事实证明确实如此。

但是这些论据并不足以证明依问题领域而各异的霸权稳定论的正确性。在判定该理论是否能解释已知变化之前，有必要先断定能否建立合理的因果联系，从而将国际权力分配发生的变化与国际机制的变化联系起来，并思考是否有其他替代解释，尤其是那些关注政策的多样性而非仅仅关心权力的理论。我们还须质疑霸权稳定论的因果关系论证是否有助于我们理解在石油、贸易、货币领域业已发生的变化。以下，我们将依照先易后难的顺序，首先从最符合该理论的石油领域谈起。

对旧有石油机制崩溃的解释

60年代中期至80年代中期，石油政治的转变反映了美国（与英国及各大石油公司一起）制定规则、支撑机制运转能力的下降和衰落。欧佩克国家，尤其是沙特向西方大国和石油公司提出挑战。此前，欧佩克各国缺乏组成产油国卡特尔以谋取垄断利润的能力。这一方面也反映出60年代各石油公司的相对团结。当时世界七大石油公司包揽了全球90%以上的石油贸易（Neff, 1981, p.24）。但到了70年代情况迅速改变。70年代初支撑利比亚谈判地位的关键力量，在于“它能够对较小的公司加以遴选”，诱使它们签订有利可图的协议，从而对桀骜不驯的大公司施加压力（Turner, 1978, p.157）。同时，各产油国政府信心不足、通讯落后以及低水平的信息交流与了解，也导致这一情况的发生。尽管这些缺陷已随着各国政治精英变得日益成熟老练、成员国之间更为密切的交往而得到了一定的弥补。

美国权力占据压倒优势也是造成欧佩克初期软弱无力的原因。只有当美国与欧佩克之间权力的高度不对称性被削弱或扭转，机制才有可能发生重大改变。否则，无论是美国愚蠢的政策，还是阿以战争都不可能导致1971年2月原油提价以及1973年最后3个月的油价飞涨。[7]有一件事正好从反面证明了这一原因：在1967年“六天战争”之后，沙特也曾试图实行石油禁运，而那时经济合作与发展组织的各成员国则根本不以为然。

可以想象，有人会将石油政治的变化归因于美国军事力量的相对下降。无论如何，这一分析在石油领域比在货币和贸易领域更为适用。当然,60年代末70年代初,美国对中东的干预要比50年代更为困难。阿拉伯民族主义的兴起,中东各国军队的日益成熟,以及苏联政治影响的抬升及其军事投送能力的增强,共同导致形势发生了改变。随后英国从苏伊士运河以东地区撤军,而1965年后美国军事力量及注意力则转向了越南。1971年被约瑟夫·奈视为关键性的转折点,由于英军撤离波斯湾,美国又不愿介入,而只依靠伊朗国王来填补这一地区的权力真空,“最终,伊朗国王的倒台暴露出了美国能源安全政策的真正代价”(Nye, 1981, p.8)。

即使在事后看来,如果美、英保持其在海湾的驻军,也难以确定是否就会改变伊朗革命的进程。总体而论,石油政治中军事力量的影响很模糊,因为很难动用军事力量阻止石油禁运和油价上涨。整个70年代,美国政府始终反对使用武力,断定“以武力治疗会比疾病本身更糟糕”。当然,武力威胁也许能阻止禁运,或遏止油价迅速上升,但若偏执于此则未免有失草率。后果将是两败俱伤的威胁只能是虚张声势,大言欺人。尽管身为美国在中东强大的军事盟国,伊朗却成为原油提价的领袖国家;而受美国政治、军事庇护的沙特也将禁运矛头指向美国、荷兰。由此可见,美国军事实力与世界石油政治之间的因果关系依然模糊不清,令人难以捉摸。

依议题领域而各异的霸权稳定模式在权力资源与石油领域的结局之间建立了直接的、可循的联系。如表9.3A所示,1967年和1973年,美国原油供给状况发生了根本性变化:即自身的石油生产由最初的供大于求,变为约1/4的供给需依靠进口。在欧洲、日本看来,1967年的美国同1956年至1957年间的美国一样,自身便是“问题解决的一部分”;但是到了1973年,却成了“问题的一部分”,它基本的原油基础被严重削弱。如霸权稳定论所预言的,这一变化引发了石油领域内权力关系的剧烈变动。与1956年至1957年间,甚至是1967年相比,在中东石油供给中断、燃料短缺时,美国已无力从自身的储备中为盟国提供援助,石油资源分配的变化,使关系到石油领域结局(如价格与供给)的权力分配发生了决定性的变化。

依此解释,与其说赎罪日战争是一个基本诱因,毋宁说它是一剂催化剂，它使欧佩克中阿拉伯成员国愿意冒更大的风险，成功地在几乎一夜之间使油价飙升3倍，石油卡特尔的各成员国从中获得了信心，认为它们能自行削减产量，而不会被其他产油国所出卖。通过与其他成员国的协同行动，它们将从原油高价中获益良多。表面看来，通过彼此合作，欧佩克所有成员都能既不承担太大风险，而又能从中获益。由此开始了一个自我增强的循环：根本力量的不断增强又强化了利用这一力量谋求优势的动机。但是自1980年后，随着美国本土石油资源的开发，产油国的权力受到了一定的限制。

霸权稳定论无法解释为什么1974年以前没有形成正式的石油机制。因为在四五十年代，如果美国国内政治允许的话，以其超群的实力组织这一机制绰绰有余。但是它有助于解释1973年出现混乱之后，出于何种原因，在国际能源机构中形成了美国领导下的石油消费国之间的新型合作。起初美国对欧洲、日本的控制遍及全球各个领域，欧佩克的兴起限制了美国的控制领域。但是在这个圈子之内，美国仍然独占鳌头，因为它对进口石油的依赖远低于欧洲和日本，从而使其有能力实行领导。

对于理解1967年至1973年间石油机制的变化，基于共同利益之上的一种国际机制功能理论的解释作用甚微。尽管如第十章所述，它的确有助于解释1973年后国际能源机构是如何被组织起来和运转的。旧有石油机制以权力关系的高度不对称为基础：只有在这种不平等的情况下，接受美国主导的机制，才符合各产油国的利益。权力的转移，为产油国提供了可行的替代机制，使不挑战的机会成本增加；低收益促使产油国去努力打破这一机制。旧机制已丧失了其继续存在的价值。

这一事例证明了前文一个观点，即功能性的合作理论需以行为者之间具有共同利益为条件，否则，就无法达成互惠的协议。但是如果权力关系发生了根本变化，原本对双方都有利的谈判（如果将机会成本也考虑进去）就不再会继续下去，反映新的权力分配的协议将与前者大相径庭。权力消长的双方会立刻意识到新协议的特征，它既能满足双方的要求，又不会导致关系的破裂。但在实际操作中，很难想象能做到这一点。新的权力关系必须经受考验之后，才会被完全认可。1973年以前几乎所有人都低估了产油国的实力，1979年至1980年间，这一权力又被过分夸大。直至油价经历了先升(1979—1980 年)后降的波动之后,人们才真正认清产油国和消费国各自的力量和缺陷。

石油领域的案例,解释了我无意以功能理论代替权力理论的原因。在世界政治中,权力永远是重要的。任何试图对某一给定的程序和互动模式加以评价的功能性解释,必须植根于对政治结构的理解,尤其是行为者之间权力分配的理解(Waltz, 1979; Keohane, 1983; Ruggie, 1983a)。当结构发生急剧变化,植根于其中的程序和制度也必将随之改变。

对国际货币机制变迁的解释

对于布雷顿森林体系钉住汇率机制的崩溃,人们常常将其归咎于金本位制内在的不稳定性,以及美国的政策,尤其是其货币政策的失当。对于第一点科恩总结道(Cohen, 1977, p.99):

> 金本位制源于一种错觉,即认为可按固定价格将信用货币兑换成黄金。布雷顿森林体系依靠美国保持国际收支赤字,以防止出现国际清偿力不足的问题。而美国海外私人和官方的"过剩"外债额已经超过其国内黄金储备,美国净储备额的不断下降,必然削弱全球对美元保持持续可兑换性的信心。事实上,政府也是进退维谷。为防止对美元的投机,美国必须减少财政赤字,但这将导致国际清偿力的不足;而为防止清偿力问题,美元又必须保持赤字逆差,但这样又将使美国面临信心问题。鱼与熊掌,二者不可兼得。

这一两难,使得 60 年代的国际货币体系即便在最好的环境下也相当脆弱。作为回应,各国协商增设了特别提款权,希望在美国赤字消失后以之代替美元提供国际清偿。但是这一前提迄今并未实现,因此这一改革是否有效仍难定论。60 年代后半期,越战爆发,美国面临一系列难题:例如庞大的预算赤字、国内的过度需求以及持续的通胀推动等。美国非但并未致力于削减赤字,而且听任其国际收支经常账户急速恶化。当 1970 年美国为应付经济衰退而放宽货币政策时,导致巨额资本外逃。1971 年 8 月美国决定暂停以美元兑换黄金,迫使布雷顿森林体系随之变更。1971 年 12 月 10 日史密森协议签订,对各国货币与黄金进行重新估价,确立不同的比价,试图重建固定汇率制。但仅 15 个月就告崩溃,原因之一即在于美国国内外持续不断的金融扩张。

霸权稳定论对国际货币机制变化的解释不尽如人意。其不足之处有一部分为任何体系理论所共有，那就是因为它们都没有考虑到美国国内政治这一因素，而由此导致的美国政策变化则是布雷顿森林体系崩溃的主要原因。将制度理论与霸权稳定论相结合也于事无补，这只能反映出世界政治领域中单纯的体系理论的局限性。

但是即使是与其他体系理论相比，霸权稳定论仍存在三个方面的不足。首先，它以有形资源的变更作为变化的先兆，但是，美国维持机制的最重要的能力并非源自对有形资源的占有，而是在于其处理国际金融事务信心这一象征性资源。一旦对美国政策的信心发生动摇，其后果要比国内生产总值的增减严重得多：作为储备货币发行国，只要美元持有者坚信美元能始终保持对其他货币和黄金的固定比价，美国便可以加大美元的发行量。然而，1970 年至 1971 年间，对美国经济政策和美元的信心被大大削弱，美国实行的通胀性政策使之丧失了其所拥有的最宝贵的无形资产：即对美元将保持强币地位的信心。

第二个关键问题在于霸权稳定论未能认识到 1971 年美国权力地位的双重特质。一方面，美国权力地位遭到侵蚀。但是在相当大的程度上，美国的弱点是由旧有机制的规则人为造成的。这些规则主要由美国在 1944 年创立，用于保护债权国的利益，而现在却使美国无法强迫德、日在现有机制框架内重估币值，如果美国试图在所有方面都维持原有机制，则它只能采取各种短期的权宜之计来保卫美元币值。美国只能通过公开打破旧有规则——即暂停以美元兑换黄金——才能真正提高其谈判地位，使债权国作出让步。正如奥布雷于 1969 年所指出的："千真万确，债权国对美国的影响依美国遵循旧有概念和规则的意愿而定。如果美国决心对其提出挑战，游戏进程将大为不同。"(Aubrey, 1969, p.9)因此，美国有强烈的政治动机打破旧机制的具体规则，尽管它同样希望这样做能使自由主义的基本原则得以存续。一旦旧规则被打破，只要其他国家仍希望维持这些原则，就必须对美国的行动多加注意。因为加剧混乱程度是使各国按美国意愿进行合作的先决条件。

在解释货币机制变化方面，霸权稳定论的第三个缺陷在于它以国内生产总值作为衡量权力资源的指数，从而导致对机制崩溃的预言失当。虽然布雷顿森林体系的规则在1971年至1973年间有所改变，但多边主义原则和相对自由的资本流动仍得以保持。实行浮动汇率制之后，主要资本市场的开放度也有增无减，私人银行、各国央行及财政部之间精巧的合作网络蓬勃发展。1983年，国际货币基金组织执行总裁估计纽约外汇市场每天交易额高达300亿美元(De Larosiere, 1983)。植根于福利国家，然而却受到国家行为限制的自由主义原则得以存续着。

导向纷争甚至封闭的霸权稳定论无法对自由主义原则的存续作出解释。自由主义之所以能够得到贯彻，部分原因在于它符合美国的利益，从而得到美国持续不断的支持。同时，国际经济交往所带来的效率和福利也符合各国利益。为获得这些福利，还需要订立一系列的协议，以调控对汇率的干预，扩大国际货币基金组织所控制的资源，或是根据严格的程序向发生困难的国家贷款。为达成这些协议，一个以国际货币基金组织为中心的既有金融机制，尽管其规则的清晰已大不如前，对于各国仍具有巨大价值。因此，必须对旧有平价机制加以调整以使之服务于1973年后的浮动汇率制。1971年"尼克松冲击"之后，国际金融领域一片混乱，但各种制度仍得以保持，就充分显示出了各国政府对国际机制的支持。我们一方面应当关注霸权国是如何建立机制的，同时还应当关注对这些制度的需求。

比较美国在石油和货币领域的不同政策，有助于进一步理解国际机制的价值功用。在金融领域，美国依然坚持自由机制，但既不支持钉住汇率制，也不再为迎合盟国的需要而对国内财政、金融政策作出重大调整。但是共同利益促使各国继续支持自由主义政策。尽管与"尼克松冲击"之前相比，1971年后的机制更为脆弱，规则也欠明晰，但仍继承了自由主义的原则。另一方面，在石油领域，为了保持其在一个相对团结的工业国集团中的领导地位，旧机制的崩溃迫使美国采取果断行动。为此美国必须在对国内原油供应的控制上作出一定牺牲，以赢得盟国必要的尊重，从而建立一个以美国为领导的机制。这意味着，在石油领域，美国愿意接受比金融领域更大的因机制调整而付出的代价。

这一比较以一种微妙的方式阐明了维持国际机制对美国的价值，并进一步证实了第六章中的一个观点，即建立一个全新的机制比保持旧机制更为困难。维持一个自由的货币机制不仅符合欧洲、日本的利益，而且是切实可行的。为此，欧、日尽管要求重新建构布雷顿森林体系，但仍然与美国保持合作。面对集体行动的困境，美国用不着去劝说盟国抛弃损人利己的政策。在一个行为者相对较少、互动模式连续一贯、共同利益相当可观的新形势下，机制为他人的目标及行为提供了保证。相反，在石油领域，原有机制在1973年崩溃，各国政府竞相奉行竞争性的自助战略，美国只得煞费苦心地重建石油消费国机制，由于缺乏既有制度可资利用，美国政府只得独立承担新的难以预料的义务（与盟国在未来危机中分享石油），为盟国的未来提供担保，鼓励它们采取合作态度，而不是像“囚徒困境”中那样彼此背叛。

然而，事情还有其阴暗的一面。在世界政治中，合作既可能是自我增强的，也可能是自我限制的。如上所述，一个业已存在的货币机制使保持合作更为容易。但是，这一机制又使美国没有必要调整政策以防止其崩溃。机制的稳定性反而限制了合作的深入发展。合作常常基于自身利益的考虑而出现，但这并非说合作是不可避免的。既然合作产生于实际和潜在的纷争，那么如同1973年至1974年石油危机所引起的严重的纷争，也许就是促进国际合作大踏步前进的必要条件。国际机制试图维持合作模式，但在面临危机和变化时，却未必真能促使合作发生革命性的扩展。

对国际贸易机制变迁的解释

诚如所见，60年代中期至80年代初，贸易机制的变化与潜在权力资源的变更具有广泛的一致性。美国权力资源（以其在工业国贸易总额中所占比重为根据）相对衰落，而其国内生产总值份额的下降幅度则更为迅速。若仅根据这些简单的数据，霸权稳定论会预言：比起货币、石油机制，贸易机制也将恶化，但是速度会比货币、石油机制缓慢；更进一步地说，它还将预期随着美国主导地位的削弱，美国将会越来越不愿意承担贸易自由化的过高代价（Krasner，1979；Ruggie，1983c，pp. 484—485）。在贸易领域，这两种情况的确存在，因此，起初霸权稳定论似乎是言之有据的。

然而，事实上，这一问题要复杂得多。如表9.4显示的，作为一个团结的贸易集团，欧共体的出现使资源控制能力的分配发生了重大变化，这比单纯的数据变化所显示出的要重要得多。与货币和石油领域不同，世界贸易权力已非一家独霸。欧共体所具有的潜在实力已足可与美国比肩。这是导致变化发生的直接诱因——如纺织品机制中日益增长的限制(Aggarwal, 1981)。以欧共体整个集团而非单个国家作为分析单位，霸权稳定论将预期贸易领域会比货币领域发生更多的变化。因为尽管存在着欧洲货币体系，但是却缺少统一的欧洲货币及其政策。美元相对于个别欧洲货币的支配地位依然存在。

贸易政治又使这些纷繁混乱的局面进一步加剧。保护主义的压力主要来自各大工业国内部因进口竞争遭受损失的工业界和劳工组织。在一些工业部门内，如纺织品、鞋类、家用电器、钢铁、船舶，以及近年来的汽车业等，生产能力过剩带来的经济困难成为保护主义的催化剂(Strange, 1979; Cowhey and Long, 1983)，其原因在于个人或集团为了获得比在自由市场中更高、更稳定的收入，从而推动着贸易保护主义的兴起(Olson, 1982)。

因此，古典及新古典经济学家将贸易保护主义视之为集团政治的病态反应。亚当·斯密指责同业公会为了保护其成员的工资而不惜牺牲社会的福利，尽管他认为这样做符合城市的利益(1776/1976, pp. 132ff)。现在关税及贸易总协定官员批评劳工组织和低效工业企业也寻求类似的保护，并对"保护行为会同时增加国家和集团的收入"这一观点加以驳斥。依此观点，低效的企业面对灵活、低成本的国外竞争者，只有通过降低工资或裁减员工才能维持生存。但受影响的工人及政治领袖则不会接受任何一种方案，从而招致保护主义的压力。"若要同时维持工资差别和就业规模，保护主义是必然之选"(Blackhurst et al. 1977)。因此尽管迄今为止，主要工业国从未对保护主义表现出多少热情，但它对国内利益集团来说，却具有不断增强的诱惑。

在政治辩论中，与传统自由主义相对立的一派主张以"工业政策"的形式进行政府干预。尽管这一口号歧义纷呈，对我们来说，重要的不是政策分歧，而是隐藏于其后的逻辑分析上的一致。二者都将日益加剧的竞争和不断加快的世界经济结构变化视为保护主义和工业政策的根源。

政策变化更多的是出于工业国之间以及工业国与新兴工业国之间竞争的加剧，而非美国权力的衰落。保护主义将调整成本加于他人（在本国国内或国外），至少在短期内，可使对于急速变化难以适应的人们免受冲击。

针对保护主义的日益增长，大多数理论都强调两方面的因素：即在1973年经济衰退之后出现的竞争加剧和生产能力过剩以及发展中国家出口的增长。1973年末至1983年初，工业市场经济国家的国民生产总值年增长率仅为2%，欧洲则更低。同期西方七国失业率增长了一倍（IMF，1983，表1，p.170，以及表5，p.174）。而在此10年间，尽管总体而言，发展中国家的出口仍低于其进口，但非欧佩克发展中国家的出口则增长了3倍。由于这些出口高度集中于服装、鞋类、家用电器等部门，引起进口竞争企业和工人的警觉（Belassa，1980，表1；Stein，1981；OECD，1979，表5，p.24）。70年代许多限制措施，尤其是日益严重的纺织品出口限制，反映了精明的发展中国家出口商对工业国造成的压力。

尽管衡量经济权力资源和贸易政治的方法所发生的变化貌似一致，但是对决策程序的考察表明：国际竞争以及结构调整产生的压力能够比霸权稳定论更好地解释贸易机制的衰落。[8]显然，霸权稳定论无法像在石油领域那样充分地解释新近贸易机制发生的变化；对于货币机制，霸权稳定论虽然也成立，但是从政治过程层面来解释机制的变化作用并不大。影响贸易机制的许多主要力量都与美国权力的衰落无关，若要对贸易合作与纷争模式作出充分解释，许多其他因素——快速的结构变化、国内政治经济模式、国内政治行为体的战略——也必须加以考虑。

即使仍然从体系理论的视角出发，利用本书第二部分理解合作问题的方法，也能增进我们对贸易机制变化的理解。霸权稳定论预言贸易机制会受到重大侵蚀，事实也确实如此。但是同样引人注目的是，合作也从未中断，尽管不一定总符合自由主义的目的。经济衰退也并未引发贸易战。相反，针对纺织品、钢铁、电器及其他领域中的纷争，各国积极致力于开展合作。结果并非是纯自由主义模式的，但是即便是那些用来证明保护主义增长的事例——例如本章前文提到日本对欧洲出口的40%遭到限制——也仅仅表明了情况的复杂性。如果这些限制措施会导致出口壁垒,那么这种壁垒也将是零,这正如在自由贸易时代所表现的那样(自我限制使他国没有必要建立关税壁垒,关税自然降至零)。如此大量的贸易以及正在形成演进之中的"管理贸易"等安排模式,显示出在保护主义体系中存在着许多漏洞(Yoffie, 1983)。管理贸易是合作与纷争互动的结果,而真正的自由贸易则依赖于利益和谐。当今世界,贸易谈判显示出合作与纷争之间的辩证关系(详见第四章)。

当前贸易机制不会产生利益和谐,但通过降低交易成本,限制行为者使其选择合法的战略,以及以相对对称的方式提供信息,确实促进了合作的实现。机制减少了风险和不确定性,缓解了纷争,但也可能促使行为者在谈判中要价过高,像戴高乐在欧洲共同体中所作所为的例子屡见不鲜。这些行为者认为:机制的巨大价值足以使其他成员国为维持机制而作出让步,而这将使后者处于为难的境地。互惠性——或曰"一报还一报"战略,是在利己主义者之间保持合作的最佳战略。对于违反机制的行为者,这一策略将使其面临纷争加剧的威胁。为打击目光短浅或仗势欺人者,那些寻求未来合作的国家肯定会加以报复。如果存在国际剥削,则必将导致纷争;而如果各方都寻求合作,也存在达成互惠协议的可能性。正是在此基础上,合作才得以形成。有时也的确存在着恃强欺人的情况,这提醒我们注意国际机制的功能理论并非是决定论的,而是霸权稳定论又一有所保留的翻版。尽管对于谋求订立协议的国家,机制能促进其合作,但是在利益相互冲突或是要求过于苛刻的国家之间,合作也不会由机制自动产生。

结　论

依议题领域各异的霸权稳定论,有助于我们理解近年来国际货币、贸易、石油领域的变化。它唤起人们关注权力的重要性,而权力因素常常被不关心政治和无视国际政治结构的人所忽视。霸权稳定论与现实主义理论紧密相联,而且非常相似。它为我们的分析提供了一个有用的但却相当简约的理论基础；但是，它很难对战后国际经济机制的演变作出充分解释。

只是在石油领域，霸权稳定论才不仅与总体趋势，而且与变化的过程相吻合。美国霸权的衰落是过去20年来石油机制剧变的诱因。随着美国石油生产能力的下降，其实施霸权合作战略的能力——即在必要时为盟国提供原油的能力——也逐渐式微，而这一战略在50年代曾得到成功贯彻。为实现相同的战略，一种创新性的、更为制度化的方式——国际能源机构的紧急共享体制——得以创设（因为一旦出现紧急情况，美国的石油几乎肯定会被多数欧洲国家和日本所瓜分，而不是相反）。但是在70年代，这只是一个防御性的、致力于减少损失的保险战略，而不是像50年代那样，在能有效缓解原油短缺的同时，又可以通过阻止产油国实施石油禁运等方式实现对局势的有效控制。

面对布雷顿森林体系国际收支机制中具体规则的瓦解，以及以关税及贸易总协定为基础的贸易机制的持续衰落，霸权稳定论的解释则稍逊一筹，其原因之一就在于作为一种体系理论，它未认识到国内政治压力这一因素。国内压力有的源自世界政治经济的变化，但却受到国内信仰体系和联盟特性的影响（Gourevitch, 1978）。即便就体系理论的整体而言，这一理论也是不充分的，因为它没有认识到国际经济机制等国际制度在培育和塑造合作模式方面的作用。许多合作的存续时间都比霸权稳定论所预计的要长。根据拥有共同利益的国家所提出的要求，国际机制执行着多种功能；机制一经建立，即便其创立时的原初条件已然消失，机制仍有可能继续存在。这一论述的理论依据详见第六章，本章中美国霸权衰落后国际机制仍然存在则为之提供了事实依据。

本书中阐述了合作与纷争的概念，以及国际机制的功能理论。它可以帮助我们理解当今世界政治经济领域合作得以存续的问题。纷争混乱的前景促使人们寻求合作，至少在货币和贸易领域，国际机制得到了充分发展，使大量的合作得以实现——这无疑要比霸权稳定论所预期的要多。合作并非总是导向自由主义的目标，也并不意味着利益的和谐，而是一个讨价还价、充满争议、相互协调的过程。在经济困难时期，各国政府均力图使本国免遭政策调整的损失。现在世界经济的特征之一就在于各国既可以通过不充分的国际合作，例如《多边纤维协定》以及自动出口配额等方式;也可以通过将使纷争恶化的单边行为来达致这一目的。各国赞同国际机制的规则和原则不是因为它们希望出现一个超越民族国家界限的世界,而是因为这些机制提供了一个框架,进而促使有限合作(无论是不是自由主义性质的),为国家利益服务。

霸权稳定论对近来世界政治经济领域发生的变化作出了解释,也证明了国际制度这一"美国统治时代的遗产"对于"后霸权世界"的重要性。国际机制对于具有共同利益的国家的合作能力具有持续影响,认识到这一点,我们就能够理解当前的合作与纷争共存这一常常令人困惑的现象。现在,这些机制能否被成功地加以改造,以在一个缺少霸主的世界政治经济中发挥作用,前景仍难定论。在相当大的程度上,这取决于人类自身的抉择。了解这些机制的价值和脆弱性将引导我们放眼未来,而不会作出目光短浅的选择。

注 释

1. 如第八章中所述:20 世纪 50 年代的石油机制并非正式的政府间机制,但是其原则和标准产生了行动和预期,因此确属机制无疑。其原则及标准由一些大公司和英美两国制定并付诸实施,至 70 年代初该机制崩溃。在 60 年代中期的这一过渡时期,石油领域的规则尽管与同期贸易、金融机制相比显得非常不正式,而且松散,但是较之 1973 年后的情况,则显现出其清晰明确及一贯性的特点。将 60 年代中期的这种安排称为机制(尽管仍很脆弱),有助于同以后的情况形成强烈对比,并与金融、贸易机制进行比较。

2. *World Financial Markets*, February 19, 1975; January 1977; October 1979; May 1983.

3. 造成差异的主要原因是第一组数据未包括非市场经济国家,其他造成类似差异的原因常常是由于采用了不同的汇率,或是由于非市场经济国家计算产出的方法不同所致。

4. 此处引用的奥代尔(John Odell)的批评业已于基欧汉和奈 1977 年的著述中加以讨论。

5. *World Financial Markets*, February 1978; July 1983; January 1984.

6. 表 9.2 中有关欧共体的数据本应去除其内部贸易额,因为欧共体相对于美、日的讨价还价的能力不会因成员间贸易的增长而提高。表 9.4 于 1981 年就已公布,但我未能找到其他相关数据。如果有可能,在考察贸易领域中作为一个集团的欧共体与其他国家的关系时,应该将欧共体内部贸易额扣除,这才能准确认识欧共体与外部的关系。

7. 有关美国在 1971 年德黑兰会议上的策略,参见 Schuler, 1976; Blair, 1976; Penrose,1975。

8. 见 Bressand, 1983 年;Cowhey and Long, 1983 年。在文中,尽管 Cowhey 和 Long 也阐明了我的保留意见,但他们还是将霸权稳定论称作“基欧汉理论”。我在 1980 年一篇评论中业已表明我只是力图对其加以评价,而非表示赞同。我曾说过:“我们在把霸权稳定论作为解释事物的有力工具时必须谨慎从事。”(Keohane, 1980, p.155)

第十章
消费国石油机制(1974—1981年)

在第九章中,我们注意到,20世纪70年代和80年代中期,尽管既有的国际机制已面临压力,但在货币、贸易领域仍有相当多的合作在进行。旧有合作安排在很多方面已被削弱,得以存留的合作也并非全都是以达到自由主义目标为指向的。然而,合作的意愿却从未消失。最为典型的现象是,谋求合作的努力源自国际领域中的纷争。例如,石油危机和布雷顿森林体系的瓦解,集中体现了霸权合作的崩溃。为此,西方七国于1975年举行了首次经济事务高峰会议。1982年至1983年间由私人银行、国际货币基金组织、世界银行共同精心设计的债务重新安排计划,防止了因墨西哥、巴西等国无力偿还外债而可能引发的毁灭性金融后果。

在以后经济出现衰退和爆发危机期间,这两大新的国际合作举措却从未再实施过。70年代初,为与国际货币基金组织协调一致,各国财长经常举行非正式会谈,这成为首脑峰会的前身(与会财长中后来有两人成为了国家元首或政府首脑,即法国的德斯坦和联邦德国的施密特)(de Menil, 1983, p.17; Putnam and Bayne, 1984)。复杂的银行合作网络曾防止了1982年至1983年间债务危机的爆发,其基础即为利普森(Lipson, 1981)所说的"第三世界债务国际组织"。70年代,债务危机尚不严重,在对债务进行重新安排的过程中,这一组织得以发展起来。如我所强调的,合作既依赖于现实或潜在的纷争,也有赖于制度性安排。因为后者能够通过降低交易成本,相对对等地提供高质量信息等方式来促进协议的达成。

当然,这些例子并不足以证明“合作源自纷争”的观点和国际机制的功能理论的正确性。如第九章所显示的,各国认识到要去除美国长期霸权及其领导地位的残余影响仍很困难,它们必须借用多边机制来达到自己的目的。近年来对第三世界国家债务和石油问题采取的合作仍以美国为中心,这也反映出美国仍然十分强大的权力。

本书第四章到第七章提出了合作及机制的概念。当今世界经济刚刚步入后霸权时代,现在就想对这两个概念的独立价值进行决定性的考量是不可能的。美国仍然是世界政治经济中的第一强国,尽管优势已大不如前,50 年代的那种霸权也已一去不返,但其实力也绝非“普通国家”可比(Rosecrance, 1976)。有人如果要对我的理论进行检验,他就必须先确定一段时期,在此期间,没有任何霸权力量对国际机制的特性具有决定性影响,然后挑选出世界政治中一系列重要议题领域。这样,我们就需对两种情况下的国际合作模式分别进行探讨。如果美国霸权已衰落这一论断是正确的,那么 80 年代这一时期正适于分析。但至少在 1977 年至 1983 年间,在本书的研究尚未结束时就下此断语尚嫌为时过早。如果我们将 60 年代视为美国霸权终结之日,那么战后世界政治经济只经历了 10 至 15 年的过渡期,便步入了预期的“后霸权”时代——一个动荡不定的时代。霸权合作日益衰落,而美国虽仍位居强国之首,但却已无力,有时是不愿,去制定和支持强有力的多边自由规则。要对这一过渡时期加以分析,最好的方法就是将霸权稳定论以及合作和国际机制理论结合起来。

因此,本书并未对国际机制的功能理论的含义加以检验。事态的发展使我的分析无法做到周全,但是我的优势在于:对于非霸权机制形成条件的预言,在可资验证的事实出现之前便已作出,这使我有可能预先排除某些不利的条件,在这些条件下,我对霸权的预测或者我的合作理论有可能被证伪。

如果霸权在 80 年代得以恢复,就将推翻我关于世界政治经济中权力分配作用的预测。虽然霸权的回归与我关于合作与纷争的辩证关系的观点并不冲突,也不会否定国际机制的功能理论,但却会削弱我们所阐述的这些内容的重大意义,就像在 50 年代那样,霸权的作用更胜过我们所讨论的主题。第八章对50年代的霸权领导进行了阐释,本书第二部分也将有助于理解国际机制的作用,但是这些知识并不会取代而是证实了现实主义基础型的霸权稳定模式。

惟一能推翻我的理论的条件就是我对未来权力状况的估计成为现实——即霸权就此消失,无法恢复。这样合作的条件便将成立,而如果在霸权之后根本没有出现合作,则我的理论将不攻自破。各国将以螺旋形不断下降的形式卷入货币战和贸易战,重新奉行损人利己的政策,这一切只会证明现实主义理论的观点,而非我的合作理论。再者,如果合作总是在"错误的地方"出现,也将证明我的理论是错误的。例如,我主张合作应以少数大国为中心,而由大量的小国追随其后。如果出现了一个强大的由小国主导的联合国,或是第三世界国家中形成一种"集体自立"战略,便将与我的理论背道而驰。同样,如果合作不是发生在长期保持互动的议题领域,也将于我不利。最后,如果大多数政府间协议不是在国际机制框架内达成的,而是远离现存机制,建立在各异的基础上,或是发生在此前并无国际化网络和制度存在的议题领域,这些都将构成对我的理论不利的例子。

对于本书所提出的合作与国际机制理论,后来的学者可以对它作出全面的评价。到了1994年,他们也能像我今天回顾霸权和霸权衰落一样,回眸后霸权时代,针对不同议题领域,联系该理论所作出的预期对事实结果进行对照分析。但是现在仍不可能做到这一点。我们现在所能做的就是更密切地关注国际机制的运作状况,这一机制以一个主要的国际组织——国际能源机构——为中心,协助发达工业国协调货币、贸易、石油政策。分别建立于40年代和50年代的货币和贸易机制,35年来尽管经历了重大演变,但始终在发挥着作用。与此相反,旧的石油机制则在70年代初彻底崩溃。以国际能源机构为中心的消费者石油机制成为"霸权后合作"的典范。本书第八章分析了霸权合作,第九章评价了美国霸权衰落对合作的影响后果,本章则试图在一个尽管不很全面的基础上,通过对以国际能源机构为中心的机制的考察,加深我们对后霸权时代的理解。我们将审视国际能源机构影响国际石油政治、经济状况的各种行动,加强对当前后霸权机制如何运作的认识。这是我们现在所能达到的最切实可行的目标,而对理论的综合检验只能留待来日,相信这会对我们有所启发。

国际能源机构与石油机制

国际能源机构的职能不仅仅局限于石油领域,它遍及核能、煤炭及新兴能源等各个领域。但是在此,我们将只关注其在石油领域中的活动。1974 年之前,没有明晰的政府间规则来约束政府和跨国石油公司的行动。国际能源机构的出现则使局势大为改观,在国际能源机构创始文件的框架内——"国际能源规划协议"——发达国家为服务于自身利益,制定了详尽的规则,其中尤以规范紧急共享体制运作的规则最为精细具体。这样,与 1956 年至 1957 年和 1973 年至 1974 年石油危机爆发时相比,该机制的规则变得大为清晰明了。

本书认为国际能源机构的机制应该以促成国家间达成协议为主要功能,在连接各国能源部及石油公司的通信网络中,国际能源机构占有关键地位,对于促成志趣相投者之间的联合具有重要的作用。通过它向各国提供信息,以降低交易成本,减少不确定性。为此,它既可以制定规则以指导政府行为,使动机各异的各国服从;也可以一种更不正式的方式,即通过以共同原则为基础,但无明确规则的合作来实现上述目的;而非寄希望于该机制本身,以使规则得以强制执行。

在分析国际能源机构功能的同时,我们也可以一种有限的方式,对当前世界政治经济中国际组织的有效性进行探讨。上述理论并未预言任何国际机制(例如以国际能源机构为中心的机制)都是有效的。我的观点是:在不存在霸权的情况下,各国政府有可能为获取双赢而进行合作,而机制则可以通过多种方式促成合作,如降低交易成本,提供信息,订立粗略的概测规则,以便于政府官员日常决策。但是我无意断言这一切肯定会发生,更不要说认为它会自动形成。如果这一论述是正确的,那么主权原则就不足以妨碍能源合作的形成。合作不应该是在等级秩序的压力下强制形成的，而应该通过对规则的尊重，或者借助非正式的协商来促成各国政府达成合作协议。

国际能源机构为我们研究国际组织的有效性提供了便利。1973 年石油危机后国际能源机构的建立，以及该机构在 1979 年和 1980 年两次危机期间的所作所为，为我们进行“前后对照”研究提供了一个偶然的机会。尽管这三次危机相差悬殊，很难进行精确的对比，但是三者之间亦有相似之处——在各工业国石油供应最短缺的月份，中东产油国的减产数量（或预期减产量）高达世界总产量的 4% 至 7%，由此导致三次危机的爆发——也足以使人对 1974 年至 1981 年前以国际能源机构为中心的能源机制的影响作用得出尝试性结论。[1]

首先，我将简略回顾一下 1973 年至 1974 年危机的情况，以之作为基准线，分析该机制的效能，随后再对 1979 年和 1980 年危机进行分析。在后两次危机中，以国际能源机构为中心的能源机制都发挥了作用，在此我试图确认：国际能源机构主要是通过什么方式来达到其目标的？是通过规则的强制执行，还是通过对一个分散的规则系统的管理？抑或是被机制原则所认可的非正式合作？我还将探询与 1973 年至 1974 年无机制存在时相比，该组织在应付 1979 年和 1980 年两次危机时的效能如何？机制的有效性可以解释非霸权合作的形成原因，这正是我研究兴趣之所在。我将以针对机制功能及其运作情况所得出的结论，与以第五章到第七章抽象的论述为基础所得出的预期进行比较。[2]

1973 年至 1974 年的石油危机

1973 年至 1974 年危机的基本情况在第九章已讨论过，10 月初阿以战争的爆发，导致阿拉伯国家决定削减原油产量，对美国和荷兰实行出口禁运，因为前者向以色列提供武器；后者则实行亲以政策并以多种方式支持以色列军队作战。结果，1973 年 10 月至 12 月间，全球石油供给下降 7%。1974 年 3 月份，仍比 10 月份的水平低 5%；同期欧洲石油供给也比

1973年10月份低5%(Vernon, 1975, pp.64—65, 101, 181)。

各主要石油消费国对危机的反应一片混乱,彼此倾轧。英、法及大多数欧洲国家力图安抚阿方,尽管这意味着将疏远荷兰。11月初,欧共体通过一项亲阿决议,使石油匮乏得以缓解。日本在工业生产下降之后也发表亲阿声明。尽管经济合作与发展组织秘书处力图为各国提供信息,甚至提出紧急共享计划,但终究未能形成有效的合作。主要石油进口国都采取了狭隘的利己政策。英国和法国对其所属的石油公司施加压力,以寻求优先待遇;意大利、西班牙、比利时对石油出口加以限制;美国、日本、德国公司则在现货市场上哄抬油价以获利。1975年国际能源机构的新任领导人写道:经济合作与发展组织国家依靠"未经协调的形式各异的应急措施,使用了千差万别的手段,造成了事态发展的格外扭曲"(Lantzke, 1975, p.220)。石油消费国无法解决这一集体行动的两难困境:各国力求自救,却导致官方油价飙升了3倍(自1973年4月初每桶石油3美元升至1974年元旦时每桶12美元)。危机高潮时期,现货价格甚至更高达每桶16—17美元(Vernon, 1975, pp.50—51, 68)。

正是经济合作与发展组织各国追求自身利益的短视行为导致了这种混乱局面。而颇具讽刺意味的是,正是备受指责的跨国石油公司拯救了它们。这些公司都将政府对于优先待遇的要求置之脑后,将原油运输削减到与所有消费国基本相当的水平,并将其视为一条规则加以遵守。这一举措既非谋求短期利益最大化,也未屈从于政治的压力,却提供了一条由经验得来的,根据"规则功利主义"可谓公平合理的粗略的概测规则。一位联邦能源署的官员在报告中总结道:"难以想象任何分配计划能对削减后的供给作出更公平合理的分配了。"(Stobaugh, 1975, p.199)各公司的跨国网络成功地解决了国际政治无力应付的难题。

1973年至1974年的危机表明:在不确定性极大,又无制度可以缓冲的情况下,集体行动将面临严峻的两难困境。每个国家都改奉囚徒困境下的"背叛"战略,担心如果无法得到优先待遇,最终就会面临石油匮乏——也即"傻瓜的代价"。因禁运而损失最大的荷兰只得为进口原油支付最高价(Vernon, 1975, p.99),即为那时的"傻瓜"。

危机中,经济合作与发展组织各国并未像第七章约翰·密尔所描述的水手们那样,按照规则功利主义行事。密尔描述的水手们在出海前要计算航海日历,这使他们可以根据粗略的概测规则出海,避免遭遇风暴。由于没有规则可依,加之其自身理性又受到严重束缚,而作出集体决定时协商的必要性又使情势更为复杂,致使经济合作与发展组织各国在赎罪日战争引发的风暴中手足无措。由于缺乏机制,而导致纷争迭起,没有什么比这一现象更能有力地证明国际机制对于合作的潜在重要性。

1979年的石油危机

鉴于1973年至1974年危机的灾难性后果,1974年初美国在华盛顿召开国际能源会议,制定了"国际能源规划协议",同年11月国际能源机构成立。此前数月,集体行动的两难困境被暴露无遗。很明显,必须建立一些国际机制来克服这类问题。大多数发达国家被几个盘根错节的联盟体系联系在一起,而作为这些体系的领导国家,美国更有理由关注石油纷争,因为这不仅对于世界经济,而且对于美国的政治影响力,以及维持其最基本的安全关系都具有重大意义。

至1978年底,运转中的国际能源机构已成为一个目标明确——促进发达石油消费国之间合作——的国际组织。除去法国,经济合作与发展组织的主要成员国都加入了该组织。而法国也始终与它保持着密切的联系,其工作机构就设在经济合作与发展组织在巴黎的总部内。欧洲各国与日本成功地防止了将其演变成为一个反欧佩克的组织。其活动以四组工作为中心:首先是发展一个石油共享体系;其次是建立一个信息系统以监控石油市场;第三是促进长期措施的应用,以减少世界市场对石油的净需求;第四是联合开展能源研究和开发活动。[3]

国际能源机构最主要的任务就是制定规则,即建立紧急共享体系。经过复杂的技术性谈判,国际能源机构起草了《紧急管理手册》,并于1976年5月得到国际能源机构管理委员会的批准。该手册规定出现紧急情况时的应对程序,尤其是详细规定了该体系中主要跨国公司与国际能源机构及各国政府的关系。它将《国际能源规划协议》中的正式条款内容付诸实施,规定一旦出现——或根据合理的推论认为可能出现——针对集团或某一成员国的石油供给削减,该手册授权国际能源机构秘书处对其进行"调查",并"确定每个当事国及整个集团的削减数量"(Agreement on an International Energy Program, 1974,第 19 条)。管理委员会必须以特殊多数票才能推翻秘书处的决议(以加重投票权为基础),除非秘书处毫无政治敏感性,否则这种情况几乎是不可能发生的。最后,一旦紧急情况条款被启动,各国政府必须采取各种强制行动予以执行。

国际能源规划的正式条文代表了一个国际组织所拥有的显赫的权威。1974 年至 1976 年间,国际能源机构运用这一权威精心制定了一系列规则,并经受了一次又一次的考验和修正。自 1976 年起,其紧急共享体制被其他组织竞相仿效。1978 年,国际能源机构的机制规则已完整齐备,并且由于其秘书处具有宣布进入紧急状态的权力,故而也随之背上"超国家主义"的恶名。

此外,国际能源机构市场监控和长期规划功能在 1979 年的危机中凸显出其重要性。1978 年,石油市场"常备集团"发展起一个信息体系,以对异常敏感的油价波动提出报告,这成为国际能源机构早期诸多棘手的政治难题之核心。长期合作常务委员会主要致力于协商制定原油"底价",或曰"最低保卫价格"。但很快,随着油价定格为每桶 7 美元而丧失了其重要意义。但 1977 年 10 月,国际能源机构将整个集团石油进口总量由每天的 2 200 万至 2 300 万桶增至为每天 2 600 万桶,但仍然远远低于在现实政策基础上制定的每天 3 000 万桶的计划。[4]但这只是一个集团目标,由于无法确保就具体国家的进口额达成协议,因此这一规定不属于机制规则的范畴,而只是一种象征性义务。与该机构至今所取得的其他成就相同,集团目标的制定也主要是在美国的领导之下,并在秘书处及联邦德国、英国等具有重大影响力的大国鼎力协助下达成的。

无论是跨国公司、各国政府还是国际能源机构都未曾料及 1979 年初爆发的石油危机。由于工人罢工和革命运动影响,在 1978 年秋伊朗石油产量下降的同时,国际能源机构各成员国却减少了各自的石油储量,而且也无意对此采取强有力的政治行动。尽管国际能源机构执行总裁启动了石油供应及储备报告系统,以便共享体系的生效实施。1978 年第四季度,尽管伊朗每天减产 220 万桶,但非共产主义国家原油产量却比第三季度每天高出 140 万桶,这一事实也加强了人们普遍的乐观心态。[5]

1979 年上半年所发生的事件沉重地打击了这种心态。1 月和 2 月,伊朗石油出口减少,导致现货市场油价上扬一倍。整个第一季度,非共产主义国家原油总产量每天下降 200 万桶(约 4%),各国的反应并未因国际能源机构的存在而与 1973 年有多大差别:各国仍然争先恐后地支付高价以确保自身的石油供给。在某些方面,情势甚至比 1973 年更为糟糕,因为那时跨国石油公司大约控制着世界石油贸易的 90%,而 1979 年则只有 50%,长期合同的重要性也日渐降低(Neff, 1981)。希望像 1973 年至 1974 年那样由石油公司对供给进行分配也变得更为困难。市场的分裂对抗、不确定性和刚性更为严重,即便是小幅的石油产量下降也会引发严重的集体行动的两难问题,或者触发如贝尔格雷夫所说的"连锁反应"(Belgrave, 1982, p. 107)。

> 一些主要国家一下子丧失了重要的石油供给,……独立炼油商担心会破产关门;根据政府间合同,而以伊朗石油为主要来源的国有炼油厂,不知道下次所需原油从何而来;而未签订合同的、按低边际价格运作的独立炼油商更是如此;石油产品零售商由于担心货源短缺,而向供货者开出最高额的订单;而最后消费者,无论大小,也争先恐后地去灌满他们的油箱。

但是各国政府及国际能源机构对此却反应迟缓。各国纷纷采取了各异的储备政策。美国在 1973 年 12 月、1974 年 1 月仍在不断地增加储备,直至 1974 年 3 月底才告暂停。比利时、瑞典则准许公司将强制储备量降至可维持 90 天需要的水平;而联邦德国则依然故我。尽管美国储备巨大,但由于能源部没有安装将储备原油抽出地面的油泵,实际上毫无用处(Mancke, 1980, p. 39; Badger and Belgrave, 1982, p. 107)。就总体而言,无论是政府还是个人都在竭力增加自身的石油储备,慢慢地,各国政府及国际能源机构秘书处才认识到这些混乱行为对油价上扬所具有的重要负面作用。[6]

1979 年第二季度，这种争先恐后、哄抢石油的局面更趋恶化。是支付高额油价，还是遭受燃料短缺之苦，面对这一选择，公司及政府在现货市场纷纷争购原油，致使油价一路上扬。与 1973 年至 1974 年间相似，各国政府纷纷向石油公司施加压力，以谋取优惠待遇：英国限制北海石油的出口；日本通过本国的公司，协商达成一项原油购买计划；而为了购买需求日益增大的供热油，美国政府实际上一直在为其提供补贴。颇具讽刺意味的是，在提议各国协同解决油价问题的诸多方案中，最具创造性和应用潜力的建议恰恰是由法国这一非国际能源机构成员的石油进口大国提出的。法国提议订立进口石油最高前沿价格。但是由于对该建议能否得以实行存在着普遍的疑虑，加之美国、联邦德国(在 1974 年夏天时)自信能够支付高价，走出困境(即“让市场自行运作”)，而最终归于失败(Badger and Belgrave, 1982, p.14)。

商业投机加上人们的恐慌心理，致使油价即使在供给充足的情况下仍居高不下。1979 年第二季度的产量已与 1978 年第四季度持平，而 1979 年全年平均每天增产 200 万桶(上升约 10%)，而同期消费量却基本并未增加。引人注目的是，总体而论，1979 年全年原油生产其实是供大于求的(IEA, 1980, p.12)，然而却造成了油价上涨一倍的后果。为此，无怪乎一些冷静的评论家认为 1979 年是“经济合作与发展组织国家自己给自己造成了经济历史上最严重的灾难之一”(Badger and Belgreve, 1982, p.95)。

危机期间，国际能源机构试图向各国提供石油市场，尤其是现货市场的信息。但是收效甚微。这部分是由于市场变化速度之快令人眼花缭乱，难以预料；部分是由于各大公司与各国仍然为原油供应争斗不止。1979 年 3 月，国际能源机构试图实行需求限制政策，每天减少 200 万桶的需求量，以求能够部分解决这一集体行动的关键难题。但是与以往一样，这一决议只是提出了一个笼统的集团目标，而没有对各个成员国提出具体的要求。因此，如一位代表所言，对各国政府：“这只是一项政治的而非法律的义务。”由于没有规定真实义务，它也就无法向任一国家保证其伙伴国会削减原油需求，也无法鼓励哪个国家为博得忠实履行义务的美名而减少需求。因此，它既未改变集体行动困境的结构，也没有改变各国政府因公众拒绝作出牺牲,而致使"背叛"政策风行的局面。至 1979 年底,已可明显地看出这一决议并未产生什么特殊效果。国际能源机构各国石油进口总额甚至比 1978 年还上升了 1%,这反映出大多数国家的进口都有所增加,至第四季度消费量终于有所下降,但更多的是由于石油价格翻番,而非政府限制措施的功劳。[7]

1979 年危机期间,国际能源机构最引人注目之处不在于它做了什么,而在于它没有做什么。苦心经营的紧急共享体系从来未被付诸实施。秘书处没有提出任何调查结果,也没有进行投票,不管精心制订的危机管理规则名义上多么重要,该机构既没有推动规则的执行,也没有以之指导政府和公司行为,相反却试图通过非正式的协调来处理危机。这一事件对本书主旨的重要意义使我们有理由对其进行详细的探讨。

国际能源规划规定任何国际能源机构成员国一旦出现 7%以上的原油匮乏,即可要求秘书处启动紧急共享体系,以便国际能源机构能够对产油国的选择性禁运作出回应。例如 1973—1974 年间,欧佩克中的阿拉伯国家对美国和荷兰实施的禁运,但是由于"供应匮乏"的内涵界定不清,未必就能在国际能源机构成员国间实现公平分担责任的目的。比如,一国实行严格的价格控制政策,将会刺激国内消费,致使销售者退避三舍,由此也会导致出现供应不足的现象。但这实际上是咎由自取。以国际能源机构中主导国家及秘书处市场经济导向的眼光看来,对这种情况不应适用紧急程序,但在国际能源规划中却并无对价格控制加以限制的条款。

1979 年冬,问题终于出现了。8 月份,一直实行价格控制的瑞典诉称其第一季度石油供给缺口达 17%。秘书处却认为由于季节差异,在冬季出现名义上的匮乏实属正常。因为北欧海港冬季封冻,因此各国均在夏季储备大量原油,而在冬季则减少进口。1979 年 2 月至 5 月间,秘书处与瑞典政府磋商,修正依其供给模式计算得出的结果,以避免因其提出正式要求而启动应急系统。

但是,瑞典在就季节因素进行调整之后,第一季度缺口仍达 9.8%,为此瑞典于 1979 年 5 月再次要求实施该系统。4 天后,管理委员会拒绝了这一要求,但同时责成"秘书处对瑞典的情况进行更深入的调查,并按国际能源规划协议第19条第6款的规定,与石油公司磋商,并征求其意见,以寻找合适的解决方法”[8]。秘书处的意见认为剔除12%因季节因素造成的供给缺口,瑞典实际匮乏为7.7%。从严格的统计数据来衡量,的确应该启动应急系统。但是对形势“定性的”判断,则鉴于情况正在好转,而没有启动该系统。国际能源机构开始与各大石油公司举行非正式会谈。无疑,秘书处进行了艰苦的谈判,一方面劝说瑞典适当放宽价格控制,同时游说各石油公司在价格上作出一定妥协让步。同年夏季,这一问题终于得以圆满解决。

事后,秘书处决议认为:国际能源机构管理委员会有权启动共享体系。但是从秘书处的角度看,这将是一场巨大的赌博。人们的第一反应将是陷入恐慌并大量囤积原油,从而使局势进一步恶化。由于对价格与成本缺乏足够明确的规则约束,达成价格协议以约束现货市场将十分困难。当总体缺额低于7%,从而使再分配系统投入运转时,一些国家也许将无权参与其中,同时也可能诱使产油国采取反措施。为应付供给出现大规模中断的情况,国际能源机构建立了应急系统,一旦该系统运转不力,将使人们对它丧失信心,甚至进而威胁到国际能源机构本身的存在。显然,更为保险的方法就是避免实施这些规则。

这一决议得到了各大国的一致认可。在1979年余下的时间,国际能源机构的运作主要是通过与石油公司和各国政府进行非正式的磋商,劝说原油拥有者作出非正式调整等方式来运作,而从未正式、严格地执行有选择或普遍的共享安排。经验表明,当总体缺口低于7%时,共享体系被正式启动的可能性微乎其微,而被视为更加谨慎稳妥的非正式手段则得到了采用。为此,当严格恪守规则条文将会威胁到国际能源机构自身的存在,或者会损害人们对其行动效率和判断的敏锐性的信心时,国际能源机构从不强求其自身及成员国恪守规则,促进协议的达成才是机制管理者隐而不宣的本意,而国际能源机构的规则则是用来使其意图合法化的一种象征。如上所述,这种非正式行动只不过使1979年危机的后果略强于1973—1974年危机。一次规模很小,且很短暂的供应短缺,其引发的连锁反应却使现货市场油价直线飞升。欧佩克并非一个强有力的卡特尔,相反它的价位却滞后于现货市场的价格,随之对现货市场的价格亦步亦趋。石油消费国未能通过政策协调,克服集体行动的两难困境,是导致1979年油价飙升一倍的决定性原因。

1981年的小型危机

1979年危机过后,国际能源机构开始"筹划下一次战斗",在东京会议上,美国提议各国订立石油进口指标,以限制石油需求。1979年12月,国际能源机构正式确定1980年的指标。储备问题也是东京会议关注的一个议题。在出现供给匮乏的情况下,石油储备不仅会使现货市场油价上扬,还将提高远期合同中的石油价位。年底,各成员国达成共识,责成国际能源机构应对各行其是的私人储备行为加以干预。

诚如所见,对原油最终需求的过剩,以及储备问题都是集体行动导致的难题。理性的行为者为保护自身的利益,行动彼此冲突,毫无协同可言,导致事态变得对所有行为者都更为不利。但是对于这两个问题,国际能源机构采取了不同的应对方法,针对需求过剩,国际能源机构采用了以规则为导向的解决方案。各国均须公开承诺,遵守具体的石油进口指标;一旦违反将对其声誉造成重大损害,从而使各国都能谨遵承诺。这是一种分散而非集中式的实施模型。其中由国际能源机构协助进行谈判,以确定各国的原初指标,并监督其实施。而针对储备问题,则完全依靠非正式的安排,秘书处主要通过临时性、非正式的外交斡旋来行动,并无任何正式的硬性规定。

为了石油进口定量的实施,国际能源机构秘书处和管理委员会付出了巨大的努力。但是甚至到了1979年12月,这些定量指标最终形成时,官员们认为其太高而无法对进口形成有效的限制。对于旨在提供一个"安全界限"的指标的谈判,多数国家的政府持谨慎态度。两位认真的观察家认为国际能源机构将进口指标限定在一个"在任何情况下都不可能达到的水平上,到头来永远都不可能接近这一水平"(Badger and Belgrave, 1982, p.114)。这一点对于美国来说是完全正确的,美国在1980

年的实际石油进口低于定量指标的23%,对于8个同属国际能源机构的欧共体国家来说,它们的进口比定量指标低11%。但对于日本情况就不同了,它目前低于定量指标的4%,秘书处认为最迟在1981年初,就会超出定量指标。[9]对石油需求的限制与其说是由于进口指标的限定,不如说是因为1979年突发的石油价格上涨。

国际能源机构管理委员会在美国的推动下继续讨论定量指标问题。1979年12月管理委员会同意按季度监视每个国家的进口政策。1980年春,秘书处试图不通过政治程序,而就决定定量指标的一系列客观标准达成协议,但这个提议受到除美国外所有重要成员国的一致反对。最终一致认为秘书处有权对国际能源机构国家期望的石油进口要求进行评估,但除非或直到得到各国的核准,这不能看作是最高限额。尽管受到美国的压力,1981年和1982年没有任何一个国家采纳定标。到1980年底,国际能源机构长期战略的重点从给每个国家确定定标转移到每年评测各国的计划,鼓励其结构调整。当里根政府声明他并不在乎各个国家所定的目标时,秘书处的一些成员以及几个国家的有关官员们才长长地松了口气。

实施定量指标的命运有力地说明了在缺少有效霸权的情况下,在世界政治格局中构建和应用规则的困难之大,尽管这些规则具有重大意义。美国打算起到领导作用,但却发现自己在这个问题上孤立无援。采用定量指标的惟一的意义也只不过是象征性的,因为那样高的目标在实际的操作中,是没有实际意义的。

但是如果我们从政治的角度,而不是单单从遵守规则的角度出发就会发现实施定量指标并不是完全无意义的。定量指标在政治上是有意义的,因为它在美国政府中引起了人们对能源问题的重视,为那些支持能源保护和进口石油限制措施的人们提供了政治武器,它也为美国和其他国际能源机构成员国的官员们建立保护能源的联盟提供了帮助。不仅如此,进口定量指标为能源保护形成了一系列非常清晰的国际责任。它也帮助了沙特,该国长期以来公开向石油进口国家呼吁要求限制其需求。这些定量指标实际上构成了象征性的政治意义;但在这种环境下,象征性政治意义作为促进合作的一种方式,显得尤为重要。[10]

对实施进口定量指标的这一辩护是非常有说服力的。然而，就我们的目的而言，非常有趣的是：各国从规则中获利，同通过强加和实施这些规则从而借助国际组织限制政府自主权二者毫不相关。在政治上，实施定量指标的主要意义并不在于它对各国的石油进口形成限制，而是在于创造了一种环境，在其中政府间和国际间合作才得以发生。

在1980年批准进口定量指标的同一次会议上，在秘书处的推动下，通过了一项提议，试图在国际能源机构各成员国以及政府和石油公司之间建立起一种储备政策咨询系统，对90天紧急储备水平加以评估，并且为建立有效、有弹性的储备政策提出动议（IEA/Press, 1979, No. 28, p.5）。这项决议引发了未来9个月中相当激烈的讨论。1980年冬，秘书处的成员提出了多项动议，要求建立制度和制定规则。一些文章甚至提议由国际能源机构来直接管理国际缓冲石油储备，而不是只交由各国自行管理。

各成员国，尤其是那些秘书处的高级官员，对这些雄心勃勃的提议是持否定态度的。成员国政府担心对市场过多的政府干预以及国际能源机构秘书处权力的过度膨胀。管理委员会并没有批准这些提议，而是在1980年5月达成一项非正式的安排，提出了一个"最低选择"的动议，包括发展一个信息系统以及在几个石油需求大国之间就石油储备问题制定定期进行讨论的时间表，但并未对各国石油储备使用严格的管理标准，更未就国际能源机构控制的石油储备作出规定。这项政策的核心是个复杂的、非正式的体系，在这个框架中，各国政府、秘书处和石油公司可以彼此协商，以协调国际能源机构和各国政府在石油工业上的政策。尽管目前对石油需求的增长减缓，但秘书处试图鼓励公司保持较高的石油储备；其目的是鼓励一种反周期的储备政策——在市场疲软的时候，进行储备；而在市场需求强劲的时候抛售——而不是像在1978—1979年那样，当时的做法正好与此背道而驰。管理委员会并没有明确声明支持较高的石油储备，但它却肯定了秘书处在促进磋商方面付出的努力。

这样，尽管政治活动的模式不同，国际能源机构在三个重要领域的活动——紧急共享体系，需求控制，储备政策——表现出了极大的相似性。在任何一种情况下，国际能源机构均提出了规则取向的解决方案。正如我们所了解到的,国际能源机构预先制定好规则,并于1979年匆匆忙忙地拼凑在一起,以期通过制定进口指标达到限制需求的目的。只有在储备问题上,那些受规则束缚的提议总是遭到拒绝。但三个领域的最终结果的确颇为相似:即这些规则从未能得到严格的实施。当这些规则被采用时,它们要么缺乏活力,要么对各国政府起不到严格的限制作用。秘书处的主要精力都集中于象征性地应用规则,实现非正式的协调,而不是强行实施这些规则。

1980年9月,伊朗和伊拉克之间发生敌对冲突。到10月底,两国之间爆发全面战争。战前两国每天出口400万桶原油,到12月原油出口中断,造成该年第四季度非共产主义国家每天的原油产量减少了240万桶。1979年第一季度的原油减产曾使油价飞涨,但此次造成的减产比1979年还要严重。然而,尽管在1980年秋,现货市场原油价格急剧上涨,从战前的每桶31美元上涨到12月上旬的每桶40美元,但到年底又降到每桶35.50美元,然后继续一路下跌。到1981年7月,原油价格仅比战前高出5个百分点,而且这一价格水平继续保持了下去(Badger and Belgrave, 1982, pp.118—125)。

1979年和1980年的情况显著不同,对此应当如何解释呢?1980年市场的相对平稳,部分是由当时的市场情况所决定的。较高的储备、需求普遍疲软以及沙特同意增加产量三个因素起到了重要作用。但情况并非如此简单。在1980年国际能源机构也发挥了作用,它从几个方面帮助避免了一场由集体行动的困境而引发的灾难。

本书的读者可以预见到国际能源机构进行危机管理的方式:加强政府和公司间的合作,并通过提供可靠的信息降低了不确定性。在1978年和1979年的前半年,由于国际能源机构的报告系统无法正常工作,市场中的不确定性普遍存在。但到了1980年,“大量的学习过程已经完成,官员们对情况已有所了解;国际能源机构和经济合作与发展组织的机制得到了检验和改进;石油界也逐渐习惯了无法预知的供应形式”(Badger and Belgrave, 1982, pp.130)。不但如此,政治领袖们也意识到尽管他们的国家非常富有,但价格问题仍然不可等闲视之:“即使是德国政府中自由市场主义的信徒也担心价格继续上涨所带来的后果,这是1979年经济危机中最严重的问题，为此他们准备冒政治风险以避免类似的价格上涨。”(Badger and Belgrave, 1982, pp. 136)

国际能源机构在两伊战争前所作的计划中，有关石油储备的咨询最为重要。尽管管理委员会关于储备政策的决议非常模糊，但早先对于这个问题的讨论使其更易于对这场新危机迅速作出反应。或许可以说，没有采取严格的规则，对于秘书处进行灵活的谈判而言反倒成了一种优势。不管怎样，1980 年 10 月，各成员国对一系列行动达成了一致意见。它们规劝国有和私人市场参与者们不要在现货市场进行“非正常购买”；它们同石油公司协商鼓励其减少储备；并通过内部协商，以确保这些措施公正和持续地进行下去。特别是它们同意“使用政治影响力”以说服市场参与者听从国际能源机构的意见。这次依旧没有制定具体的规则，所强调的仍然是由秘书处和各国政府进行非正式的说服工作。

在接下来的 3 个月里，国际能源机构监视着局势并且沿着两条不同但又相互补充的路线采取行动。其一是同公司进行磋商，并再次作出公开声明。同时，为了解决某个国家或公司的供应问题，国际能源机构也作了广泛的努力，这类问题总是围绕着价格展开。秘书处总是试图避免制定严格的价格规则，而不遗余力地强调非正式谈判和自主裁决的重要性。按照秘书处的看法，制定严格的价格规则将会破坏石油公司同国际能源机构的主动合作。[11]

尽管现在我们无法确定由于国际能源机构的努力，1980 年的危机与以往的危机有多大的差异。但有一点是非常明确的，那就是，它在朝着正确的方向发展。1980 年第四季度所动用的石油储备是正常情况下的两倍。国际能源机构并没有试图控制石油市场，也没有说服石油公司去作损害自己利益的事，而是向它们说明现在抛售石油，而非囤积居奇，对它们更为有利。这就得让市场参与者们相信石油价格将来不会急剧上涨，反而可能会下跌。为此，国际能源机构不得不编造出一个自我实现的预言，以使原油价格在未来不但不会上涨而且会下跌。最终结果表明，国际能源机构、各国政府和石油界故作镇定的态度对于避免油价飞涨所作的贡献不亚于其他任何一项举措(Badger and Belgrave, 1982, pp. 136)。

结 论

在“后霸权”的世界格局中,无法通过建构中央集权式的国际组织,以使国际机制的规则得到可靠实施。如果我们将国际机制以及国际组织视为一种等级体系或准政府,那么其效率必将十分低下软弱。国际机制作用的发挥并不仅仅取决于它们的法定权力,还取决于其内部所形成的非正式协商的模式。规则作为使合作合法化的象征,或是用来指导合作都是非常重要的。但是合作需要独立的行为者不断地调整相互间的政策,这是无法靠等级制权威来强制实施的。

国际能源机构给我们提供了一个很说明问题的例子。尽管相对来说,作为一个国际组织,它拥有正式的权力,也形成了一些精巧细致的规则,但如果这些规则限制了国家或某些强大的跨国行为者,如国际石油公司的自主权,它便很少会实施这些规则。当它不得已而为之时,规则的制定和服从也只是象征性的,比如制定原油出口指标。国际能源机构的主要作用(尽管受到一定的限制),就在于它能够协调各国之间以及政府和石油公司之间的关系,进而达成协议,它通过提供信息和组织有效的联盟降低了合作所需要的成本,但它几乎从未制定或强制实施一些要求各国政府必须遵守的规则。

对于国际制度的这种看法同人们对其普遍认同的看法形成了强烈反差。按照人们的普遍看法,国际组织应当被看作为一个等级体系——即一个虽然受到一定限制,但却试图执行政府功能的准政府,应当能够履行政府权力,只不过方式有所限制罢了。有些人认为它应当是限制各国政府自主权的一个工具。甚至连现实主义者也认同这种看法,他们声称在“国际结构中存在着等级制的因素”,它可以“限制主权的行使”(Waltz, 1979, pp.115—116)。在制度主义学派传统中,一些学者也怀有相似的观念,将国际制度誉为具有良好秩序的新世界的统治力量;战后的国际主义者则梦想建立一些能够将各国政府统一在一个集体意志之下的超国家组织。

即使是最为制度化的国际机制，也不会对其最重要的成员采用中央集权式的措施以执行其规则。布雷顿森林体系下的国际货币基金组织和关税及贸易总协定都详尽制定了国家行为规则，并以制裁条款作为后盾。但即使在关税及贸易总协定的早期，执行这些规则的权力也是相当分散的，它主要靠的是非正式制裁措施，譬如名誉，其次才是靠成员国对违规国家进行报复。国际货币基金组织只能对一些小国实施其规则，而对美国则只好听之任之。最终，其规则的实施只能依靠成员国，尤其是美国的服从才得以实现。只要民族国家仍然是国际政治中的基本现象而不是过时的现象，那么希望通过国际组织，运用集权方式以使规则得以实现就只能是一个空想(Hoffmann, 1966)。

现实主义者抓住国际组织和机制在规则实施方面所表现出来的不足，强调只有在更大体系中的无政府状态的有力制约下，这些假设的等级制体系才能发挥作用(Waltz, 1979, pp. 115—116)。每当此时，现实主义者总难以掩饰其内心的喜悦，并以此证明制度在涉及世界政治关键问题时是无能为力的，因为这正好成为现实主义者的一个很好机会，可以用来证明这些国际制度对于世界政治大事是无关紧要的。但恰恰相反，这只是反映出了人们对国际制度这一概念认识上的肤浅。实际上，对这个概念作“无政府状态”和“等级制”的二分法本身就是误导的。持这一观点的人忽视了世界政治中非等级制的协调，误把国际制度和机制当成软弱的按等级原则构成的政府。正如本书所强调的那样，机制的重要性在于促进政府间协议的达成，而非集权式的强制实施者。

但即使主权原则使得无法建立凌驾于国家之上的等级体系，在国际政治中，规则还是起到了一些作用。正如我们在第五章和第六章所阐明的，理性的“行为者”希望遵守游戏规则，特别是当未来能否得到别人的合作将取决于其现时表现的时候。这些动机可能来自于议题领域内部的行为模式，这些行为模式使得“行为者”对违反规则现象作出反应，譬如关税及贸易总协定中的报复条款；或者是因为担心违规行为可能会引起其他议题领域更为严重的混乱，或是损害自己的名誉。即使国际机制的规则无法通过集权式强制实施，它们仍可被各国当成“行为规范”或“指导原则”。在这样的政治机制中,国际组织的行动就具有了重大意义。如果一个国际组织能够建立一个规则体系,它就能为各国提供动力,使它们即使不担心报复,也会意识到名誉的重要性,这样在他们处理相关事务的时候,方式就会有所不同。

在一段时期内,关税及贸易总协定的贸易机制和布雷顿森林体系的货币机制就曾起过这样的作用。在第七章中,鉴于政府受到有限理性的约束,我们强调了这些机制中规则的价值。总的来说,达成了国际组织的一个典范:强有力的政治机制总是拥有明确的规则,能有效地促使其成员服从。但是对国际能源机构的分析使我们多少修正了这一结论,因为它的规则常被搁置一旁,而人们更多地采用了非正式的手段协调政策。在国际能源机构的机制中,规则不过是象征而已。消费国的能源机制包括指导国家行为的指令——规则和原则,但是其更具体的指令(那些“规则”)却极少得到实施。实际发生的情况是:机制中的那些不很具体的指令(即“原则”)被用来指导或使相互间政策调整的尝试合法化,而这种调整则要求有该国际组织秘书处的积极参与。

最后,让我们重新将后霸权国际机制的有效性与存在于石油领域的霸权作一比较。简要地回顾第八章中所描述的 1956—1957 年石油危机,可以得到一个发人深思的比照。对这次危机的反应实际上构成了霸权合作的一个缩影。美国通过重新设置油轮航线和增加国内的石油生产,妥善地处理了石油消费国对关闭苏伊士运河的反应。尽管它对经济合作与发展组织所做的不过是点头放行而已,也并没有通过什么正式的国际机制来采取行动,但美国所采取的措施却极为有效。只有在英、法追随美国的中东政策,被迫从埃及撤军之后,美国才向欧洲提供石油,避免了迫在眉睫的经济和政治危机。

如果说 1956—1957 年石油危机反映了霸权对于合作的重要性的话,那么 1980 年事件则表明国际机制以及与之相关的国际组织的潜在价值。

在那次危机中,尽管通过国际能源机构进行的政策协调不及在 1956—1957 年的霸权合作那么精致、有效,但国际能源机构仍然发挥了重要的作用。不但如此,它还得到了许多不同寻常的有利条件的帮助。正如 1980 年事件所表明的那样,合作不但最有可能产生于共同利益的存在，而且在存在有代表这些利益、能够促进合作的国际制度的时候，也会形成合作。但是要想取得成功，这些机制不但需要具有潜在的共同利益模式，还需要一个充分有利的环境：通过使交易成本最小化，减少不确定性，为政府的行动提供粗略的概测规则；国际制度的确作出了重大的贡献，使事态发生了根本的变化。国际机制不能像强有力的霸权那样创造秩序，但国际机制却可以促进对成功的自我实现的预期，从而远离恐慌和失败。

霸权和国际机制同样可以促成合作，但两者都不是必要条件：在1956—1957年，没有国际机制同样形成了合作；在1980年，没有霸权也同样产生了合作；两者也都不是充分条件：两次世界大战之间，美国的统治地位并没有自动地产生合作；而国际能源机构尽管制定了广泛的规则，在名义上拥有一定的权力，也并没有避免1979年的纷争。但是正如1973—1974年的石油危机所显示，如果既没有霸权领导，也不存在国际机制，合作的前景将更为黯淡，集体行动的困境将更为严峻。因此，在霸权之后的世界格局中，各国政府坚持要建立一个有效的国际机制便不足为奇了。

注 释

1. 我对国际能源机构的研究始于1977年；1981年开始第二阶段研究。1981年以后，原油供应开始供大于求，这是造成国际能源机构的活动不再那么突出的部分原因。因此1981年后的资料信息主要来自公开的文件，或第二手资料，对1981年发生的事件不具有解释力。

2. 我这里的模型采用了亚历山大·乔治提出的“结构性、集中的比较”概念，即对许多个案提出一系列共同的问题。但是本书中的问题都源自于同一理论——机制的功能理论——主要通过运用演绎法得出。关于“结构性、集中的比较”的详细论述可见 George，1979；其方法论研究可见 George and Smoke，1974。但是必须注意：关于机制运转的分析，只有国际能源机构一个个案；而对有效性的分析，则以三个个案作为分析单位，即1973年至1974年，1979年和1980年三次石油危机。

3. 此处对于国际能源机构在1977年至1978年间情况的介绍取材于国际能源机构档案中的研究记录，以及与国际能源机构秘书处官员1977年11月在巴黎的访谈，以及笔者1978年的报告，以下各段中有些表述就直接引自笔者1978年的报告。

4. 在1979年石油危机及1980年至1982年世界经济衰退之后，这类预测值显得过高。1981年，欧佩克产量由1977年高峰时期的每天3 140万桶降至每天

2 250万桶,降幅高达 30%,其原因则在于市场需求减少,而非供给不足。

5. 此处关于 1979 年和 1980 年危机的数据及解释主要取材于 Badger and Belgraves, 1982, p.31。这篇报告的作者之一为国际能源机构官员,另一位则与各大石油公司和英国政府联系密切。他们的解释与我 1981 年 5 月访问国际能源机构时所获得的信息相吻合。其他详情,可见 Deese and Nye, 1981,以及 Foreign Policy Research Institute, 1980 年。

6. 本句及以下本章中许多材料主要来自于 Keohane, 1982d,有些纯系原文转录。

7. 关于 1979 年的最后数据见 IEA, 1982a,表 6,p.21。我曾将这些数据与另一表中的 1978 年数据进行比较,后者可见 IEA, 1980,关于 1979 年第四季度消费量下降的简要情况可见 OECD Observer, July 1980, No.105。

8. 此处引文及本章其他未标引号的引用资料取自国际能源机构内部文件。我曾获准参阅国际能源机构文件,条件是不得引用某些特殊材料,而且我著作中所引用的材料在采用之前必须先交国际能源机构审查,但国际能源机构官员无权对我的解释和论证进行评论和表示反对。同样获得这一条件的还有加利福尼亚大学圣迭哥分校的考威(Peter Cowhey)教授,或许还有其他学者。关于 1977 年和 1981 年的详细情况论述请见 Keohane, 1978, p.933。

9. 此处指标值见 IEA, 1979,表 2,p.14。1980 年实际进口额见 IEA, 1981,表 6,p.21。普南和贝恩(Putnam and Bayne, 1984)讨论了 1979 年 6 月 28 日至 29 日间召开的东京会议,并指出相对于其进口水平,日本的指标要低于美国和欧共体。

10. 在此我应向前助理国务卿理查德·库珀先生表示感谢,本段中许多观点都得益于他的指导。

11. 针对是否采取更为强有力的措施干预股票与现货市场,1980 年秋曾引发了一场平静的讨论。一旦情势进一步恶化,这些措施很有可能会被付诸实施。但鉴于国际能源机构以往的行动风格,这也只可能是作为孤注一掷的最后手段。例如,尽管秘书处竭力帮助土耳其(该国于当年年底原油出现严重短缺)而未果,紧急共享体系仍然未被启动。关于此处细节,请见 Badger and Belgrave, 1982, p.121,以及 Keohane, 1982d, pp.477—478。

第四部分

结　　论

第十一章
制度的价值与多变的代价

本书结论部分仍有三项任务有待解决。首先，我将国际机制理论和霸权之后的合作问题联系起来，结合我们在第一章讨论过的制度主义者与现实主义者之间的争论，再次阐述我的主要观点，即本书对于理解未来的国际合作前景以及世界政治理论具有什么样的意义。其次，我将回到第一章曾介绍过的有关合作与道德的问题，但这个问题在那里没有进行深入的分析。最后，我将说明，虽然我就国际机制的分析是高度理论性和系统性的，但它对于我们思考外交政策问题同样具有意义。实际上，在接受传统的认为外交政策的制定者们应该致力于保持政策的可变性以及选择的最大化这样的观点上，我们应该持谨慎的态度。那种旨在“保留选择性”的外交政策可能包含大量隐藏的代价。

相互依赖、制度以及机制

世界政治经济中的相互依赖产生着冲突。人们的利益可能因为国外发生的不可预料的变化而受到损害，比如由于石油生产商的行为而造成的石油提价，或者是由于银行的要求而产生的货币升值，在这种情况下，他们往往要求政府给予帮助和支持。产业工人在面临因为国外低廉产品的竞争而带来的失业压力时，他们毫无疑问也会这样去做。政府必然会努力将这些调整的代价转嫁到其他国家,或至少避免由它们自己来承担。这种战略自然在国家之间导致政策的相互矛盾并进而引起纷争。

要限制纷争并避免激烈的冲突,政府间的政策必须作出相互的调整。也就是说,合作是必要的。实现这种相互政策调整的一条途径是通过一个霸权国的行动,或者是通过一些特别的措施,或者是建立和维持国际机制,从而在有利于自身利益的同时,也能与其他国家的利益保持充分的协调。正如我们在第八章所看到的,美国在二战后的 15 或 20 年中扮演的就是这样一个角色:霸权合作是此时的一个现实。第九章和第十章表明美国仍然是世界政治经济中最重要的国家,而且它仍旧是国际机制中的关键参与者。的确,美国的介入对于成功地培育国际合作常常是必要的。

不过,第九章也说明,自从 60 年代中期之后,美国将大量资源用于维持国际经济机制的能力和意愿都减弱了。正如前面所阐述的,美国已不可能重新获得它在 50 年代的主导地位,同样,再设想哪一个国家会在一场大规模战争之后取得像美国战后那样的特殊地位,也是不现实的,因为核时代的战争完全不同于过去的战争,而且与之相比更具有毁灭性。所以,也许假定在我们有生之年不会再有霸权的复兴是妥当的。因此,如果我们要展开合作的话,就将肯定是没有霸权的合作。

无霸权的合作是困难的,因为它的实现必须在更多地靠自我利益驱动而非对共同善意的关心的各个独立国家之间进行。本书并不否认合作的这种困难性,我也并不想预测会出现一个能够顺利进行相互政策调整的新时代。但是,虽然纷争持续不断,世界政治并非就是战争。国家的确存在互补的利益,这就使得某种形式的合作具有潜在的利益。当霸权衰落时,对国际机制的需求甚至会上升,正如 50 年代缺乏一个正式的政府间石油机制,而在 1974 年就建立起相应的石油制度所显示的。此外,美国霸权的遗产是以大量国际机制的形式继承下来的,这些机制为合作创造了更有利的制度环境,而如果没有这些机制,合作就会非常困难;同时,维持机制比创建新的机制更容易。这些机制之所以重要并非因为它们构成了一种集中化的准政府机构,而是因为它们能在政府间促进协议的达成,并能分散执行协议。机制的原则通过降低交易成本,增强了合作的可能性。它们为有序的多边协调以及合法的或不合法的国家行为创造条件，并在机制中的不同议题以及不同的机制间建立联系。它们提高了信息的对称性，并改善政府所接受信息的质量。通过长时期的将相同论坛中的所有事务集中起来，机制帮助政府之间保持经常性接触，从而减少产生欺诈的动机，提高了声誉的价值。通过建立国家遵循的合法行为标准，以及提供进行监督的手段，机制也为建立在互惠原则基础上的分散化实施行为打下基础。当代国际政治经济的国际机制网络是通过美国霸权建立的，这为构筑霸权后的合作模式提供了一个有价值的基础，并为有志于通过多边行动实现目标的政策制定者们所利用。

促进合作的机制的重要性，支持了曾在第一章讨论过的制度主义者的观点，即国际制度有利于实现世界政治中的共同利益。但是，在这里我们对这一观点的论证基于现实主义的假设，而非基于"世界福利"或"全球利益"标题下的普世主义假设。我们认为，国家是利己主义者，是建立在它们自身利益观念基础上而行动的理性行为体。不过，即使在这些限制性的条件下，为了达到国家的目标，也需要建立制度。

现实主义为分析合作与纷争提供了良好的开端，因为它的批判性逻辑结构以及对个人和国家的悲观主义假定，不主张我们在考虑问题时仅仅从良好的主观愿望出发；此外，它为我们理解二战结束后世界政治经济的演变提供了极有价值的洞见。不过，这种理论还需要修正，因为它没有考虑到，国家对其利益的认识以及国家对自己目标的追寻，并不仅仅取决于国家利益和世界实力的分配，还取决于信息的数量、质量和分配。当信息的不确定性减少时，在高度不确定性条件下不可能达成的协议，往往会是切实可行的。与在信息欠缺的环境下相比，个人和政府在信息充分环境下的行为是不同的。在世界政治中，不但权力，而且信息也是一项重要的体系变量。即使在每一体系中基本国家利益和权力分配都是相同的，但是如果一种国际体系包含的制度能产生大量高质量的信息，并且关键的行为者能在合理平等的基础上利用这种制度，那么它就可能比没有包含这些制度的那种体系产生更多的合作。我们不应抛弃现实主义，因为它的许多见解是我们理解世界政治的根本(Keohane, 1983)，但对它的确需要作出修正，以反映提供信息的制度对国家行为所产生的重要影响。

因此，当我们考虑霸权之后的合作问题时，我们需要考虑到制度的因素。那些认为国际制度并不重要的理论，无助于我们理解国家在自身利益的推动下，是在何种条件下成功地实现合作的。在当代世界政治经济形势下尤其如此，因为当代世界有大量重要的国际机制，而这些机制是在美国霸权的基础上建立起来的，它们即使在美国霸权衰落后仍促进了合作。目前，我们似乎处于一个潜在的转变时期，即从二战后20年的霸权合作时代过渡到新的阶段，或者是一个充满纷争的时代，或者是一个霸权之后的合作时代。是合作还是纷争占优，基本取决于政府如何更好地利用已有的机制来建立新的协议，并确保相互之间遵守旧有的机制。

不过，明白制度——广义上以习惯与预期来界定，而非以有雄伟建筑的国际组织来界定——的重要性，并不会使我们滑入旧的思维习惯中。在“通过法律达到和平”或世界政府的词眼下来考虑制度，并没有多大的用处。推动合作的制度并非是要对各国政府指手画脚，确切地说，制度是帮助政府通过合作追寻它们自身的利益。机制提供信息，并降低交易成本，从而推动国家间协议的达成及其分散化实施。因此，以是否有效地集中起权威来对机制进行评价会产生误导的结果。我们也没有必要将推动合作的制度推而广之。实际上，既然机制依赖于共同利益，还依赖于使集体行动问题得以克服的具体条件，当数量较少而志趣相投的国家对制定和维护关键规则承担责任时，那么机制就会发挥最大的作用。最后，各种国际制度并不需要纳入到一个整体性的体系中。世界政治中的合作几乎经常是不完整的，并非所有的合作难题都可以从整体上将它们整合在一起。

世界政治中的制度建设是一项充满挫折与艰辛的工作。共同利益经常很难发现或维护。此外，集体行动会导致缺乏远见的行为，正如卢梭那个有名的故事所揭示的，猎人可能会单独去追捕兔子，而不是与其他猎人合作捕鹿（Rouseau, 1755/1950, p.238）。然而，制度还是值得构建的，因为它们的存在与否决定了政府是否能有效地为共同的目标而合作。甚至更重要的是，我们应该力图去维护那些持续存在的有价值的国际制度，因为维护这些制度的难度比建立新制度的难度要小得多，而如果没有这些制度，我们就必须付出巨大的代价去发明和建立相应的制度。包含丰富信息的制度能降低不确定性，从而在面对未来的危机时促成协议的达成。

由于制度在创立的时候并没有考虑到会在哪些问题上推动合作，国际机制具有超越其初始具体目标的潜在价值。因此，不能仅仅以在一段时间内如何有利于实现国家利益来评价某些制度；相反，对制度价值的充分评价，依赖于其在未来对那些难以确定问题的解决究竟能够作出多大的贡献。在对世界政治中未来不确定事件的估计中，我们应该意识到任何消极的事件——不管是暗杀、政变，还是拒不还债——都是可能的，而我们需要做的就是要确保这些事件不要发生。

信息和制度的重要性并不限于发达工业化国家间的政治经济关系中，虽然对这个问题的强调是本书论述的重心所在。在世界政治中，不论什么国家，只要彼此之间存在共同或互补的利益，而这些利益只能通过相互协议才能实现，那么这种情况就与本书阐述的理论相关。正如我们所看到的，这种关系中经常也有冲突性的因素，就如囚徒困境一样，大多数情形实际上都是将冲突的利益与互补的利益融合在一起的"混合型博弈"(Schelling, 1960/1980)。所以，在信任成为关键变量的超级大国之间，以及在监督和核查成为各方关注焦点的军控谈判中间建立信息充分的制度，与管理发达工业化国家间的政治经济关系具有同等重要的意义。当然，在涉及到安全问题时，制度建设可能会困难一些，但要在该领域实现合作，制度建设同样不可或缺。

合作的道德价值

本书第一章提到了合作和机制的道德评价问题。那么，我们讨论的合作模式的道德价值何在呢？根据一种可辩护的道德理论可以证明它们的合理性吗？要回答这个问题，需要我们对道德判断标准进行仔细的评估。

有两种对立的学说，其中任何一个都可以作为我们进行评估的基础。我们可以以"国家道德"为基础，或者从"普世主义"的观点出发。国家道德学说认为"国家而非个人是国际道德的主题"。该观点的主要特征是对国家自主权以及对缺乏普遍正义原则的强调:“国家间经济关系的结构和行为是不存在道德规则的。”(Beitz, 1979b, pp. 65—66; Walzer, 1977; Nye, 1983)相反,普世主义的观点否认国家边界所具有的深刻道德含义,认为:“将国家内部事务排除在外部道德审查之外是没有理由的,一些国家的成员对其他地方的人担负正义的义务是可能的。”(Beitz, 1979b, p. 182;也见 Beitz, 1979a)

根据国家道德论,国家间真正自愿的合作是很容易得到说明的。该学说立场的首要价值是强调国家的自主权。因为国际机制是在没有强制实施规则的情况下帮助国家通过合作追寻它们的利益的,所以国家道德论的拥护者就会获得有利于他们的一个强有力假定。惟一需要认真考虑的问题是,一项既定的机制的确是建立在自愿协议的基础上的,并且是通过自愿遵守来维持的。不过,正如我们在第五章关于霍布斯对“利维坦”的论述中看到的,我们很难将非自愿的政治行动与自愿的行动明确区分开来。如果我是在枪口下决定向强盗交出我的钱,或是向政府效忠,这能被认为是“自愿”吗?要用国家道德论来说明我们的问题,我们需要设立一个限制性的门槛,在此之上来确定哪些行动是自愿的或是自主的。一旦发现在一个既定的合作关系中限制的水平下降到这个门槛以下,我们就能认定合作在没有损害国家自主权的情况下促进了国家的目标。

我相信从整体上说,国家道德论的提倡者会认为本书讨论的国际机制在道德上是有理由的。的确,不同的国家在决定是否加入或留在机制中时面临着不同的限制,或是机会成本,所以完全的平等并不存在。但是,平等并非是国家道德论的所求,因为该学说是建立在对世界政治中广泛不平等的明确认识基础上的。无论如何,大多数国际机制对弱国的自主权的限制,比起其他政治上切实可行的选择方案来说似乎来得更少,因为后者往往是建立在实力基础而非普遍规则基础上的双边讨价还价的结果。国际货币基金组织可能是个例外,因为在它与债务国的交往中,它对这些国家的自主权制定了大量的约束。但是,一个顽固的国家道德论的提倡者甚至对这个批评也置之不理,因为他不承认富有的贷款者对贫穷的借款者负有首要的提供援助的义务。这种论者把贷款行为看作是基于借贷方自愿接受还款义务为条件的,也就是说,国际货币基金组织对贷款者自主权所施加的限制并不是道德上的一种错误,而仅仅是后者先前自愿行动的结果。

国家道德论的批评者,如查尔斯·贝茨,曾经指出,由于道德理论一般是将个人作为道德主体的,在国际关系分析中,要放弃该原则必须提出特别的理由。贝茨主张使用普世主义的概念,这个概念"与一个普遍共同体成员间的道德关系有关,在这样的共同体中,国家边界仅仅只有引申的含义"(Beitz, 1979b, p.182)。正如贝茨所表明的,支持此种论述的是那些将权利归属于"虚构的团体—个人"的人,而这是卡尔在试图为此论述提供理由时提出来的(Carr 1946/1962, p.149)。即使是那些认为国家道德论是合理的人也不得不承认:"个人的权利与国家的权利之间是有一种联系的,后者并非是无限制和无条件的。国家是人为的概念。"(Hoffman, 1981, p.39)也就是说,国家不能被认为是道德理论的独立主体;国家道德论的合理性最终还是要通过个人的权利或利益来说明。

虽然我非常赞同普世主义的观点,但在此处并不打算解决它们之间的争论。不过,重要的是要指出,我们越靠近这个观点,我们评价合作的标准就越高。如果不同社会的个人都对其他人负有义务,那么即使是一个对国家所有公民都有益而达成的自愿协议,都可能被认为是不道德的,如果这个协议破坏了世界上其他地区人民的利益的话。在我们接受普世道德的程度内,我们必须考察行动所造成的广泛后果,而不是狭隘地将注意力集中在合作行为所涉及国家的自主权问题上。

这样的一种普世道德既可由功利主义,也可由权利的概念来加以说明。从许多方面来说,普世的功利主义是吸引人的,因为达到世界范围内最大多数人的最大幸福,是与普世论的个人主义取向相一致的。但功利主义面临重要的哲学问题。一方面,它似乎太苛求,因为它意味着,即使一个并不比其他人更富有的人,也要对他人承担几乎是无限的道德义务(Singer, 1972)。这需要高度的利他主义精神。而它在解决跨文化的生活与社会习惯差异方面同样面临着困难。如果一个美国公民所获得的仅仅是按照一个印度农民生活标准的收入,比起那个农民来,他实际上就将失去更多的东西,因为这样他就几乎完全与美国文化与社会相隔绝,而那个印度农民则并不如此。不过,如果将文化标准纳入功利主义的比较中,就必须再次承认巨大的经济不平等问题。但在其他方面，功利主义显得并不是很严格，因为可以用它来说明这样一个观点的合理性：无辜的人为了“最大多数人的最大幸福”可以被牺牲掉。这从直觉上就是非正义的，而且它非常容易被滥用或是被人所操纵，因而稍作深思的人都会反对它（Rawls，1971；Taurek，1977；Sandel，1983）。

与功利主义相对的是一种权利理论。根据罗尔斯的观点，在作权利理论分析之前，先得询问如何在“无知之幕”背后评估某种社会的特性。也就是说，在并不知道我们在社会中具体地位的情况下，我们如何评估某些特定的制度或规则，以及这些制度和规则是怎样对我们产生影响的？罗尔斯的正义原则强调了自由与平等。他提出的“差别原则”（difference principle）对评估一项国际经济机制的道德问题具有特别重要的意义，该原则要求“社会和经济的不平等要被安排在一个合理的位置上，……从而使它们能为处于社会中最不利的群体带来最大的利益”（Rawls，1971；Beitz，1979b，p.151）。

贝茨（Beitz，1979b）却把这个推论扩展到国际关系分析中，尽管罗尔斯自己是不愿这么做的。一个贝茨的跟随者会问，在她不知道自己在其社会结构中的国籍或地位的时候，她是否还会赞成国际机制和这些机制所带来的合作？在“无知之幕背后”，当她在 6 次或 7 次机会中只有 1 次机会可以成为工业化发达国家的公民，她还会赞成这些制度以及这些制度所促成的政策协调行为吗？

要注意的是，这种基于权利的论述在实践中是依赖于对行动结果的评价的。就像功利主义一样，它强调的是行为者的行为而非动机，不管是不是良好的动机。无论是从实践的还是概念的理由上讲，这种强调都是合理的。要了解政治领导人的动机是不可能的，而且即使能够可靠地揭示这些动机，用我们对个人道德的价值判断来评价他们作为政治家的行动，也是不合理的（Hoffman，1981，pp.10—27）。能产生良好效果的合作是应该称赞的，即使我们并不称颂其创造者也罢；而导致坏结局的合作则应受批评，即使设计者的意图是良好的。国际关系学者不会称赞英国在 1938 年的慕尼黑所推行的绥靖政策，虽然张伯伦是真诚地渴望和平的；而他们也不会谴责尼克松与中国的接触，尽管这是尼克松基于自利考虑而采取的步骤。

由于无论是以权利为基础、以差别原则为准绳的结果论者的评价，还是着重于整体福利标准的功利主义论，都依赖于对结果的分析，那么，意图与结果之间的差异就很难明确地区分开来。这两个观点之间最主要的差别在于：功利主义者愿意承认，而以权利为导向的学者不愿意承认：处于社会不利地位的人在福利中的少量损失，是与那些处于社会有利地位的人同时获得更多的收益这样的事实并存的。不过，在实践中，这种区别可能是模糊的，因为功利主义者可以用边际效益递减的原则来证明，对一个穷人来说，金钱上的哪怕是一点小的所得，比起一个已经富有的人获得更多的收益，从效益而言，价值也大得多。因此，比起国家道德论和普世主义论之间的区别，权利取向理论和功利主义理论之间的区别所揭示的意义，对于我们评价国际机制来说要小一些。

不论是根据功利主义原则还是罗尔斯的差别原则，当在普世主义基础上作评估时，本书所讨论的国际机制是如何运作的呢？在寻找这个问题答案过程中，我将首先着重考察机制对发达工业化国家居民的影响，然后再评估机制在世界范围内的影响。

评估机制对富国人民的影响

不管是根据功利主义还是罗尔斯的差别原则，本书讨论的任何一种国际机制——即使仅仅考虑到其对发达工业化国家人民的影响——是否被认为是好的仍然是不明朗的。功利主义认为，通过这些机制将社会中的资源从富人那里转移到穷人那里，可以增进人类的整体福利。同样，差别原则的拥护者需要了解的是，这些机制是否真能最大限度地帮助发达工业化国家的穷人。对于国际货币基金组织来说，从银行获得更多的捐助，而从发达国家的纳税人那里取得更少的资助难道不是可能的吗？关税及贸易总协定难道就不能作出更大的努力为建立新的国际经济条件而减轻劳动者的人力成本吗？为什么国际能源机构就不能对国家政策施加压力来要求它们资助穷国的石油开销呢？

当然，这些道德缺陷并非专门针对国际机制而言，它们同时也反映了发达工业化国家政治和经济体系所固有的不平等性。它们也决不意味着如果摒弃这些机制然后从头再来，就能改善这些国家公民的状况。相反，更可能的是，当前国际经济机制虽然并不完善，而一旦它崩溃，将会减少整体的福利，同时也不会对这些社会中境况最差的成员带来好处。记住本章前面提出的论点，即像国际机制这样的国际制度可能会带来良好的却是未预料的结果，会加深我们对这一问题的认识。危机的出现会比合作性国际机制的建立更为突然。基于一种目标而建立的国际制度可能对另外的目标也很有帮助，国际货币基金组织的例子说明了这个道理，其创立时主要是解决汇率问题，但 1982 年到 1983 年时却主要依靠它来防止世界银行危机。一项国际机制的价值是不受其缔造者设想的目标所限的。

基于普世主义的观点考察国际机制对发达工业化国家民众的影响是复杂的。不管是基于罗尔斯的差别原则，还是从功利主义个人平等价值观的前提出发，机制的原则都是有缺陷的。但是，即使有这些缺陷，制度本身仍然发挥着有价值的促进合作的功能。此外，虽然这种合作是不完美的，它对于发达工业化国家中的个人福利以及整个世界政治经济的稳定仍有积极的效果。很难相信在这些机制消失而它们所依赖的不平等原则仍存在的情况下，这些国家的人民会过得更好。

不过，仍有这样一些值得警惕的问题。不同政治学说的作者都指出，自由国际机制增强了私人投资者与政府和社会中其他团体进行讨价还价的能力。在一个开放的世界经济中，资本的流动带来有利于资本主义政府的双重偏见。从经济上来说，资本倾向于流到那些被投资者视为“稳定岛”的地区，从而有利于保守派而不利于左派控制的经济体系；从政治上而言，资本流动同样有助于右派力量的加强，因为面向资本主义者的“出口”(exit)可能性，极有可能提高他们“发言权”(voice)的效能——也就是说，增加他们通过国内政治过程影响政策的能力(Hirschman, 1970)。[1]一旦一个开放的资本主义世界体系建立起来，如我们在第七章所见，它就可能有利于赞成资本主义的政府而不利于社会主义政府。当撒切尔或里根通过紧缩货币政策招致经济萧条时，英镑或美元升值，资本向英国或美国流动。这个结果对于一个寻求控制其货币供应或扩大其出口的国家来说不太有利，但它并未导致撒切尔或里根政府在民众中失去信心，而且，它扩大而不是减少了政府可掌握的资源。相反，当密特朗努力刺激需求并对工业实行国有化时，法国的实力下降了，它的外汇储备也处于危险之中，而且需要从国际货币基金组织或一些富国政府那里获得援助，政府的威望和它掌握的物质资源都下降了。

布洛克认为“经济的开放为反对工人阶级要求提高工资和进行经济和社会改革提供了一种手段”(1977, p.3)。所以，布洛克和其他社会主义者乐意将资本主义的内在冲突视为一种衰败甚至是崩溃的标志就并不令人惊奇了，而且他还悲观地将有效的合作看作是资本主义内在不适应性的征兆(Block, 1977; Mandel, 1974; Wallerstein, 1979)。保守主义者则是另一种观点，他们把对世界经济的约束视为对误入歧途政策的有益的解毒剂，而这些政策是基于政治压力或意识形态而出台的；但他们认为，发达工业化国家的左翼政府也受到世界资本主义体系的约束。根据《迈克克拉肯报告》，“那些以一种并不充分的增长率努力追求平等的国家”可能面临着“资本的逃逸和人才的外流”(OECD, 1977a, pp.136—137)。

将社会党政府描绘为由于世界资本主义而陷于僵化就过于简单了，因为这种论点未能考虑到在国内强有力制度的支持下，在民众广泛拥护和连贯一致的政策支持下，聪明的领导人所能采取的战略。奥地利经常被视为这种成功的一个例子(Katzenstein, 1984)。不过，这种论点为否定这样一种观点提供了可能性，即本书所讨论的国际机制基于普世主义而言在道德上是不是合理的。有人会争论说，民主社会主义比资本主义更可取，但它的实现由于自由国际经济机制的存在而受到阻碍。在这种情况下，有人可能想打垮这些机制，认为其终止会导致一个新的、良好的社会主义的出现。

但是，这种否定不但要假定社会主义会带来有益的结果，而且依赖于这样一个主张，即国际机制对于创建一个更好的社会是一个非常重要的障碍。要接受这一点很难。在现代资本主义的国内政治没有发生根本性转变的情况下，去破坏自由的合作型国际机制，结果可能会更糟而不是更好，因为，快速进步到相互关系和谐一致的平等主义社会中，更有可能出现的是政治上的排外主义和经济上的无效率。作为合作框架的国际机制的崩溃，不大可能意味着突然进入了一个更好的世界。

附带提一下贸易保护主义者对自由国际机制的批评。为了避免人们认为保护主义会导致纷争与冲突这样的不同意见，保护主义的支持者提到了第九章中的一个结论，即合作会服务于狭隘的目的。这样的话，一种合作的保护主义政策从语义上说就不是矛盾的。的确，70年代和80年代初期发达国家间实施的一些相互政策调整，如对自动出口限制的增加和接受，目的就是出于政治上的需要，保护民众免受调整带来的冲击。因此，不带自由主义色彩的合作努力，可能有利于那些受害于开放世界经济体系的人，而发达工业化国家内面临强有力外部竞争的工业劳动者也会因此而获利，因为他们中的许多人都从事相对低工资的工作，比如制鞋和纺织业。基于对他们福利的关心，有人试图为保护主义的合作模式提出一种道德上的理由。

虽然这种说辞具有一定的独创性，但即使我们仅仅考虑这种政策在发达国家推行所产生的效果，我们也很难为这种政策提供足够的辩护。不管保护主义是不是合作性的，它都将导致经济的无效率，因而也导致整体的经济损失。此外，保护主义所带来利益的分配总是有利于发达工业化国家中组织完善且政治上强大的集团。在这种情况下，实行保护主义政策所带来的大部分利益就会流向工业界，如美国的汽车和钢铁工业，其工人就会获得相对较高的工资。如果我们从世界范围内来考虑，就更难支持这种说法了，因为与对底特律和杜塞尔多夫实施保护而获得更多工作机会相对应的是，在墨西哥城和汉城，更多的穷人失去了工作。

评估机制在全球范围内的影响

我们就机制所做评估工作的最后一个领域是关于不发达国家的情况：如果我们在世界范围内，而不是仅仅在发达国家内考察国际机制的影响，我们如何在普世主义的基础上评估国际机制的影响呢？按照普世主义道德论的标准，当考虑到机制给贫穷国家带来的影响时，当前国际经济机制的原则在道德上的缺陷是显而易见的；这些原则经不起一种平等主义的功利论的检验，因为显然，从对贫穷国家进行资源再分配的人类福利角度讲，这样做的收益肯定大于其成本的（Russett, 1978）；它们也同样经不起差别原则的检验，因为对当前机制中的任何原则加以改变，都可能为贫穷和弱势群体带来更多的利益。关税及贸易总协定和国际货币基金组织的自由化原则，对发达工业化国家的帮助是否比不发达国家更大，这一点仍未定论，但毫无疑问的是，同时对这样两种机制作改变，以将更多的资源分配到贫穷国家和世界上那些因为开放经济而处于最不利地位的人中去，不论是基于功利主义还是罗尔斯的差别原则，这从道德上说都是可取的。如果国际货币基金组织将更多的注意力放在帮助债务国的穷人；如果关税及贸易总协定对发展中国家制成品的出口有更慷慨的态度——只要这样做能对就业和收入分配产生积极的效果；如果国际能源机构能制定和执行援助计划，来资助第三世界国家中处于生存边缘的人民对石油的利用，这些机制的道德境况肯定会有所提高。

所以，认为目前合作模式所赖以存在的原则对第三世界穷人的利益缺少足够的关怀，的确不是没有道理的。但是这样说并不意味着当前世界中没有足够的合作，而是指那些以富人利益为取向的合作在道德上是有疑问的。当前的货币、贸易以及石油机制促进发达工业化国家相互合作，为它们的利益服务；当然，它们的确也为穷国创造利益，但比起改变对大规模基本人权进行侵犯的基本状况而需要我们去做的工作来说，还显得太少，对人权的侵犯是在一些国家的人民由于饥饿而死亡，或是由于缺乏清洁的饮用水、足够的卫生保健以及合适的居所而经常处于悲惨的状况时发生的。富人与穷人——无论是国家内部还是国家之间的——更多的相互理解不仅仅是必要的，而且更慷慨地与贫穷国家的人民分享利益，不但是欧洲、日本以及北美地区，同样也是其他富裕国家人民的道德责任。

就像在上面关于发达工业化国家的论述一样，这种观点表明了国际机制赖以存在之原则的道德缺陷。不过，这并不意味着应该放弃或推翻目前的国际机制。国际货币基金组织、关税及贸易总协定或者国际能源机构运行所赖以存在的那些原则，反映了国际体系中最强大国家的利益和意识形态。但是，制度培育的合作本身也许会缓解这些原则中固有的非常严酷的不平等状况。信息的交流以及南方和北方精英之间的个人接触，一些组织的创立，如世界银行和一些旨在推动发展的联合国专门机构，可能多多少少地将北方的资源转移到南方，并限制发达工业化国家的自私和剥削倾向。因此,从结果论者的观点来说,目前的国际经济机制可能更优于政治上任何切实可行的选择,虽然它们所赖以存在的原则从道德上说是有缺陷的。但是,这种对现存国际经济机制合理性的认可是有条件的,它并不能解除发达工业化国家应该力图修正这些国际制度所含有的不公正原则的责任。[2]

从普世主义的道德标准来看,对现存国际机制的改进更可能是渐进的而非突发的,它建立在通过成功的合作所带来的相互了解基础上。这并不是要我们忽略自我利益,而是要我们对自我利益作重新定义,以使它少些短视的色彩,多一些移情性的含义。优势集团的移情倾向,在具有完善功能的国际制度中,比起接近于霍布斯的"人人为战"的国际自然状态更有可能得到发展。因此,通过修正目前的国际机制,而不是放弃并完全重新开始,更可能促进普世主义道德的理想。不考虑自我利益的现实,来制订道德上有价值的国际机制的抽象计划,无疑是空中楼阁。

外交政策和多变的代价

人们经常认为,外交政策的制定者们应该尽可能地保持行动的弹性,要"保留选择性"。乍看起来,这是一个不错的建议,因为世界政治事件的不可预测性需要我们谨慎从事,以便能面对新情况时改变政策。然而,政府时常会作出这种或那种承诺,出于某些原因,它们似乎不能遵循那些强调保持行动最大余地价值的人所提出的建议。

本书的论述有助于理解这种在传统外交政策分析的智慧与国家实践之间的不一致之处。世界政治中充满了不确定性,国际机制通过提供信息减少不确定性,但仅仅当政府在已知的规则和程序中行动,以及即使在背信弃义的压力下仍遵守承诺的范围内,国际机制才发挥这种作用。正如我们所看到的,只有当政府预计到它们需要与目前同它们订有协定的国家在未来也要达成协议时,它们才有执行那些已有协定的动机,即使这样做可能是痛苦的,它们也愿意去做。此外,有限理性理论使我们明白,即使不考虑各国政府对国际机制的服从因素，它们也并不能像纯粹的理性行为者那样保持一种高度的政策选择弹性，他们需要依据粗略的概测规则来引导其行动。

如果世界政治中存在大量的实力相等的小行为者，那么希望通过国际机制来减少不确定性的普遍要求，并不会导致这类制度的创立。国际环境将会更接近于霍布斯所描绘的那种人的生活处于“卑污、残忍和短寿”的模式中。但正如我们所看到的，现实情况是，在发达工业化国家的国际政治经济关系中，关键行为者的数目很少，这才使得每一个国家有作出和维持承诺的动机，从而说服其他国家也这么做。

行为者将自身委付于国际机制，意味着它决意在未来涉及特定议题时，约束对自身利益的追求。这样，在其他情况下可能显得可取的政策选择——实施限额，操纵汇率，在一场危机中储藏自己的石油——按照机制的标准就是不可接受的。一项机制的成员如果破坏了其中的规范和规则，它们就会发现其声誉也受到了一定的损害，这种损害比它们根本没有加入这一机制时还要大。而一个不可靠的伙伴的声誉，可能妨碍一个政府在未来达成有利可图的协议。

声誉是重要的，但它可能并不会为其他国家评估一国承诺的价值提供充足的基础。如我们在第五章和第六章所看到的，外交家必须考虑“质量的不确定性”问题，他们非常像旧车的购买者，也就是说，他们需要了解其未来伙伴能力和真实意图方面的信息：他们要收集到令人信服的证据，表明其合作伙伴有良好的意图和足以完成计划的能力，并且他们所掌握的信息比起他们的伙伴来说不会更差。不可否认，有些政府，如美国，其官僚机构间的斗争是公开进行的，而它的立法机构经常否定行政部门的行动，这种国内政治现实可能为其带来不可靠的名声，而其领导者可能被国外视为不具备执行协议的能力。不过，正如在第六章中所指出的，这涉及到问题的另一个方面。那些向外部封锁决策过程的政府，实际上限制了事关它们真实偏好或其未来行动方面的信息流动，这样一来，此类政府比起那些组织并非严密的政府，将更难提供关于其意图和行动的高质量信息，因而就更难与其他政府达成双边互利的协定。

这些看法表明，政府应该努力将行动的可靠性与向它们的伙伴提供高质量的信息结合起来。国际机制通过提供建立评估国家行为标准的规则，以及推动政府间的接触，提供不但涉及政策而且包括其意图和价值观的信息，从而有助于促进行动的可靠性和信息的确定性。从可靠性行动中获得的良好声誉的价值，以及通过向其他国家提供高质量信息而得来收益，对传统现实主义的一些看法提出了挑战。传统现实主义认为，各个自主的按等级制原则组织起来的国家应该充分保留政策的多重选择性，并应将自己的决策过程向外界封闭起来。试图使自己的政策变化不受外界约束，这是要付出代价的；如果决意为之，只会使一个政府成为其他政府眼里令人讨厌的伙伴。应该承认的是，通过隐瞒政策选择和“使其他国家不断猜疑”，的确可以获得暂时的收益，但那样的政策会损害一国在未来与他人达成有益协定的能力。自己行动诡秘以让人不可预测，不但使伙伴不安，也削弱了自己作出可靠承诺的能力。当重大的共同利益能通过协议来实现时，忠实履行协议的名声所具有的价值，就超过了始终接受国际规则的约束而付出的代价。追寻自我利益并不需要最大限度地获得行动自由，相反，明智而富有远见的领导者明白，要达到他们的目标，无不依赖于他们对制度的承诺，而正是这些制度，才使得合作成为可能。

注　释

1. 不过，赫希曼也指出，“出口”的有效性也会减少使用“发言权”的动机，也就是说，减少采取政治行动的动机，所以，它也可能是一种抵消性因素。

2. 我之所以说“虽然这些制度所依赖的原则有缺陷，但它们还是可以有条件地接受的”，是受到我的同事奥金(Okin, 1984)一篇论述美国天主教主教致其信徒的一封关于核战争信件的论文的影响。主教们认为遏制虽然邪恶，却是有条件地可接受的，因为它比其他政治上切实可行的选择更好；但是他们持这种看法的前提是，以此行事的人必须同时致力于寻找更好的手段来处理他们之间的关系。

参考文献

Aggarwal, Vinod, 1981. Hanging by a Thread: International Regime Change in the Textile/Apparel System, 1950 - 1979 (Ph. D. dissertation. Stanford University).

Aggarwal, Vinod, 1983. The unraveling of the Multi-Fiber Arrangement, 1981: an examination of regime change. *International Organization*, vol. 37, no. 4 (Autumn), pp. 617 - 46.

Agreement on an International Energy Program (1974). TIAS no. 8278, 14 ILM 1 (1975); or in Committee Print, Committee on Interior and Insular Affairs, United States Senate, 93rd Congress, 2nd session, November 1974.

Aivazian, Varouj A., and Jeffrey L. Callen, 1981. The Coase theorem and the empty core. *Journal of Law and Economics*, vol. 24, no. 1 (April), pp. 175 - 81.

Akerlof, George A., 1970. The Market for "lemons." *Quarterly Journal of Economics*, vol. 84, no. 3 (August), pp. 488 - 500.

Alchian, Armen A., 1968. Cost. *International Encyclopedia of the Social Sciences* (New York: Macmillan), pp. 404 - 15.

Allison, Graham, 1971. *Essence of Decision: Explaining the Cuban Missile Crisis* (Boston: Little, Brown).

Alt, James E., 1979. *The Politics of Economic Decline* (Cambridge: Cambridge University Press).

Anderson, Irvine H., 1981. *Aramco, the United States, and Saudi Arabia: A Study of the Dynamics of Foreign Oil Policy, 1933 - 1950* (Princeton: Princeton University Press).

Anderson, Perry, 1974. *Lineages of the Absolutist State* (London: New Left Books).

Arrighi, Giovanni, 1982. A crisis of hegemony. In Samir Amin, Giovanni Arrighi, Andre Gunder Frank, and Immanuel Wallerstein, *Dynamics of Global Crisis* (New York: Monthly Review Press), pp. 55 - 108.

Arrow, Kenneth J., 1974. *Essays in the Theory of Risk-Bearing* (New York: North-Holland/American Elsevier).

Aubrey, Henry, 1969. Behind the veil of international money. *Princeton Essays in International Finance*, no. 71 (January).

Avery, William P., and David P. Rapkin, eds., 1982. *America in a Changing World Political Economy* (New York: Longman).

Avineri, Shlomo, ed., 1969. *Karl Marx on Colonialism and Modernization* (Garden City, N. Y.: Anchor Books).

Axelrod, Robert, 1981. The emergence of cooperation among egoists. *American Political Science Review*, vol. 75, no. 2 (June), pp. 306 - 18.

Axelrod, Robert, 1984. *The Evolution of Cooperation* (New York: Basic Books).

Badger, Daniel, and Robert Belgrave, 1982. *Oil Supply and Price: What Went Right in 1980?* (London: Royal Institute of International Affairs, Energy Paper no. 2).

Bagehot, Walter, 1873/1962. *Lombard Street* (Homewood, Ill.: Richard D. Irwin, Inc.).

Baldwin, David A., 1979. Power analysis and world politics: new trends versus old tendencies. *World Politics*, vol. 31, no. 2 (January), pp. 161 - 94.

Barber, William J., 1981. The Eisenhower energy policy: reluctant intervention. In Craufurd D. Goodwin, ed., *Energy Policy in Perspective: Today's Problems, Yesterday's Solutions* (Washington, D. C.: Brookings Institution), pp. 205 - 86.

Barkun, Michael, 1968. *Law without Sanctions: Order in Primitive Societies and the World Community* (New Haven: Yale University Press).

Bauer, Raymond A., Ithiel de Sola Pool, and Lewis Anthony Dexter, 1963/1968. *American Business and Public Policy: The Politics of Foreign Trade* (New York: Atherton).

Beitz, Charles, 1979a. Bounded morality: justice and the state in world politics. *International Organization*, vol. 33, no. 3 (Summer), pp. 405 - 24.

Beitz, Charles, 1979b. *Political Theory and International Relations* (Princeton: Princeton University Press).

Belassa, Bela, 1980. Structural Change in Trade in Manufactured Goods Between Industrial and Developing Countries (Washington, D. C., World Bank Staff Working Paper no. 396, June).

Bergsten, C. Fred, 1975a. *Dilemmas of the Dollar* (New York: New York University Press).

Bergsten, C. Fred, 1975b. On the non-equivalence of import quotas and "voluntary" export restraints. In C. Fred Bergsten, ed., *Towards a New World Trade Policy: The Maidenhead Papers* (Lexington, Mass.: D. C. Heath), pp. 239 - 71.

Bernstein, Karen, 1983. The International Monetary Fund and Debtor Countries: The Case of Britain (Ph. D. dissertation, Stanford University).

Bhagwati, Jagdish, ed., 1982. *Import Competition and Response* (Chicago: University of Chicago Press).

BIS (Bank for International Settlements), 1982. 52nd Annual Report (Basle).

Blackhurst, Richard, Nicolas Marian, and Jan Tumlir, 1977. *Trade Liberalization, Protectionism and Interdependence* (Geneva: GATT Studies in International Trade no. 5, November).

Blair, John M., 1976. *The Control of Oil* (New York: Vintage Books).

Block, Fred L., 1977. *The Origins of International Economic Disorder* (Berkeley: University of California Press).

Bloomfield, Arthur I., 1959. *Monetary Policy Under the International Gold Standard* (New York: Federal Reserve Bank of New York).

Bobrow, Davis W., and Robert Kudrle, 1979. Energy R & D: in tepid pursuit of collective goods. *International Organization*, vol. 33, no. 2 (Spring), pp. 149- 76.

Bohi, Douglas R., and Milton Russell, 1978. *Limiting Oil Imports: An Economic History and Analysis* (Baltimore: The Johns Hopkins University Press for Resources for the Future).

Branson, William H., 1980. Trends in United States international trade and investment since World War II. In Feldstein, 1980, pp. 183 - 257.

Brenner, Robert, 1977. The origins of capitalist development: a critique of neo-Smithian Marxism. *New Left Review*, no. 104 (July), pp. 25 - 81.

Bressand, Albert, 1983. Mastering the "worldeconomy." *Foreign Affairs*, vol. 61, no. 4 (Spring), pp. 745 - 72.

Brown, A. J., 1955. *The Great Inflation, 1939 - 1955* (London: Oxford University Press).

Brown, Seyom, 1983. *The Faces of Power: Constancy and Change in United States Foreign Policy from Truman to Reagan* (New York: Columbia University Press).

Brown, William Adams, Jr., 1950. *The United States and the Restoration of World Trade* (Washington, D. C.: Brookings Institution).

Brown, William Adams, Jr., and Redvers Opie, 1953. *American Foreign Assistance* (Washington, D.C.: Brookings Institution).

Cahn, Linda, 1980. National power and International Regimes: The United States and International Commodity Markets (Ph.D. dissertation, Stanford University).

Calleo, David P., and Benjamin M. Rowland, 1973. *America and the World Political Economy: Atlantic Dreams and National Realities* (Bloomington: Indiana University Press).

Calleo, David P., 1982. *The Imperious Economy* (Cambridge: Harvard University Press).

Cameron, David R., 1978. The expansion of the public economy: a comparative analysis. *American Political Science Review*, vol. 72, no. 4 (December), pp. 1243-61.

Campen, James T., and Arthur MacEwan, 1982. Crises, contradictions, and conservative controversies in contemporary U.S. capitalism. *Review of Radical Political Economics*, vol. 14, no. 3, pp. 1-22.

Carr, E.H., 1946/1962. *The Twenty Years' Crisis* (London: St. Martin's).

Chase-Dunn, Christopher K., 1981. Interstate system and capitalist worldeconomy: one logic or two? *International Studies Quarterly*, vol. 25, no. 1 (March), pp. 19-42.

Chase-Dunn, Christopher K., 1982. International economic policy in a declining core state. In Avery and Rapkin, 1982, pp. 77-96.

Cipolla, Carlo, ed., 1970. *The Economic Decline of Empires* (London: Methuen).

Cipolla, Carlo, ed., 1976. *The Fontana Economic History of Europe: The Twentieth Century*, 2 vols. (London: Fontana).

Coase, Ronald, 1960. The problem of social cost. *Journal of Law and Economics*, vol. 3, pp. 1-44.

Cohen, Benjamin J., 1977. *Organizing the World's Money: The Political Economy of International Monetary Relations* (New York: Basic Books).

Cohen, Benjamin J., 1983. Balance of payments financing: evolution of a regime. In Krasner, 1983, pp. 315-36.

Cohen, G. A., 1978. *Karl Marx's Theory of History: A Defense* (Princeton: Princeton University Press).

Colson, Elizabeth, 1974. *Tradition and Contract: The Problem of Order* (Chicago: Aldine Publishing Company).

Conybeare, John A. C., 1980. International organization and the theory of property rights. *International Organization*, vol. 34, no. 3 (Summer), pp. 307–34.

Cooper, Richard N., 1968. *The Economics of Interdependence* (New York: McGraw Hill for the Council on Foreign Relations).

Cooper, Richard N., 1972–73. Trade policy is foreign policy. *Foreign Policy*, no. 9, pp. 18–36.

Cooper, Richard N., 1982. The gold standard: historical facts and future prospects. *Brookings Papers on Economic Activity*, no. 1, pp. 1–56.

Cooper, Richard N., 1983. Economic interdependence and the coordination of economic policies (Cambridge: Harvard Institute of Economic Research, Harvard University, Discussion Paper no. 1003, August).

Corden, W. N., 1977. *Inflation, Exchange Rates and the World Economy: Lectures on International Monetary Economics* (Chicago: University of Chicago Press).

Corden, W. N., 1981. The logic of the international monetary non-system (Canberra: Centre for Economic Policy Research, Australian National University, Discussion Paper no. 24, March).

Cowhey, Peter F., and Edward Long, 1983. Testing theories of regime change: hegemonic decline or surplus capacity? *International Organization*, vol. 37, no. 2 (Spring), pp. 157–83.

Cox, Robert W., 1977. Labor and hegemony. *International Organization*, vol. 31, no. 3 (Summer), pp. 385–424.

Cox, Robert W., 1981. Social forces, states and world orders: beyond international relations theory. *Journal of International Studies, Millennium*, vol. 10, no. 2 (Summer), pp. 126–55.

Cyert, Richard, and James G. March, 1963. *The Behavioral Theory of the Firm* (Englewood Cliffs, N.J.: Prentice-Hall).

Dam, Kenneth W., 1970. *The GATT: Law and International Economic Organization* (Chicago: University of Chicago Press).

Darmstadter, Joel, and Hans H. Landsberg, 1975. The economic background. In Vernon, 1975, pp. 15–38.

Davis, Lance, and Douglass C. North, 1971. *Institutional Change and American Economic Growth* (Cambridge University Press).

De Cecco, Marcello, 1975. *Money and Empire: The International Gold Standard, 1890–1914* (Totowa, N.J.: Rowman and Littlefield).

Deese, David A., and Joseph S. Nye eds., 1981. *Energy and Security* (Cambridge, Mass.: Ballinger).

De Larosière, J., 1983. The domestic economy and the International economy — their interactions. *IMF Survey*, December 5.

De Menil, George, and Anthony Solomon, 1983. *Economic Summitry* (New York: Council on Foreign Relations).

Diebold, William, Jr., 1952. *Trade and Payments in Western Europe* (New York: Harper).

Diebold, William, Jr., 1983. The United States in the world economy: a fifty-year view. Paper prepared for a meeting of the Council on Foreign Relations, New York, May 16.

Eckes, Alfred E., Jr., 1975. *A Search for Solvency: Bretton Woods and the international Monetary System, 1941 – 1971* (Austin: University of Texas Press).

Economist (London), various issues.

Ehrenberg, Richard, 1928. *Capital and Finance in the Age of the Renaissance: A Study of the Fuggers and Their Connections*, translated from the German by H. M. Lucas (New York: Harcourt, Brace).

Eklund, Klas, 1980. Long waves in the development of capitalism? *Kyklos*, vol. 33, fasc. 3, pp. 383 – 419.

Engler, Robert, 1961. *The Politics of Oil* (Chicago: University of Chicago Press).

Feis, Herbert, 1930. *Europe, The World's Banker* (New Haven, Yale University Press).

Feis, Herbert, 1966. *1933: Characters in Crisis* (Boston: Little, Brown).

Feldstein, Martin, ed., 1980. *The American Economy in Transition* (Chicago: University of Chicago Press).

Fellner, William, 1949. *Competition among the Few* (New York: Knopf).

Field, Alexander J., 1981. The problem with neoclassical institutional economics: a critique with special reference to the North/Thomas model of pre-1500 Europe. *Explorations in Economic History*, vol. 18. no. 2 (April), pp. 174 – 98.

Fine, Ben, and Laurence Harris, 1979. *Rereading Capital* (New York: Columbia University Press).

Finifter, Ada W., ed., 1983. *Political Science: The State of the Discipline* (Washington, D. C.: American Political Science Association).

Finlayson, Jock A., and Mark Zacher, 1983. The GATT and the regulation of trade barriers: regime dynamics and functions. In Krasner, 1983, pp. 273 – 314.

Ford, A. G., 1962. *The Gold Standard, 1880 – 1914* (Oxford: The Clarendon Press).

Foreign Policy Research Institute, 1980. *Oil Diplomacy: The Atlantic Nations in the Oil Crisis of 1978 – 79* (Philadelphia).

Frankel, P. H. 1966. *Mattei: Oil and Power Politics* (London: Faber and Faber).

French Institute for International Relations, 1982. *RAMSES 1982: The State of the World Economy* (Cambridge, Mass.: Ballinger).

Gardner, Richard 1956/1980. *Sterling-Dollar Diplomacy in Current Perspective* (New York: Columbia University Press, 1980). This is an expanded edition of *Sterling-Dollar Diplomacy* (New York: Oxford University Press, 1956).

Gardner, Richard, 1983. Comments on a paper by Raymond Vernon, Twenty-Fifth Anniversary Conference of the Center for International Affairs, Harvard University, Cambridge, June 11.

GATT (General Agreement on Tariffs and Trade), *Focus* (Geneva), bimonthly.

Geertz, Clifford, 1973. *The Interpretation of Cultures* (New York: Basic Books).

George, Alexander L., 1979. Case studies and theory development: the method of structured, focused comparison. In Paul Gordon Lauren, ed., *Diplomacy: New Approaches in History, Theory and Policy* (New York: The Free Press).

George, Alexander L., and Richard Smoke, 1974. *Deterrence in American Foreign Policy* (New York: Columbia University Press).

Gerth, H.H., and C. Wright Mills, eds., 1946. *From Max Weber: Essays in Sociology* (New York: Oxford University Press).

Gilpin, Robert, 1972. The politics of transnational economic relations. In Keohane and Nye, 1972, pp.48 - 69.

Gilpin, Robert, 1975. *U.S. Power and the Multinational Corporation* (New York: Basic Books).

Gilpin, Robert, 1981. *War and Change in World Politics* (Cambridge: Cambridge University Press).

Goldstein, Judith, 1983. A Re-examination of American Trade Policy: An Inquiry into the Causes of Protectionism (Ph.D. dissertation, UCLA).

Gouldner, Alvin, 1960. The norm of reciprocity. *American Sociological Review*, vol.25, no.2 (April), pp.161 - 78.

Gourevitch, Peter Alexis, 1978. The second image reversed. *International Organization*, vol.32, no.4 (Autumn), pp.881 - 912.

Graham, Richard, 1968. *Britain and the Modernization of Brazil, 1850 - 1914* (Cambridge: Cambridge University Press).

Haas, Ernst B., 1958. *The Uniting of Europe* (Stanford: Stanford University Press).

Haas, Ernst B., 1964. *Beyond the Nation-State* (Stanford: Stanford Unversity Press).

Haas, Ernst B., 1980. Why collaborate? Issue-linkage and international regimes. *World Politics*, vol. 32, no. 3 (April), pp. 357 - 405.

Haas, Ernst B., 1983. Words can hurt you; or, who said what to whom about regimes. In Krasner, 1983, pp. 23 - 60.

Haas, Ernst B., Mary Pat Williams, and Don Babai, 1977. *Scientists and World Order: The Uses of Technical Knowledge in International Organizations* (Berkeley: University of California Press).

Habermas, Jurgen, 1973/1976. *Legitimation Crisis* (London: Heinemann), translated from the German edition, published in 1973.

Hardin, Russell, 1982. *Collective Action* (Baltimore: The Johns Hopkins University Press for Resources for the Future).

Harsanyi, John, 1962/1971. Measurement of social power, opportunity costs and the theory of two-person bargaining games, *Behavioral Science*, vol. 7, no. 1, pp. 67 - 80. Much of this article also appears as Harsanyi, The dimension and measurement of social power, in K. W. Rothchild, ed., *Power in Economics* (Baltimore: Penguin Books), pp. 77 - 96.

Hart, H. L. A., 1961. *The Concept of Law* (Oxford: The Clarendon Press).

Henkin, Louis, 1979. *How Nations Behave: Law and Foreign Policy*, 2nd edition (New York: Columbia University Press for the Council on Foreign Relations).

Heymann, Philip B., 1973. The problem of coordination: bargaining and rules. *Harvard Law Review*, vol. 86, no. 5 (March), pp. 797 - 877.

Hibbs, Douglas, and Heino Fassbinder, eds., 1981. *Contemporary Political Economy: Studies on the Interdependence of Politics and Economics* (Amsterdam: North-Holland).

Hickman, Bert G., 1977. Comment on Salant, in Krause and Salant, 1977, pp. 227- 32.

Hirsch, Fred, 1967. *Money International* (London: Penguin Books).

Hirsch, Fred, 1976. *Social Limits to Growth* (Cambridge: Harvard University Press).

Hirsch, Fred, 1977. The Bagehot problem. *The Manchester School*, vol. 45, no. 3 (September), pp. 241 - 57.

Hirsch, Fred, 1978. The ideological underlay of inflation. In Hirsch and Goldthorpe, 1978, pp. 263 - 84.

Hirsch, Fred, and Peter Oppenheimer, 1976. The trial of managed money: currency, credit and prices 1920 - 1970. In Cipolla, 1976, vol. 2, pp. 603 - 98.

Hirsch, Fred, and Michael Doyle, 1977. Politicization in the world economy: necessary conditions for an international economic order. In Hirsch and

Doyle et al., *Alternatives to Monetary Disorder* (New York: McGraw-Hill for the Council on Foreign Relations).

Hirsch, Fred, and John Goldthorpe, eds., 1978. *The Political Economy of Inflation* (London: Martin Robertson).

Hirschman, Albert O., 1945/1980. *National Power and the Structure of Foreign Trade* (Berkeley: University of California Press).

Hirschman, Albert O., 1970. *Exit, Voice and Loyalty* (Cambridge: Harvard University Press).

Hirschman, Albert O., 1981. The social and political matrix of inflation: elaborations on the Latin American experience. In Hirschman, *Essays in Trespassing: Economics to Politics and Beyond* (Cambridge: Cambridge University Press), pp. 177 - 207.

Hobbes, Thomas, 1651/1958. *Leviathan*. (Indianapolis: Bobbs-Merrill).

Hobsbawm, E. J., 1968. *Industry and Empire* (New York: Pantheon Books).

Hobson, John A., 1902/1938. *Imperialism: A Study* (London: George Allen & Unwin).

Hoffmann, Stanley, 1960. *Contemporary Theory in International Relations* (Englewood Cliffs, N. J.: Prentice-Hall).

Hoffmann, Stanley, 1965. *The State of War: Essays on the Theory and Practice of International Politics* (New York: Praeger).

Hoffmann, Stanley, 1966. Obstinate or obsolete? The fate of the nation-state and the case of Western Europe. *Daedalus*, vol. 95 (Summer), pp. 862 - 915.

Hoffmann, Stanley, 1981. *Duties Beyond Borders* (Syracuse: Syracuse University Press).

Hudec, Robert E., 1975. *The GATT Legal System and World Trade Diplomacy* (New York: Praeger).

Hutton, Nicholas, 1975. The salience of linkage in international economic negotiations. *Journal of Common Market Studies*, vol. 13, nos. 1 - 2, pp. 136 - 60.

Hymer, Stephen, 1972. The internationalization of capital. *Journal of Economic Issues*, vol. 6, no. 1 (March), pp. 91 - 111.

IEA (International Energy Agency), 1980. *Energy Policies and Programmes of IEA Countries, 1979 Review* (Paris: OECD/IEA).

IEA, 1981. *Energy Policies and Programmes of IEA Countries, 1980 Review* (Paris: OECD/IEA).

IEA, 1982a. *Energy Policies and Programmes of IEA Countries, 1981 Review* (Paris: OECD/IEA).

IEA, 1982b. *World Energy Outlook* (Paris: OECD/IEA).

IEA/Press (Paris). Press releases.

IMF (International Monetary Fund), 1983. *World Economic Outlook* (Washington, D.C.).

Inglehart, Ronald, and Jacques-René Rubier, 1978. Economic uncertainty and European solidarity: public opinion trends. *Annals of the American Academy of Political and Social Science*, no.440 (November), pp.66 - 97.

Jackson, John, 1983. Seminar on international trade bargaining, Harvard University, December 1.

Jervis, Robert, 1978. Cooperation under the security dilemma. *World Politics*, vol.30, no.2 (January), pp.167 - 214.

Jervis, Robert, 1983. Security regimes. In Krasner, 1983. pp.357 - 78.

Johnson, Paul, 1957. *The Suez War* (New York: Greenberg Press).

Jönsson, Christer, 1981. Sphere of flying: the politics of international aviation. *International Organization*, vol.35, no.2 (Spring), pp.273 - 302.

Kalt, Joseph P., 1981. *The Economics and Politics of Oil Price Regulation: Federal Policy in the Post-Embargo Era* (Cambridge: MIT Press).

Kapstein, Ethan Barnaby, 1983. The sterling-dollar oil problem (unpublished manuscript).

Katzenstein, Peter J., 1975. International interdependence: some long-term trends and recent changes. *International Organization*, vol. 29, no. 4 (Autumn), pp.1021 - 34.

Katzenstein, Peter J., ed., 1978. *Between Power and Plenty: Foreign Economic Policies of Advanced Industrial States* (Madison: University of Wisconsin Press).

Katzenstein, Peter J., 1984. *Corporatism and Change*. (Ithaca: Cornell University Press).

Keohane, Nannerl O., 1980. *Philosophy and the State in France: The Renaissance to the Enlightenment* (Princeton: Princeton University Press).

Keohane, Robert O., 1978. The International Energy Agency: state power and transgovernmental politics. *International Organization*, vol. 32, no. 4 (Autumn), pp.929 - 52.

Keohane, Robert O., 1980. The theory of hegemonic stability and changes in international economic regimes, 1967 - 1977. In Ole Holsti et al., *Change in the International System* (Boulder: Westview Press), pp.131 - 62.

Keohane, Robert O., 1982a. The demand for international regimes. *International Organization*, vol.36, no.2 (Spring), pp.325 - 55. Also in Krasner, 1983.

Keohane, Robert O., 1982b. Hegemonic leadership and U.S. foreign economic policy in the "Long Decade" of the 1950s. In Avery and Rapkin, 1982, pp.49-76.

Keohane, Robert O., 1982c. State power and industry influence: American foreign oil policy in the 1940s. *International Organization*, vol.36, no.1 (Winter), pp.165-83.

Keohane, Robert O., 1982d. International agencies and the art of the possible: the case of the IEA, *Journal of Policy Analysis and Management*, vol.1, no. 4 (Summer), pp.469-81.

Keohane, Robert O., 1983. Theory of world politics: structural Realism and beyond. In Finifter, 1983, pp.503-40.

Keohane, Robert O., forthcoming. The international politics of the great inflation. In Leon Lindberg and Charles Maier, eds., *The Politics of Inflation and Recession* (Washington, D.C.: Brookings Institution).

Keohane, Robert O., and Joseph S. Nye, eds., 1972. *Transnational Relations and World Politics* (Cambridge: Harvard University Press).

Keohane, Robert O., and Joseph S. Nye, 1974. Transgovernmental relations and international organizations. *World Politics*, vol. 27, no. 1 (October), pp.39-62.

Keohane, Robert O., and Joseph S. Nye, 1977. *Power and Interdependence: World Politics in Transition* (Boston: Little, Brown).

Kindleberger, Charles P., 1972. The international monetary politics of a near-great power: two French episodes, 1926-1936 and 1960-1970. *Economic Notes* (Siena), vol.1, nos. 2-3, pp.30-44.

Kindleberger, Charles P., 1973. *The World in Depression, 1929-1939* (Berkeley: University of California Press).

Kindleberger, Charles P., 1978a. The aging economy (lecture given at the Institut für Welfwirtschaft, Kiel, July 5; published in Weltwirtschaftliches Archv Bd. CXIV).

Kindleberger, Charles P., 1978b. *Economic Response: Comparative Studies in Trade, Finance and Growth* (Cambridge: Harvard University Press).

Kindleberger, Charles P., 1978c. *Manias, Panics and Crashes* (New York: Basic Books).

Kindleberger, Charles P., 1981. Dominance and leadership in the international economy. *International Studies Quarterly*, vol. 25, no. 3 (June), pp. 242-54.

Kindleberger, Charles P., 1983. On the rise and decline of nations. *International Studies Quarterly*, vol.27, no.1 (March), pp.5-10.

Klebanoff, Shoshana, 1974. *Middle East Oil and U. S. Foreign Policy* (New York: Praeger).

Knorr, Klaus, 1975. *The Power of Nations: The Political Economy of International Relations* (New York: Basic Books).

Kolko, Gabriel, 1968. *The Politics of War: The World and United States Foreign Policy, 1943 - 1945* (New York: Vintage Books).

Kolko, Joyce and Gabriel, 1972. *The Limits of Power* (New York: Harper & Row, 1972).

Krasner, Stephen D., 1976. State power and the structure of international trade. *World Politics*, vol. 28, no. 3 (April), pp. 317 - 43.

Krasner, Stephen D., 1978a. *Defending the National Interest: Raw Materials Investments and U. S. Foreign Policy* (Princeton: Princeton University Press).

Krasner, Stephen D., 1978b. United States commercial and monetary policy: unravelling the paradox of external strength and internal weakness. In Katzenstein, 1978, pp. 51 - 88.

Krasner, Stephen D., 1979. The Tokyo round: particularistic interests and prospects for stability in the global trading system. *International Studies Quarterly*, vol. 23, no. 4 (December), pp. 491 - 531.

Krasner, Stephen D., 1982. American policy and global economic stability. In Avery and Rapkin, 1982, pp. 29 - 48.

Krasner, Stephen D., 1983. Structural causes and regime consequences: regimes as intervening variables. In Krasner, 1983, pp. 1 - 22.

Krasner, Stephen D., ed., 1983. *International Regimes* (Ithaca: Cornell University Press).

Krause, Lawrence, and Walter Salant, eds., 1977. *Worldwide Inflation* (Washington, D. C.: Brookings Institution).

LaFeber, Walter, 1972. *America, Russia and the Cold War, 1945 - 71* (New York: John Wiley & Sons).

Laidler, D. E. W., 1975. *Essays on Money and Inflation* (Chicago: University of Chicago Press).

Laidler, D. E. W., 1977. *The Demand for Money: Theories and Evidence* (New York: Harper & Row).

Laitin, David, D., 1982. Capitalism and hegemony: Yorubaland and the international economy. *International Organization*, vol. 36, no. 4 (Autumn), pp. 687 - 713.

Lakatos, Imre, 1970. Falsification and the methodology of scientific research programmes. In Imre Lakatos and Alan Musgrave, eds., *Criticism and the Growth of Knowledge* (Cambridge: Cambridge University Press).

Lake, David A., 1983. International economic structures and American foreign economic policy, 1887 - 1934. *World Politics*, vol. 35, no. 4 (July), pp. 517 - 43.

Lantske, Ulf, 1975. The OECD and its International Energy Agency. In Vernon, ed., 1975, pp. 217 - 28.

Larson, Henrietta M., Evelyn H. Knowlton, and Charles S. Popple, 1971. *New Horizons, 1927 - 1950*, vol. 3 of *History of Standard Oil Company (New Jersey)* (New York: Harper & Row).

Latsis, Spiro J., 1976. A research programme in economics. In Latsis, ed., 1976, pp. 1 - 41.

Latsis, Spiro J., ed., 1976. *Method and Appraisal in Economics* (Cambridge: Cambridge University Press).

Lawson, Fred, 1983. Hegemony and the structure of international trade reassessed: a view from Arabia. *International Organization*, vol. 37, no. 2 (Spring), 317 - 38.

Lebow, Richard Ned, 1981. *Between Peace and War: The Nature of International Crisis* (Baltimore: The Johns Hopkins University Press).

Lenin, V. I., 1917/1939. *Imperialism: The Highest Stage of Capitalism* (New York: International Publishers).

Lewis, David K., 1969. *Convention: A Philosophical Study* (Cambridge: Harvard University Press).

Lewis, W. Arthur, 1978. *Growth and Fluctuation, 1870 - 1913* (London: George Allen & Unwin).

Lindblom, Charles E., 1965. *The Intelligence of Democracy* (New York: The Free Press).

Lindert, Peter H., 1969. *Key Currencies and Gold, 1900 - 1913*. Princeton Studies in International Finance no. 24 (Princeton: Princeton University Finance Section).

Lipson, Charles, 1981. The international organization of Third World debt. *International Organization*, vol. 35, no. 4 (Autumn), pp. 603 - 32.

Lipson, Charles, 1983. The transformation of trade: the sources and effects of regime change. In Krasner, 1983, pp. 233 - 72.

Locke, John, 1690/1960. *Two Treatises of Government*, edited by Peter Laslett (Cambridge: Cambridge University Press).

Lombra, Raymond, and Willard Witte eds., 1982. *Political Economy of International and Domestic Monetary Relations* (Ames: Iowa State University Press).

Lowry, S. Todd. 1979. Bargain and contract theory in law and economics. In

Samuels, 1979, pp. 261 – 82.

Mackie, J. L., 1977. *Ethics: Inventing Right and Wrong* (Harmondsworth, England: Penguin Books).

Macpherson, C. B., 1962. *The Political Theory of Possessive Individualism* (New York: Oxford University Press).

Mancke, Richard B., 1980. The American response: "on the job training?" In Foreign Policy Research Institute, 1980, pp. 27 – 43.

Mandel, Ernest, 1970. *Europe vs. America: Contradictions of Imperialism* (New York: Monthly Review Press).

Mandel, Ernest, 1974. *Late Capitalism* (London: Verso).

March, James G., 1966. The power of power. In David Easton, ed., *Varieties of Political Theory* (Englewood Cliffs, N.J.: Prentice-Hall), pp. 39 – 70.

March, James G., 1978. Bounded rationality, ambiguity, and the engineering of choice. *Bell Journal of Economics*, vol. 9, no. 2 (Autumn), pp. 587 – 608.

March, James G., and Herbert Simon, 1958. *Organizations* (New York: John Wiley & Sons).

Marx, Karl, 1852/1972. *The Eighteenth Brumaire of Louis Bonaparte*, in Robert C. Tucker, ed., *The Marx-Engels Reader* (New York: W. W. Norton), pp. 436- 525.

Maull, Hans, 1980. *Europe and World Energy* (London: Butterworth).

McKeown, Timothy J., 1983a. Hegemonic stability theory and 19th century tarifflevels in Europe. *International Organization*, vol. 37, no. 1 (Winter), pp. 73 – 92.

McKeown, Timothy J., 1983b. Orthodox microeconomics and theories of international politics (Pittsburgh: Carnegie-Mellon University, Department of Social Sciences, June).

Mikesell, Raymond, 1954. *Foreign Exchange in the Postwar World* (New York: Twentieth Century Fund).

Mill, John Stuart, 1861/1951. *Utilitarianism* (New York: E. P. Dutton).

Miller, Aaron David, 1980. *Search for Security: Saudi Arabian Oil and American Foreign Policy, 1939 – 1949* (Chapel Hill: University of North Carolina Press).

Mitrany, David, 1975. *The Functional Theory of Politics* (London: St. Martin's Press for the London School of Economics and Political Science).

Modelski, George, 1978. The long cycle of global politics and the nationstate. *Comparative Studies in Society and History*, vol. 20, no. 2 (April), pp. 214 – 38.

Modelski, George, 1982. Long cycles and the strategy of U.S. international economic policy. In Avery and Rapkin, 1982, pp. 97-118.

Morgenthau, Hans J., 1948/1966. *Politics Among Nations*, 4th edition (New York: Knopf).

Mork, Knut Anton, and Robert E. Hall, 1979. Energy prices, inflation and recession, 1974-75 (National Bureau of Economic Research, Working Paper no. 369, July).

Morse, Edward L., 1976. *Modernization and the Transformation of International Relations* (New York: The Free Press).

Murray, Robin, 1971. The internationalization of capital and the nation state. *New Left Review*, no. 67 (May-June), pp. 84-109.

Nagel, Ernest, 1961. *The Structure of Scientific Explanation* (New York: Harcourt Brace).

Nau, Henry, 1974-75. U.S. foreign policy in the energy crisis. *Atlantic Community Quarterly*, vol. 12, no. 4 (Winter), pp. 426-39.

Neff, Thomas, 1981. The changing world oil market. In Deese and Nye, 1981, pp. 23-48.

Neustadt, Richard E., 1970. *Alliance Politics* (New York: Columbia University Press).

North, Douglass C., 1981. *Structure and Change in Economic History* (New York: W. W. Norton).

North, Douglass C., and Robert Paul Thomas, 1973. *The Rise of the Western World: A New Economic History* (Cambridge: Cambridge University Press).

Nye, Joseph S., 1981. Energy and security. In Deese & Nye, 1981, pp. 3-22.

Nye, Joseph S., 1983. Ethics and foreign policy (unpublished paper).

Odell, John S., 1980. Latin American trade negotiations with the United States. *International Organization*, vol. 34, no. 2 (Spring), pp. 207-28.

Odell, John S., 1982. *U. S. International Monetary Policy: Markets, Power, and Ideas as Sources of Change* (Princeton: Princeton University Press).

OECD (Organization for Economic Cooperation and Development), 1977a. *Towards Full Employment and Price Stability* (McCracken Report, Paris).

OECD, 1977b. *World Energy Outlook* (Paris).

OECD, 1979. *The Impact of the Newly Industrializing Countries on Production and Trade in Manufactures* (Report by the Secretary-General, Paris).

OECD, 1980. *Main Economic Indicators: Historical Statistics, 1960-1979* (Paris).

OECD, 1982. *Economic Outlook: Occasional Studies* (Paris), June.

OECD, 1983. *Economic Outlook* (Paris), no. 33 (July).

OECD, *Observer* (Paris), bimonthly.

OEEC (Organization for European Economic Cooperation), 1958. *Europe's Need for Oil: Implications and Lessons of the Suez Crisis* (Paris).

Okin, Susan Moller, 1984. Taking the bishops seriously. *World Politics*, vol.36, no.4 (July).

Olson, Mancur, 1965, *The Logic of Collective Action* (Cambridge: Harvard University Press).

Olson, Mancur, 1982. *The Rise and Decline of Nations: Economic Growth, Stagflation, and Social Rigidities* (New Haven: Yale University Press).

Olson, Mancur, and Richard Zeckhauser, 1966. An economic theory of alliances. *Review of Economics and Statistics*, vol.48, no.3 (August), pp.266-79. Reprinted in Bruce Russett, ed., *Economic Theories of International Politics* (Chicago: Markham, 1968), pp.25-49.

Osgood, Robert E., 1953. *Ideals and Self-Interest in American Foreign Relations* (Chicago: University of Chicago Press).

Oye, Kenneth A., 1979. The domain of choice. In Oye et al., 1979, pp.3-33.

Oye, Kenneth A., 1983a. International system structure and American foreign policy. In Oye et al., 1983, pp.3-32.

Oye, Kenneth A., 1983b. Belief Systems, Bargaining and Breakdown: International Political Economy 1929-1934 (Ph.D. dissertation, Harvard University).

Oye, Kenneth A., Donald Rothchild, and Robert J. Lieber, eds., 1979. *Eagle Entangled: U.S. Foreign Policy in a Complex World* (New York: Longman).

Oye, Kenneth A., Robert J. Lieber, and Donald Rothchild, eds., 1983. *Eagle Defiant: United States Foreign Policy in the 1980s* (Boston: Little, Brown).

Page, S.A.B., 1981. The revival of protectionism and its consequences for Europe. *Journal of Common Market Studies*, vol. 20, no. 1 (September), pp.17-40.

Panitch, Leo, 1976. *Social Democracy and Industrial Militancy: the Labour Party, the Trade Unions and Incomes Policy, 1945-1974* (Cambridge: Cambridge University Press).

Patterson, Gardner, 1966. *Discrimination in International Trade, The Policy Issues* (Princeton: Princeton University Press).

Penrose, Edith T., 1975. The development of crisis. In Vernon, 1975, pp.39-57.

Polanyi, Karl, 1957/1971. The economy as instituted process. In Polanyi et al., *Trade and Market in the Early Empires* (Chicago: Henry Regnery), pp.243-70.

Puchala, Donald J., 1975. Domestic politics and regional harmonization in the European Communities. *World Politics*, vol.27, no.4 (July), pp.496-520.

Puchala, Donald J., and Raymond F. Hopkins, 1983. International regimes: lessons from inductive analysis. In Krasner, 1983, pp.61-92.

Putnam, Robert D., 1978. Interdependence and the Italian Communists. *International Organization*, vol.32, no.2 (Spring), pp.301-49.

Putnam, Robert D., and Nicholas Bayne, 1984. *Hanging Together: The Seven-Power Summits* (Cambridge: Harvard University Press).

Radner, C. B. and R., 1972. *Decision and Organization* (Amsterdam: North-Holland).

Rawls, John, 1971. *A. Theory of Justice* (Cambridge: Harvard University Press).

Reich, Robert B., 1983. Beyond free trade. *Foreign Affairs*, vol. 61, no. 4 (Spring), pp.773-804.

Robbins, Lionel, 1932. *An Essay on the Nature and Significance of Economic Science* (London: Macmillan).

Rosecrance, Richard, ed., 1976. *America as an Ordinary Country* (Ithaca: Cornell University Press).

Rosecrance, Richard, and Arthur Stein, 1973. Interdependence: myth or reality? *World Politics*, vol.26, no.1 (October), pp.1-27.

Rostow, W.W., 1975. Kondratieff, Schumpeter and Kuznets: trend periods revisited. *Journal of Economic History*, vol.25, no.4 (December), pp.719-53.

Rousseau, Jean-Jacques, 1755/1950. *A Discourse on the Origin of Inequality* (New York: E.P.Dutton).

Rubin, Barry, 1980. *Paved with Good Intentions: The American Experience in Iran* (New York: Oxford University Press).

Ruggie, John Gerard, 1975. International responses to technology: concepts and trends. *International Organization*, vol.29, no.3 (Summer), pp.557-84.

Ruggie, John Gerard, 1983a. Continuity and transformation in the world polity: toward a neorealist synthesis. *World Politics*, vol. 35, no. 2 (January), pp.261-86.

Ruggie, John Gerard, 1983b. International regimes, transactions, and change: embedded liberalism in the postwar economic order. In Krasner, 1983, pp.195-232.

Ruggie, John Gerard, 1983c. Political structure and change in the international economic order: the north-south dimension. In Ruggie, 1983, pp.423-88.

Ruggie, John Gerard, ed., 1983. *The Antinomies of Interdependence: National Welfare and the Division of Labor* (New York: Columbia University Press).

Russell, Robert W., 1973. Transgovernmental interaction in the international monetary system, 1960 - 1972. *International Organization*, vol. 27, no. 4 (Autumn), pp. 431 - 64.

Russett, Bruce, 1978. The marginal utility of income transfers to the Third World. *International Organization*, vol. 32, no. 4 (Autumn), pp. 913 - 28.

Sahlins, Marshall, 1972. *Stone Age Economics* (Chicago: Aldine-Atherton).

Salant, Walter, 1977a. International transmission of inflation. In Krause and Salant, 1977, pp. 167 - 227.

Salant, Walter, 1977b. A supranational approach to the analysis of worldwide inflation. In Krause and Salant, 1977, pp. 633 - 50.

Samuels, Warren J., 1979. *The Economy as a System of Power* (New Brunswick, N. J. Transaction Books).

Samuelson, Paul A., 1967. The monopolistic competition revolution. In R. E. Kuenne, ed., *Monopolistic Competition Theory* (New York: John Wiley & Sons).

Sandel, Michael J., 1982. *Liberalism and the Limits of Justice* (Cambridge: Cambridge University Press).

Saxonhouse, Gary, 1982. Cyclical and macrostructural issues in U. S. -Japan economic relations. In Daniel I. Okimoto, ed., *Japan's Economy: Coping with Change in the International Environment* (Boulder: Westview Press). pp. 123 - 48.

Schelling, Thomas C., 1960/1980. *The Strategy of Conflict* (Cambridge: Harvard University Press).

Schelling, Thomas C., 1978. *Micromotives and Macrobehavior* (New York: W. W. Norton).

Schieffelin, Edward L., 1980. Reciprocity and the construction of reality. *Man*, vol. 15, no. 3 (September), pp. 502 - 17.

Schroeder, Paul W., 1958. *The Axis Alliance and Japanese-American Relations* (Ithaca: Cornell University Press).

Schuler, Henry M., 1976. The international oil negotiations. In Zartman, 1976, pp. 124 - 207.

Schumpeter, Joseph A., 1934/1951. *The Theory of Economic Development: An Inquiry into Profits, Capital, Credit, Interest and the Business Cycle*, translated from the German by Redvers Opie (Cambridge: Harvard University Press).

Scitovsky, Tibor, 1978. Market power and inflation. *Economica*, vol. 45, no. 179 (August), pp. 221 - 33.

Shwadran, Benjamin, 1955. *The Middle East, Oil, and the Great Powers* (New York: Praeger).

Simon, Herbert A., 1955. A behavioral model of rational choice. *Quarterly Journal of Economics*, vol. 69, no. 1 (February), pp. 99 - 118. Reprinted in Simon, 1979a, pp. 7 - 19.

Simon, Herbert A., 1972. Theories of bounded rationality. In Radner and Radner, 1972. pp. 161 - 76. Reprinted in Simon, 1982, pp. 408 - 23.

Simon, Herbert A., 1976. From substantive to procedural rationality. In Latsis, 1976, pp. 129 - 48. Reprinted in Simon, 1982, pp. 424 - 43.

Simon, Herbert A., 1978. Rationality as process and as product of thought. *American Economic Review*, vol. 68, no. 2 (May), pp. 1 - 16. Reprinted in Simon, 1982, pp. 444 - 59.

Simon, Herbert A., 1979a. *Models of Thought* (New Haven: Yale University Press).

Simon, Herbert A., 1979b. Rational decision making in business organizations. *American Economic Review*, vol. 69, no. 4 (September), pp. 493 - 513. Reprinted in Simon, 1982, pp. 474 - 94.

Simon, Herbert A., 1982. *Models of Bounded Rationality*, 2 vols. (Cambridge: MIT Press).

Singer, Peter, 1972. Famine, affluence, and morality. *Philosophy & Public Affairs*, vol. 1, no. 3 (Spring), pp. 229 - 43.

Skocpol, Theda, 1977. Wallerstein's world capitalist system: a theoretical and historical critique. *American Journal of Sociology*, vol. 82, no. 5 (March), pp. 1075 - 90.

Smith, Adam, 1776/1976. *The Wealth of Nations* (Chicago: University of Chicago Press).

Snidal, Duncan, 1979. Public goods, property rights, and political organization. *International Studies Quarterly*, vol. 23, no. 4 (December), pp. 532 - 66.

Snidal, Duncan, 1981. Interdependence, Regimes and International Cooperation (unpublished manuscript).

Snyder, Glenn H., and Paul Diesing, 1977. *Conflict among Nations: Bargaining, Decision making, and System Structure in International Crises* (Princeton: Princeton University Press).

Solomon, Robert, 1977. *The International Monetary System, 1945 - 1976: An Insider's View* (New York: Harper & Row).

Stein, Arthur A., 1980. The politics of linkage. *World Politics*, vol. 33, no. 1 (October), pp. 62 - 81.

Stein, Arthur A., 1983. Coordination and collaboration: regimes in an anarchic world. In Krasner, ed., 1983, pp. 115 - 40.

Stein, Leslie, 1981. The growth and implications of LDC manufactured exports to advanced countries. *Kyklos*, vol. 34, fasc. 1, pp. 36 - 59.

Steinbruner, John D., 1974. *The Cybernetic Theory of Decision: New Dimensions of Political Analysis* (Princeton: Princeton University Press).

Stigler, George J., and Gary S. Becker, 1977. *De Gustibus Non Est Disputandem*. *American Economic Review*, vol. 67, no. 1 (March), pp. 76 - 90.

Stinchcombe, Arthur L., 1968. *Constructing Social Theories*. (New York: Harcourt, Brace & World).

Stobaugh, Robert B., 1975. The oil companies in the crisis. In Vernon, 1975, pp. 179 - 202.

Stocking, George W., 1970. *Middle East Oil: A Study in Political and Economic Controversy* (Nashville: Vanderbilt University Press).

Stoff, Michael B., 1980. *Oil, War, and American Security: The Search for a National Policy on Foreign Oil, 1941 - 1947* (New Haven: Yale University Press).

Stone, Jeremy J., 1983. Saga of the MIRV flight-test ban. *F.A.S. Public Interest Report*, vol. 36, no. 7 (September), pp. 1 - 3.

Strange, Susan, 1976. The study of transnational relations, *International Affairs* (London), vol. 52, no. 3 (July), pp. 333 - 45.

Strange, Susan, 1979. The management of surplus capacity: or how does theory stand up to protectionism 1970s style? *International Organization*, vol. 33, no. 3 (Summer), pp. 303 - 34.

Strange, Susan, 1982. Still an extraordinary power: America's role in a global monetary system. In Lombra and Witte, 1982, pp. 73 - 93.

Strange, Susan, 1983. *Cave! hic dragones*: a critique of regime analysis. In Krasner, 1983, pp. 337 - 54.

Sweezy, Paul M., and Harry Magdoff, 1972. *The Dynamics of U.S. Capitalism: Corporate Structure, Inflation, Credit, Gold and the Dollar* (New York: Monthly Review Press).

Swoboda, Alexander, 1977. Monetary approaches to worldwide inflation. In Krause and Salant, 1977, pp. 9 - 62.

Sylvan, David, 1981. The newest mercantilism. *International Organization*, vol 35, no. 2 (Spring), pp. 375 - 94.

Taurek, John M., 1977. Should the numbers count? *Philosophy & Public Affairs*, vol. 6, no. 4 (Summer), pp. 293 - 316.

Taylor, Michael, 1976. *Anarchy and Cooperation* (New York: John Wiley & Sons).

Taylor, Paul, 1980. Interdependence and autonomy in the European Communities: the case of the European monetary system. *Journal of Common Market*

Studies, vol. 18, no. 4 (June), pp. 370 - 87.

Tollison, Robert D., and Thomas D. Willett, 1979. An economic theory of mutually advantageous issue linkages in international negotiations. *International Organization*, vol. 33, no. 4 (Autumn), pp. 425 - 49.

Toplin, Robert, 1971. *The Abolition of Slavery in Brazil* (New York: Atheneum).

Triffin, Robert, 1957. *Europe and the Money Muddle* (New Haven: Yale University Press).

Tucker, Robert W., 1977. *The Inequality of Nations* (New York: Basic Books).

Tufte, Edward R., 1978. *Political Control of the Economy* (Princeton, Princeton University Press).

Turner, Louis, 1978. *Oil Companies in the International System* (London: George Allen & Unwin for the Royal Institute of International Affairs).

Turner, Louis et al., 1982. *The Newly Industrializing Countries: Trade and Adjustment* (London: George Allen & Unwin).

U.S. House of Representatives, 1957. Hearings before the Committee on Interstate and Foreign Commerce, *Petroleum Survey, 1957 Outlook*, 85th Congress, 1st session, February-March 1957.

U.S. Senate, 1952. Select Committee on Small Business, Subcommittee on Monopoly, *The International Petroleum Cartel* (Staff Report by the Federal Trade Commission), 94th Congress, 1st session, reprint April 1975.

U.S. Senate, 1957. Joint Hearings Before Subcommittees of the Committee on the Judiciary and Committee on Interior and Insular Affairs, *Emergency Oil Lift Program and Related Oil Problems*, 85th Congress, 2nd session, February 5 - 21.

U.S. Senate, 1974a. Committee on Foreign Relations, Subcommittee on Multinational Corporations, *The International Petroleum Cartel, the Iranian Consortium, and U.S. National Security*, Committee Print, 93rd Congress, 2nd session, February 21, 1974.

U.S. Senate, 1974b. Committee on Foreign Relations, Subcommittee on Multinational Corporations, *Multinational Oil Corporations and U. S. Foreign Policy: Hearings of the Subcommittee on Multinational Corporations*, 93rd Congress, 2nd session.

U.S. Senate, 1975. Committee on Foreign Relations, Subcommittee on Multinational Corporations, *Multinational Oil Corporations and U.S. Foreign Policy, Report*, Committee Print, 93rd Congress, 2nd session, January 1975.

Urmson, J. O., 1968. Utilitarianism. *International Encyclopedia of the Social Sciences* (New York: Macmillan), pp. 224 - 29.

Veljanovski, Cento G., 1982. The Coase theorems and the economic theory of markets and law. *Kyklos*, vol.35, fasc, 1, pp.53 – 74.

Vernon, Raymond, 1971. *Sovereignty at Bay: The Multinational Spread of U.S. Enterprises* (New York: Basic Books).

Vernon, Raymond, ed., 1975. *The Oil Crisis*, special issue of *Daedalus*, Fall 1975.

Vernon, Raymond, 1982. International trade policy in the 1980's: prospects and problems. *International Studies Quarterly*, vol. 26, no. 4 (December), pp.483 – 510.

Vernon, Raymond, 1983. Old rules and new players: GATT in the world trading system. Paper presented at the Twenty-Fifth Anniversary Conference of the Center for International Affairs, Harvard University, Cambridge, June 11.

Verreydt, Eric, and Jean Waelbroeck, 1982. European community protection against manufactured imports from developing countries: a case study in the political economy of protection. In Bhagwati, 1982, pp.369 – 92.

Viner, Jacob, 1948. Power versus plenty as objectives of foreign policy in the seventeenth and eighteenth Centuries. *World Politics*, vol.1, no.1 (October), pp.1 – 29.

Wagner, R. Harrison, 1983. The theory of games and the problem of international cooperation. *American Political Science Review*, vol.77, no.2 (June), pp.330 – 46.

Wallerstein, Immanuel, 1974. *The Modern World-System: Capitalist Agriculture and the Origins of the European World-Economy in the Sixteenth Century* (New York: Academic Press).

Wallerstein, Immanuel, 1979. *The Capitalist World Economy* (Cambridge: Cambridge University Press).

Wallerstein, Immanuel, 1980. *The Modern World-System II: Mercantilism and the Consolidation of the European World-Economy, 1600 – 1750* (New York: Academic Press).

Waltz, Kenneth, 1959. *Man, the State and War* (New York: Columbia University Press).

Waltz, Kenneth, 1979. *Theory of World Politics* (Reading, Mass.: Addison-Wesley).

Walzer, Michael, 1977. *Just and Unjust Wars: A Moral Argument with Historical Illustrations* (New York: Basic Books).

Warren, Bill, 1971. The internationalization of capital and the nation state: a comment. *New Left Review*, no.68 (July-August), pp.83 – 88.

Weber, Max, 1904/1949. Objectivity in social science and social policy. In Weber, *The Methodology of the Social Sciences*, translated and edited by Edward

A. Shils and Henry A. Finch (New York: The Free Press).

Weber, Max, 1905/1949. Critical studies in the logic of the cultural sciences. In Weber, *The Methodology of the Social Sciences*, translated and edited by Edward A. Shils and Henry A. Finch (New York: The Free Press).

Weber, Max, 1918/1946. Politics as a vocation. In Gerth and Mills, 1946, pp. 77–128.

Whitman, Maria v. N., 1979. *Reflections of Interdependence: Issues for Economic Theory and U.S. Policy* (Pittsburgh: University of Pittsburgh Press).

Wilcox, Clair, 1949. *A Charter for World Trade* (New York: Macmillan).

Willett, Thomas D., and John Mullen, 1982. The effects of alternative international monetary systems on macroeconomic discipline and inflationary biases. In Lombra and Witte, 1982, pp. 143–55.

Williamson, Oliver, 1965. A dynamic theory of interfirm behavior. *Quarterly Journal of Economics*, vol. 79, no. 4 (November), pp. 579–607.

Williamson, Oliver, 1975. *Markets and Hierarchies: Analysis and Anti-Trust Implications* (New York: The Free Press).

Williamson, Oliver, 1983. Credible commitments: using hostages to support exchange. *American Economic Review*, vol. 73, no. 4 (September), pp. 519–40.

Wilson, Charles, 1957. *Profit and Power, A Study of England and the Dutch Wars* (Cambridge: Cambridge University Press).

Wolfers, Arnold, 1962. *Discord and Collaboration: Essays on International Politics* (Baltimore: Johns Hopkins University Press).

Wolfers, Arnold, and Laurence Martin, eds., 1956. *The Anglo-American Tradition in Foreign Affairs* (New Haven: Yale University Press).

Woolcock, Stephen, 1982. Adjustment in Western Europe. In Turner et al., 1982, pp. 220–37.

World Financial Markets, published monthly by Morgan Guaranty Trust Company of New York.

Yeager, Leland B., 1976. *International Monetary Relations: Theory, History, Policy*, 2nd edition (New York: Harper & Row).

Yoffie, David B., 1983. *Power and Protectionism: Strategies of the Newly Industrializing Countries* (New York: Columbia University Press).

Young, Oran R., ed., 1975. *Bargaining: Formal Theories of Negotiation* (Urbana: University of Illinois Press).

Young, Oran R., 1979. *Compliance and Public Authority* (Washington, D.C.: Resources for the Future).

Young, Oran R., 1980. International regimes: problems of concept formation.

World Politics, vol. 32, no. 3 (April), pp. 331 - 56.

Young, Oran R., 1983. Regime dynamics: the rise and fall of international regimes. In Krasner, 1983, pp. 93 - 114.

Zartman, I. William, ed., 1976. *The 50% Solution* (New York: Doubleday).

Zysman, John, and Laura Tyson, 1983. *American Industry in International Competition: Government Policies and Corporate Strategies* (Ithaca: Cornell University Press).

译　后　记

早在1998年撰写博士论文期间，我就萌生了翻译《霸权之后》的念头（我的博士论文是研究国际制度的）。当时试着翻译了一部分内容，但是由于论文事务繁多，无暇旁骛，只好搁置此事。1999年通过博士论文答辩参加工作以后，我订立了这个翻译计划。我向基欧汉教授提及翻译此书的意愿后，他很快给我回音，表示接受我的申请，同时建议我与普林斯顿大学出版社联系。按照惯例，我还必须在中国大陆找到一家出版社，以与普林斯顿大学出版社洽谈版权事宜。上海人民出版社的范蔚文先生知道这本书在当前国际政治学界的影响和分量，得知我的翻译计划以后，随即表示出浓厚的兴趣。我与范蔚文先生有过非常愉快的合作，他工作的效率、严谨的编辑态度和敬业精神，以及他对中国国际关系学建设的热情，让我敬佩。没有他的鼎力襄助，本书中文版的问世是难以想象的。

值得一提的是，基欧汉教授根据译者所写的"解读《霸权之后》"一文，为本书写了中译本前言，在此特表感谢。

本书翻译得到国际政治系博士生何曜和信强的帮助。具体的分工是这样的，苏长和负责翻译第一章到第六章，何曜负责第八章和第十一章，信强负责第七章、第九章和第十章。刘向真同学帮助翻译了第六章的部分内容。全书最后由苏长和作了统校。我们的翻译力求做到信达，但可能的缺陷在所难免，恳请读者给予真诚的批评和指正。

虽然相隔近20年，本书中译本的问世似乎晚了一点，但鉴于本书在国际政治经济学文献中的经典地位，其价值是经久不变、与时俱新的。相信这本书的问世对国内这几年风行的国际制度和国际政治经济学研究会有极大助益；而在我本人看来，也许更为重要的是，在中国的国际化进程中，特别是中国加入 WTO 以后，中国必将在国际社会中碰到越来越多的与国际制度相关的问题。本书不可能为我们提供如何与国际制度打交道的答案，但它却为我们提供了认识国际制度的一把钥匙。从这个角度讲，尽管本书中译本问世晚了一点，但未尝不是适逢其时的。

最后，我与基欧汉教授一样，希望本书的读者不仅仅只是纯粹的国际关系学者。《霸权之后》是国际政治经济学领域的一本名著，研究政治学和经济学的学者，以及从事对外关系研究的学者，在读完本书之后，相信也会深受启发的。

苏长和

2000 年 10 月于美国伊利诺伊大学香滨分校

图书在版编目(CIP)数据

霸权之后:世界政治经济中的合作与纷争/(美)
基欧汉(Keohan, R.)著;苏长和,信强,何曜译.—2
版(增订本).—上海:上海人民出版社,2012
(东方编译所译丛)
书名原文:After Hegemony: Cooperation and
Discord in the World Political Economy
ISBN 978-7-208-09953-1

Ⅰ.①霸… Ⅱ.①基… ②苏… ③信… ④何… Ⅲ.
①国际政治-国际合作-研究 ②世界经济-国际合作-研
究 Ⅳ.①D5 ②F114.4

中国版本图书馆 CIP 数据核字(2011)第 074786 号

责任编辑 钱 敏 潘丹榕 范蔚文
封面装帧 王晓阳

霸权之后
——世界政治经济中的合作与纷争
(增订版)
[美]罗伯特·基欧汉 著
苏长和 信 强 何 曜 译
苏长和 校

出 版 上海人民出版社
(201101 上海市闵行区号景路 159 弄 C 座)
发 行 上海人民出版社发行中心
印 刷 上海商务联西印刷有限公司
开 本 635×965 1/16
印 张 20
插 页 4
字 数 290,000
版 次 2012 年 1 月第 2 版
印 次 2023 年 1 月第 9 次印刷
ISBN 978-7-208-09953-1/D·1872
定 价 65.00 元

After Hegemony: Cooperation and Discord in the World Political Economy

by Robert Keohane

东方编译所译丛·世界政治与国际关系

霸权之后(增订版)	[美]罗伯特·基欧汉　著 苏长和　译
货币的未来	[美]本杰明·科恩　著 汤凌霄　许　涛　译
威慑	[英]劳伦斯·弗里德曼　著 莫盛凯　译
国际政治思想史导论	[英]爱德华·基恩　著 陈玉聃　译
国际政治经济学:学科思想史	[美]本杰明·J.科恩　著 杨　毅　钟飞腾　译
世界不再只有"我们" ——关于国际秩序的另类思考	[法]伯特兰·巴迪　著 宗华伟　译
无政府状态下的合作	[美]肯尼思·J.奥耶　编 田　野　辛　平　译
利益、制度与信息:国内政治与国际关系	[美]海伦·米尔纳　著 曲　博　译
全球国际关系学的构建:百年国际关系学的起源和演进	[加拿大]阿米塔·阿查亚 [英]巴里·布赞　著 刘德斌　等译
建构全球秩序:世界政治中的施动性与变化	[加拿大]阿米塔·阿查亚　著 姚　远　叶晓静　译　张发林　校
常规威慑论	[美]约翰·米尔斯海默　著 阙天舒　译
国际关系中的等级制	[美]戴维·莱克　著 高婉妮　译
全球化世界的外交:理论与实践	[澳]保利娜·克尔 杰弗里·怀斯曼　主编 张清敏　译
全球政治经济学:解读国际经济秩序	[美]罗伯特·吉尔平　著 杨宇光　杨　炯　译
国际政治的理性理论:竞争与合作的逻辑	[美]查尔斯·格拉泽　著 刘　丰　陈一一　译
国际关系的文化理论	[德]理查德·内德·勒博　著 陈　锴　译

系统效应　[美]罗伯特·杰维斯　著
李少军　等译

国际关系政治经济学　[美]罗伯特·吉尔平　著
杨宇光　等译

全球转型:历史、现代性与国际关系的形成　[英]巴里·布赞、乔治·劳森　著
崔顺姬　译　李　佳　校

软制衡:从帝国到全球化时代　[加拿大]T.V.保罗　著
刘　丰　译

非对称与国际关系　[美]布兰特利·沃马克　著
李晓燕　薛晓芃　译

货币与强制——国际货币权力的政治经济学　[美]乔纳森·科什纳　著
李　巍　译

国家与市场(第二版)　[英]苏珊·斯特兰奇　著
杨宇光　等译

复合系统:人类世的全球治理　[美]奥兰·扬　著
杨　剑　孙　凯　译

注定一战:中美能避免修昔底德陷阱吗?　[美]格雷厄姆·艾利森
陈定定　傅　强　译

表决、否决与国际贸易协定的政治经济学　[美]爱德华·曼斯菲尔德、海伦·米尔纳　著
陈兆源　译

重新思考世界政治中的权力、制度与观念　[加拿大]阿米塔·阿查亚　著
白云真　宋亦明　译

以色列游说集团与美国对外政策　[美]约翰·J.米尔斯海默、斯蒂芬·M.沃尔特　著
王传兴　译

世界政治中的战争与变革　[美]罗伯特·吉尔平　著
宋新宁　杜建平　译
邓正来　乔　娅　校

长和平——冷战史考察　[美]约翰·刘易斯·加迪斯　著
潘亚玲　译

国际制度　[美]莉萨·马丁　等编
黄仁伟　等译

联盟的起源　[美]斯蒂芬·沃尔特　著
周丕启　译

理解全球冲突与合作:理论与历史(第十版)　[美]小约瑟夫·奈、[加拿大]戴维·韦尔奇　著
张小明　译

世界政治理论的探索与争鸣　[美]彼得·卡赞斯坦　等编
秦亚青　等译

国际关系精要(第七版)	[美]卡伦·明斯特 伊万·阿雷奎恩-托夫特 著 潘忠岐 译
无政府状态之后 ——联合国安理会中的合法性与权力	[美]伊恩·赫德 著 毛瑞鹏 译
我们建构的世界 ——社会理论与国际关系中的规则与统治	[美]尼古拉斯·格林伍德·奥努夫 著 孙吉胜 译
新古典现实主义国际政治理论	[加拿大]诺林·里普斯曼 [美]杰弗里·托利弗 [美]斯蒂芬·洛贝尔 著 刘丰 张晨 译
告别霸权! ——全球体系中的权力与影响力	[美]西蒙·赖克 理查德·内德·勒博 著 陈锴 译
国际实践	[加拿大]伊曼纽尔·阿德勒 文森特·波略特 主编 秦亚青 等译
国际政治中的知觉与错误知觉	[美]罗伯特·杰维斯 著 秦亚青 译
无政府社会 ——世界政治中的秩序研究(第四版)	[英]赫德利·布尔 著 张小明 译
大国政治的悲剧(修订版)	[美]约翰·米尔斯海默 著 王义桅 等译
国际政治的社会理论	[美]亚历山大·温特 著 秦亚青 译
战争的原因 ——权力与冲突的根源	[美]斯蒂芬·范·埃弗拉 著 何曜 译
大战略的政治经济学	[美]凯文·纳里泽尼 著 白云真 傅强 译
国家为何而战 ——过去与未来的战争动机	[美]理查德·内德·勒博 著 陈定定 等译
超越范式 ——世界政治研究中的分析折中主义	[美]鲁德拉·希尔 彼得·卡赞斯坦 著 秦亚青 季玲 译
合作的动力——为何提供全球公共产品	[美]斯科特·巴雷特 著 黄智虎 译
人、国家与战争——一种理论分析	[美]肯尼思·华尔兹 著 信强 译
国际社会中的国家利益	[美]玛莎·芬尼莫尔 著 袁正清 译
美国在中国的失败,1941—1950年	[美]邹谠 著 王宁 周先进 译

世界政治中的文明——多元多维的视角　［美］彼得·J.卡赞斯坦　主编
秦亚青　等译

民主国家的承诺:立法部门与国际合作　［美］莉萨·L.马丁　著
刘宏松　译

地区安全复合体与国际安全结构　［英］巴里·布赞　等著
潘忠岐　等译

干涉的目的　［美］玛莎·芬尼莫尔　著
袁正清　等译

战争与国家形成:春秋战国与近代早期欧洲之比较　［美］许田波　著
徐　进　译

驯服美国权力　［美］斯蒂芬·M.沃尔特　著
郭　盛　等译

国际政治理论　［美］肯尼思·华尔兹　著
信　强　译

变化中的对外政策政治　［英］克里斯托弗·希尔　著
唐小松　等译

世界事务中的治理　［美］奥兰·扬　著
陈玉刚　等译

大棋局　［美］兹比格纽·布热津斯基　著
中国国际问题研究所　译

美国和诸大国　［英］巴里·布赞　著
刘永涛　译

帝国的悲哀　［美］查默斯·约翰逊　著
任　晓　等译

美国的致命弱点　［美］理查德·福肯瑞斯　等著
许　嘉　等译

美国和美国的敌人　［美］伊多·奥伦　著
唐小松　等译

建构安全共同体　［加拿大］阿米塔·阿查亚　著
王正毅　等译

美国时代的终结　［美］查尔斯·库普乾　著
潘忠岐　译

欧洲的未来　［美］戴维·卡莱欧　著
冯绍雷　等译

全球资本主义的挑战　［美］罗伯特·吉尔平　著
杨宇光　等译

国家的性格　［美］安吉洛·M.科迪维拉　著
张智仁　译

世纪之旅　［美］罗伯特·A.帕斯特　编
胡利平　等译

预防性防御　［美］艾什顿·卡特　著
胡利平　等译